JUNG'S MAP OF THE SOUL

AN INTRODUCTION

ユング 心の地図

マレイ・スタイン

入江良平 訳

青土社

目次

序

サラとクリストファーに

ユング　心の地図

謝辞

この本は、リン・ウォルターが辛抱強くタイプし、編集に関して援助してくれなければ、存在しえなかった。彼女の献身と不屈の楽観主義に感謝したい。またジャン・マーランの激励と熱心な支援にも感謝したい。何年にもわたる私の講義を聴講して下さった方々は、自分たちの質問や意見がなければこの文章には存在していなかったであろう箇所が多々あることに気づかれるだろう。みなさんにも感謝します。

序

アフリカ海岸を南の方にというのであれば、怯えつつも探検することは可能だったろう。しかし西方には恐怖と未知のもの以外には何もなかった。

カルロス・フェンテス『埋められた鏡』

ユングが死んだ夏、私は大学に入る準備をしていた。一九六一年のことだった。人類は外宇宙の探検に乗り出そうとしており、アメリカとロシアのどちらが先に月に到着するかという競争が始まっていた。みんなが宇宙探索という大冒険に注目していた。人類は史上初めて「陸地（terra firma）」を離れ、星々に向かって旅立とうとしていたのだ。当時の私には分かっていなかったこと、それはわれわれの世紀が内的世界への旅によっても決定的に特徴づけられていたということである。スプートニクやアポロの数十年前、カール・ユングたちがその旅を開始していたのだ。私たちにとってジョン・グレンやニール・アームストロングは未知の世界への勇猛果敢な旅人だったが、ユングは内的宇宙においてそれと同じものを意味していたのである。

ユングはチューリッヒ郊外の自宅で安らかに死んだ。その部屋は西向きで、穏やかな湖に面し、南方にはアルプスが見えた。世を去る前日、彼は自分が愛した山々を眺めるために窓辺に行くのを手助けしてほしいと息子に頼んだ。彼は人生を内的宇宙の探検に費やし、そこで見つけたものを著作の中に記述した。偶然にもニール・アームストロングが月面に足を降ろしたその年、私はユング研究所で学ぶためスイスのチューリッヒへ旅立った。それ以来、私は三十年近い歳月にわたってユングが記した魂の地図を研究してきた。この本を通じて私が読者と分かち持ちたいのは、その歳月から蒸留されたエッセンスである。

本書の目的は、ユングの発見したものを彼の著作に書かれているままの形で示すことにある。そもそもユングを発見すること自体、「神秘の海」に身を投じるようなところがある。フェンテスは、スペインから船出して大西洋横断を敢行した初期の探検家たちについて語りつつ「神秘の海」という表現を用いた。かくも遠く離れた場所へと旅立つのはたしかにわくわくさせるが、しかし恐怖も呼び起こす。私が最初にそうした旅を試みた時のことは今でもよく覚えている。私は期待のために興奮し、圧倒されていた。そのため不安になって私の大学の教授たちに助言を求めた。これが「安全」かどうか危ぶんだのだ。ユングは魅力的だった。あまりに素晴らしすぎて、本当とは思えなかった。私は迷い、困惑していた。結局は騙されるのではないか、と。幸運にも私の助言者たちは青信号を出し、私は旅に出た。それ以来、私は財宝を見出してきた。

ユング自身の旅はこれよりさらに恐ろしいものだった。彼にはその先に何があるのかまったく分からなかったのだ。財宝を見つけるのだろうか、それとも世界の端を越えてその外に落下してしまうのだろ発した。

うか。彼が最初に無意識の中に身を沈めたとき、無意識はまさしく「未知の海（Mare Ignotum）」だったのだ。しかし彼は若く勇敢だった。そして新しい何かを発見しようと心に決めていた。かくて彼は出発した。

ユングはしばしば自分を開拓者ないし探検家と呼んだ。人間の魂という未踏査の神秘の開拓者ないし探検家、と。彼は冒険家の心を持っていたように思われる。彼にとって――私たちにとっても依然としてそうだが――人間の心は広大な領野であり、彼の時代にはいまだほとんど研究されていなかった。冒険好きが豊富な獲物を期待して挑戦し、また小心者が狂気の可能性に怯えてしりごみする神秘の領域だった。ユングにとって魂の研究もまた重大な歴史的意味をもっていた。なぜなら、彼がかつて言ったように、いまや世界全体が一本の細い糸に吊るされており、その糸とは人間の心だからだ。われわれすべてが心ともっと馴染みになることが焦眉の急なのだ。

大いなる問い、それはもちろん「そもそも人間の魂を知ることができるのだろうか、その深さを測ることができるのだろうか、この広大な領域の地図を作ることができるのだろうか」というものだ。ユング、フロイト、アドラーといった深層心理学の先駆者たちは、この仕事に取り組み、言葉で表わせず計り知れない人間の心を規定することができると考えた。それはおそらく一九世紀の壮大な科学理論のなごりだったろう。ともかく彼らは「未知の海」へと旅立ち、ユングは内的世界のクリストファー・コロンブスとなったのだ。二〇世紀は科学の飛躍的な発展とあらゆる種類の驚異的な技術の時代だった。それはまた深い内省とわれわれ人間に共通する主観性の測深の時代でもあり、それが今日深層心理学として一般に知られるようになった分野をもたらしたのである。

心と馴染みになる一つの方法は、これらの偉大なる先駆者が描き、利用できるようにしてくれたその地図を研究することである。彼らの著作の中にはわれわれを導いてくれる多くの道標が見出され、彼らに刺激されて私たちもまた深く調査を進め、新たな発見をするようになるだろう。ユングが描いた心の地図は、たしかに、いまだ暫定的なもので、洗練されておらず、空白の部分も多いが――未知の領域の地図を作ろうとする最初の試みはすべてそうしたものだ――しかし内的空間、心の世界に入り込んで、道に迷ってしまいたくない者にとっては、大いなる恵みである。

ユングは自分の役割を探検家にして地図制作者とみなしていた。本書において私はユングのこの自己理解を受け入れ、彼についてのこのイメージを導きとして、人間の心に関する彼の理論を紹介することにしよう。心こそは彼が探検していた領域、未知の王国であり、その理論は心について自分が理解したことを伝えるために作られた地図なのだ。だから、私が本書で読者を彼の著作という領域を通じて案内し、それによって記述しようと試みるのは、ユングによる魂の地図なのである。だから私は地図の地図を御覧にいれようとしているわけだが、これが読者が将来自分でするであろうユングの生涯と著作へのさらなる旅の役に立つことを願っている。

すべての地図制作者がそうなのだが、ユングもまた自分の生きた時代に利用できた道具や情報を用いて仕事をした。一八七五年に生まれ、一九〇〇年頃までにスイスのバーゼル大学で医学を学び、一九〇五年までチューリッヒのブルクヘルツリ病院で精神医学の訓練を受けた。フロイトとの重要な交際は一九〇七年から一九一三年まで続いた。その後、数年間を深い自己分析に費やし、そこから独自の心理学理論――分析心理学と呼ばれた――が形成されてきた。この理論を彼は一九二一年に『心理学的類型』[1]

という著作によって発表した。一九三〇年、五十五歳頃までに彼は自説の基本的な構造をほぼ作り上げていたが、まだ多くの重要な事項を詳細に述べてはいなかった。一九三〇年以降、彼はその詳細を提示し始め、一九六一年に彼が亡くなるまで、絶えずユングの筆から流れ出ていった。

人間の心を科学的に探究しようという計画は、ユングが大人になって早々に始まった。彼の最初の探検は、博士論文『いわゆるオカルト現象の心理と病理』(2)に述べられている。これは一人の才能豊かな女性の内的世界の心理学的報告だ。現在、この女性が彼の従妹、ヘレーネ・プライスヴェルクだったことが知られている。十代のとき、彼女は死者の霊の霊媒としてのきわだった能力を持っていた。彼女を通して、死者の霊は驚くほど正確に存命の頃の声や訛りで話した。ユングはそれに魅了され、この謎めいた心理現象を理解し解釈しようと試みた。彼はさらに前進し、言語連想テストを用いて、それまで認められていなかった心的世界の存在を明るみに出した。これらの知見は、現在彼の全集第二巻におさめられている多数の論文の中で発表された。新たに発見された無意識的な存在をユングは「コンプレックス」と命名した。この述語は学界に定着し、彼を有名にした。その後、彼は当時の精神医学界において白熱していた二つの問題、精神病と分裂病を取り上げて『早発性痴呆の心理学』(3)という著作を刊行した。彼はそれを自分の仕事のサンプルとして、またフロイトの幾つかの概念が、いかに精神医学に適用されうるかを示唆するものとしてフロイトに送った(フロイトは神経学者であった)。フロイトの暖かく情熱的な返事を受取った後、ユングはフロイトと学問上の関係を結び、たちまちのうちに、巣立ち始めていた精神分析運動の指導者となった。それによって彼は神経症的状態という薄暗い領域の研究へと進み、最終的に心の深層領域における、ほぼ普遍的な空想と行動パターン(元型)の発見に到達し、この深層領域を「集合的無意識」と呼んだ。元型と集合的無意識の記述と詳細な説明は、深層心理ないし無意識を探究する他の人々すべてからユングを区別する、彼独自の署名となった。

一九三〇年は彼の公的な生涯をほぼ正確に二分する年である。一九〇〇年、彼はブルクヘルツリ病院で精神医学の実習と研究を始め、一九六一年にチューリッヒ湖畔キュスナハトの自宅で老賢人として亡くなった。回顧すれば、ユングが公的に活動した最初の三十年は非常に創造的だったことが分かる。この期間、彼は当時の多数の人々に共通した問題を提出しただけではなく、歴史的価値を持つ心理学理論の基本要素を創造した。次の三十年は、新しい構成概念の導入は少なくなったが、本や論文を執筆するという活動は前期より多くなった。それは初期の仮説や直観を深化し立証した年月であった。彼は自分の理論をさらに拡大して、歴史や文化や宗教の研究までも含むようにした。また現代物理学に接合するリンクをも作り出した。精神病患者や被分析者を扱う臨床活動は、前半期のほうがより熱心で集中的だった。一九四〇年以降それは最小限にまで漸減していく。この頃、戦争がヨーロッパの公的日常生活を中断させ、ユング自身もその直後、心臓発作に苦しめられた。

ユングの心の調査はまたきわめて個人的なものでもあった。彼の無意識的な心の探検は、たんに患者や実験の被験者においてなされただけではなかった。彼は自分自身をも分析したのだ。実際、ある時期など、自分自身が彼の最も重要な研究対象となった。自分の夢を注意深く観察し、能動的想像の技法を開発することによって、彼は自分の内的世界の隠された空間に、より深く入り込む一つの手段を見出した。患者や自分自身を理解するため、彼は人間の文化や神話、そして宗教の比較研究を利用する解釈の方法を発展させた。実際、彼は心的過程と関わりのあるものなら世界の歴史のどんな素材でも用いた。

この方法を彼は「拡充」と呼んだ。

ユングの思考の源泉《ソース》および由来《オリジン》はいまだ詳細には明らかにされていないものが多くある。著作の中で彼は多くの思想家の恩恵を認めている。そこにはゲーテ、カント、ショーペンハウアー、カールス、ハルトマン、ニーチェなどがいる。なかでも重要なのは、彼が自らを古代のグノーシス主義者や中世の錬金術師の系列に位置づけていることだ。彼が依拠する哲学者はカントである。ヘーゲル弁証法の影響も、彼が理論を組み立てる仕方の中に明らかに見て取れる。そしてフロイトもまた跡を残している。ユングの思考は何年にもわたって発展し、成長していったことは示されるが、彼の基本的な知的方向づけにはきわだった連続性がある。ユングの読者の中には彼の後期の心理学理論の種子がすでに大学時代の論文に現われていると考える者もいる。それは学生組合で発表されたいくつかの講演で、いまは『ツォフィンギア講義』として出版されている。これらは一九〇〇年以前、彼がいまだバーゼル大学の学部学生だったころに書かれたものなのだ。力動精神医学の歴史を書いたH・エレンベルガーは、「ユング分析心理学の萌芽は、ツォフィンギア学生組合における彼の討論と、従妹のヘレーネ・プライスヴェルクの実験との中に見出される」(4)とまで主張している。ツォフィンギア講義にはすでに、ユングを生涯捕らえて離さなかった問題との格闘が認められる。宗教や神秘的体験を科学的、経験的な調査の対象とするという問題もその一つだ。これほど若い頃から、ユングはこのような主題が経験的な調査に対して開かれ、そして囚われない精神をもってアプローチされるべきだと主張していた。一九〇九年にクラーク大学でウイリアム・ジェイムズに会ったが、それは重要な出来事だった。なぜなら、ジェイムズは以前からユングと同じ立場に立っており、まさにこの種の方法を用いて、古典的な『宗教的経験の諸相』を著していたからである。

　したがって、この研究と経験のすべてから、ユングは人間の魂の地図を描いたのだった。それは心をそのすべての次元において記述したものであり、また心の内的力学の説明を試みてもいる。しかしユングは心の根源的神秘を尊重し、それに対しては常に細心の配慮を持っていた。彼の理論は魂の地図として読むことができる。しかし、それは、究極的には合理的な述語や範疇には補足できない神秘の地図なのだ。それは、生きた、メルクリウス的な［捕らえがたい］もの、すなわち心の地図なのである。

　またユングを読むさいには、地図がその土地そのものではないことを心に留めておく必要がある。地図の知識は、心の深層の経験と同じものではない。しかし地図をうまく使えば、それは方向づけや案内を望む人々にとっての有益な道具でありうる。迷っている人々にとっては、命を救うものかもしれない。他の者にとっても、それはユングの語っていることを経験したいという強力な衝動を刺激するだろう。私は最初にユングを読んだとき、自分の夢を記録し始めた。後にはチューリッヒへ旅行し、ユング研究所で四年間研究することにもなった。私は分析や無意識の個人的経験を通して、ユングの発見したことがらの多くを直接に知った。しかし私の内的世界は彼のものと同じではない。彼の地図は道を示すことができ、大まかな輪郭を表現することはできるが、明確な内容を提供してくれるわけではない。それは私たち自身が発見しなければならないのだ。

　地図の多くの点で、ユングは科学的直観や驚くほど活発な想像力に頼っている。当時の科学的方法は、たとえば、集合的無意識に関する彼の仮説を検証も反証もできなかった。今日では、前よりはその方向に近づいている。しかしユングは芸術家だった。創造的思考を用いて内的な精神の世界の絵を作り出したのだ。美しく描かれた古代やルネサンスの地図――作図が科学的になる以前に描かれた地図――と同様、ユングの作った地図も豪華絢爛たるものであって、単に抽象的なだけではない。そこには人魚や竜、英雄や邪悪な人物が見出せる。もちろん科学的な研究者として、彼は自分の予測や仮説を経験的に吟味せねばならなかった。しかしそれでも神話的想像力のための余地はたっぷりと残っていた。

ユングが仕事をしたのは精神医学（ユングはこれをしばしば医学心理学と呼んでいた）の分野だった。チューリッヒのブルクヘルツリ病院で見習い医師だった頃、彼の主要な教師だったのは、有名なスイスの精神科医オイゲン・ブロイラーだった。彼は最も重い精神病の一つを呼ぶのに「精神分裂病」という新語を作り、両面価値という心理学的論点についてたくさんの著作を残した人物である。ユングは自分の論理や仮説を裏づけ検証するために、できるかぎり、自分が観察もしくは直接経験したデータ以外の資料を集めようとつとめた。彼の読書と研究の範囲は広大だった。彼は、心の経験的な研究者として、自分自身の内的な領域を記述するだけでなく、人間心理一般の諸様相を示すような地図を作っているのだ、と主張した。他の偉大な芸術家たちと同様、彼の描いた絵は多くの世代や文化に属する人々に語りかける力を持っている。

私の見るところ、このスイスの心理学者は、今日その名を広く知られ、高く評価されているけれど、彼の仕事はあまり注意深く読まれておらず、しばしば内的整合性がないとか、矛盾していると批判されている。しかし私の考えでは、彼の仕事はほんとうは一貫性のある心理学理論をなしているのだ。私の考えでは、これは三次元の地図であって、心のさまざまなレヴェルとそれらの間の力学的な相互関係を示すものなのだ。それは首尾一貫した芸術作品であって、ある者には訴えかけるが他の者にはそうではないのである。その仮定は科学的命題として提示されているが、その多くは経験的に検証ないし反証することが極度に難しい。この領域では現在、重要な仕事が進行中であるが、その結果がどうなろうと、ユングの著作群は注目と賞賛を獲得し続けるだろう。地図は時代の変遷と方法論の変化によって妥当性を失うかもしれないが、芸術作品は決して時代遅れになることがない。

ユングの心の地図を簡潔な本で説明することは、まったく新しい企画というわけではなく、他の人々とくにヨランデ・ヤコービやフリーダ・フォーダムが過去に類似の入門書を書いている。私の仕事がここで付け加えようとするのは、彼の理論にある統一性、諸要素が微妙につながって作り上げているネットワークを強調することである。彼の理論はしばしば、これを少し、あれを少しというふうに、ばらばらに紹介されているために、これらの断片すべてがひとつの統一的なヴィジョン——これを私は至高の魂のヴィジョンと見ているのだが——に由来しているということが、あまり明確に出てこない。それに初期のユング理論の入門書が出てから、多くの歳月が経っており、そろそろ新しいものが出ていい時期でもある。

私の狙いはユングの理論の根底にある深いヴィジョンの統一性を示すことである。たしかにユングの地図にはそこかしこに間隙や不整合があるが、しかしこの統一性は、時折彼にみられるこうした論理的精緻さの欠如などよりはるかに重要なものだ。本書における私の主要な関心は、ユングの思考の発展を示すことでも、心理療法や分析における実践的適用を詳細に考察することでもない。むしろ彼の全著作を成している多くの解釈や詳述の下方にある隠れた知的まとまりを明るみに出すことにある。願わくば注意深い読者が最も重要な点を掌握し、いかにそれらが一つの全体性に属しているのかだけでなく、ユング自身も詳述しているような分析心理学理論の総括的な像を得て、この本を読了されるよう望んでいる。

ユングの心理報告にある注目すべき調和の原因は、彼の思考の特質に由来すると信じる。それは経験的方法論から発展したのではない。ユングは、プラトンやショーペンハウアーのような昔日の哲学者流の直観的で想像的な思想家であった。彼は当時の概して科学的で知的な社会に通用する観念で心の地図を作ったが、彼はこれらの観念に一つの独特なひねりを与えた。彼は革新的な概念を考え出したというより、むしろ一般的に通用していたものを取り上げ、そこから新しく高度で特殊な様式を作成したのだ。絵画の伝統を取り入れた偉大な芸術家のように、彼は自分に役立つ映像や材料を使い、まったく同じ要素の組み合わせで、かつて見たことのない何か新しいものを作り上げたのだ。

ユングは、マイスター・エックハルト、ベーメ、ブレイク、エマーソンの伝統に属する神秘家でもあった。彼の最も重要な洞察の多くは、夢や映像、能動的空想によって彼の元にやってきた崇高なものの体験にもとづいていた。彼はこれについて『自伝』のなかで公に告白している。「心の現実」に関する彼の重要な師はフィレモン像で、最初、夢の中に現われた。それでユングは数年間、能動的空想でこの像に関わったと書いている。(5) 直接的な魂の体験は、ユング理論の根本的な源泉で、それは精神内の統一性や一貫性を説明している。

しかしユングは熱心な科学者でもあり、それが彼の著作と詩人や神秘家の作品とを区別している。彼は科学的方法によって働いた。つまり彼は自分の仕事を科学者の共同体に説明がつくものに留め、それに対して経験的検査をした。彼の空想、洞察、内的理解は、単にそれらの価値に安穏とすることを認めず、普遍的人間の経験にもとづく証拠と照らし合わされた。ユングは科学的で経験的であろうとする強い要求を持っていた。彼の理論に均されていないごつごつした角があったり、大まかな記述といったところがあるのはそのためである。純粋な知性や想像力で仕事をしていれば、これをもっと滑らかにすることができただろう。しかし経験的世界――経験されるがままの生――はもっと乱雑なものであって、人間の思考や想像によって作られた箱にはきちんと収まらない。ユングは夢想的な直観的思想家であるとともに経験的な科学者でもあったので、彼の人間心理の地図は内的統一を持つと同時に、体系性と首尾一貫性においてはいくらかゆるいところがあるのだ。

私がユングの著作を評価し続け、二十五年以上にもわたって相変わらず読み続けている一つの理由は、彼が強迫的に整合性を求めようとしないことにある。ティリッヒやヘーゲルのような系統立った思想家を学んだとき、私は常に彼等の鋼鉄のような精神の狭い入り口で苦しんだ。彼らの思考は私にとって、あまりに高度に構成されていた。乱雑さのある所が人生の味わいではないだろうか。それで私は哲学者や神学者よりも芸術家や詩人に英知を期待するようになった。そして厳密な体系には疑念を抱いている。彼らが私にはパラノイア的に感じられるのだ。ユングの著作は決してこのように私を侵さなかった。

ユングを読むたびに、私は人間の心の神秘に対する彼の深い敬意を感じる。またこの態度は視野が拡大し続けることを許している。彼の地図は視界を塞ぐよりむしろ開いている。これと同じ印象をあなた方読者に伝えることができればと望んでいる。

これは入門書だ。ユング心理学をかなり勉強した学生も、これを読んで何かを得てほしいが、私の本来の読者は、ユングの言ったことを理解したいが、いまだに彼の大作や思考に入り込む入り口の見出せない人々である。この本のそれぞれの章で、彼の理論にある一つの主題に焦点が当てられている。彼の全集から特定の部分を取ったが、それは地図の断片を敷設している。さらに興味を持たれた勤勉な読者は、あとでゆっくりとこれらの参照文献を調べることもできよう。テキストを中心とした私の説明が、原書に没頭するようになり、ユングの時折曖昧になる意図を掘り出し、その含意を熟考する仕事に挑めるための、親しみやすい誘いとなることを望んでいる。

これらの文書の抜粋は、私自身の選択による。他にも同様の価値を持つテキストが選択され、同様に使われ得ただろう。ユングの洞察の根本にある一貫性を示すため、彼の著作から最も明確で典型的な論文や文章を選ぶよう努めた。ユングの心の地図は知性、観察そして創造的洞察の偉業である。現代思想家で彼の非凡な作品と同等のものを完成させるまでに至った者はほとんどいない。彼の著作は一八巻の全集に、書簡が三巻、インタヴューや折に触れての書き物を集めたもの、そして自伝（アニエラ・ヤッフェと共に書かれた）である。この山積した資料から、私は彼の理論と根本に関わる主題を選び、分析の実践や文化、歴史、宗教の解釈に関するものを省いた。

私が前に問いかけた「実際のところユングの著作の中に体系はあるのか。彼は体系立った思想家なのか」という問題に戻ろう。慎重に言って、答えはおそらくイエスである。人々が四つの異なった言語を話しているにもかかわらず、スイスが統一された国であるのと同じ意味で、理論は統一されているのだ。部分が孤立し独自に作用しているように見えるが、全体としてまとまっている。ユングは、基本的な前提を立て、矛盾しないよう要素をまとめ合わせて何かを作るといった哲学者の体系的な方法によって、考えることをしなかった。彼は科学者だと主張していたし、彼の理論立ては、経験的世界の無秩序さとよく釣り合っていた。直観思考型のユングは、大きな概念を準備し、ある程度詳細に練り上げると、別の大きな概念に取りかかるのだ。彼は頻繁に撤回し、繰り返しては、前進しながら欠陥を補っている。この特性は彼のものを読むのに困難を生じさせた。全体像を得るために彼の著作すべてを知らなければならない。もしあなたが、しばらく多少とも無作為に彼の著作を読んだなら、それぞれの著作がユングの精神の中で、どんなふうにまとまっていたかと疑いはじめるだろう。しかし彼の全著作を読み、それについて長い間熟考した後に初めて、それらが実際いかに調和しているかを理解できるのだ。

私はユングを以下のように考えている。クリニックでの仕事や自らの経験を通して、人間の心の深さと広さに目覚めるようになり、非常に長い年月にわたって、人間の魂の究極的映像を表現するため、辛抱強く働かねばならなかったのだと。彼はそれに突進せず、しばしば知的世界に彼の思考を支え得る構造を築き上げるよう努めながら、何年も出版を延期させた。この映像を最大限に把握しようと試みるとき、彼はほぼ六十年間以上もかけてそれを練り上げたのだということをよく覚えておく必要がある。このような広範囲の仕事に対し、また経験的現実に順応しているものにおいて、あまり厳密な一貫性に囚われるべきではない。

チューリッヒでの彼の生徒が伝えている話がある。かつて理論上幾つかの点で矛盾していると非難されたとき、ユングは「私の目が中心となる火中にあり、その周りに鏡を置いて、それを他の者たちに見せようと努力している。時折これらの鏡の端が空白になってしまったりして、正確にすべてがまとまらないのだ。わたしにはそれをどうすることもできない。私の差し示すものを見てくれたまえ!」と答えたという。

私はユングがこれらの鏡で示しているものを、できるだけ正確に述べることを課題とした。それは、われわれの時代に多くの人々を支えてきた映像であり、近い将来のための映像であるかもしれない。なによりも彼の著作は、偉大な神秘、人間の心のイメージをわれわれに提供しているのである。

第1章 表層 自我意識

これからユングの心の地図を広げてゆくわけだが、まず最初は、人間の意識およびその中心のものとしての「自我」に関するユングの記述から始めることにしよう。「自我（ego）」とは、「私」を意味するラテン語に由来する用語である。意識は気づき（awareness）の状態であって、その中心に「私」がある。自我は自明な出発点であり、私たちが心と呼ぶ広大な内的空間の入口である。それはまた心の複合的形象でもあり、そこには、いまなお多くの謎や未解決の問いが含まれている。

ユングの関心は主として、意識下の心の奥地に存在するものの発見にあった。しかし彼は人間的な意識の記述と説明という課題にも取り組んだ。彼は完全な心の地図を作りたかったのだから、これは避けられないことだった。というのも自我意識は、彼が探検していた領域における主要な形象の一つだからである。ユングを自我心理学者と呼ぶのは正しくないが、彼は自我に社会的価値を認めていた。彼は自我の機能について語ったし、人間の未来や文化にとって意識の増大が決定的な意義を持つことを認識していた。さらに彼は自我意識そのものが、心理学的探究に必須の前提条件であることを明瞭に自覚していた。自我意識とは道具《ツール》である。どのような知識であれ、人間の知識はすべて、意識の能力と限界によって条件づけられている。したがって意識を研究することは、心理学的な調査や探究に使う道具に直接注意を向けることに他ならない。

とりわけ心理学においては自我意識の性質を理解することが大切だ。なぜか。それは心理学では個人的な歪みを調整する必要があるからだ。「すべての心理学は個人的告白である」とユングは言った。[1] 創造的な心理学者は誰も、自らの個人的偏見や吟味されてない前提によって制限されている。きわめて真面目で誠実な研究者であっても、その意識に真実と思えることのすべてが正確だとはかぎらない。人々の間で知識として通用していることを詳しく批判的に調べてみれば、その多くがたんなる先入観、歪みにもとづく信念、偏見、風説、推論、まるきりの空想にすぎないことが分かる。信念が知識として通用し、人々はそれを確実で信頼できる事実とみなして、そこに固執する。「理解するために私は信じる」という聖アウグスティヌスの有名な言葉は、現代の私たちの耳には奇妙に響くだろう。ところが人々が心理学的現実について語り始めると、まさにそうしたことがしばしば起こってしまう。ユングは自分が研究に用いる手段を批判的に調べ、自らの思考基盤を吟味しようと真剣に試みたのである。彼は、哲学にとってと同様、科学にとっても意識の批判的理解が不可欠だということを強く主張した。心を正確に理解するかどうかは——実際のところ、これは認識一般について言えることだが——、認識する者の意識の状態によって左右される。ユングは意識を批判的に理解しようとした。ユングの重要な著作『心理学的類型』は、人間の意識を八つの類型に分け、それぞれの類型が情報や生活経験を異なった風に処理することを述べているが、彼がこの本を書いた第一の狙いも、意識の批判的な理解にあったのである。

自我と意識の関係

だからユングは公刊された著作の随所で自我意識について多くのことを書いている。ここでは、主として後期の著作『アイオーン』の第一章「自我」について論じ、関連したいくつかのテクストにも触れることにする。それらのテクストは彼の立場を的確に要約しており、この主題についての彼の成熟した思想を表現しているものだ。また本章の終わりでは『心理学的類型』について若干言及しよう。『アイオーン』は多くの異なったレヴェルで読むことができる。それはユング晩年の著作であり、西洋における思想と宗教の歴史、およびその未来に対するユングの深い関心と自己の元型に関する彼の最も詳細な思索を表現している。この本の最初の四章は後から付加されたもので、彼の心理学を知らない読者のためにその概要を提示し、分析心理学の語彙を紹介することを目的としている。この部分はとくに詳細でもないし、また専門的というわけではないが、自我、影、アニマ、アニムスといった心理学的概念に関するユングの最も凝縮された議論が含まれている。

ここでユングは自我を次のように定義する。「自我はいわば意識領域の中心となるものである。意識領域が経験的な人格から成り立っているかぎりにおいて、自我は一切の個人的な意識行為の主体である」(2)。意識は「場（field）」であり、ユングがここで「経験的な人格」と呼ぶのは、われわれが認識し、直《じか》に経験しているような自分の人格である。「個人的な意識行為の主体」としての自我は、この場の中心を占めている。自我という用語は、自分自身を意志や欲望や考えや行動の中心としての経験を指している。意識の中心という自我の定義は、ユングの著作全体に一貫してみられる。

ユングは上のテクストに続けて、心の中の自我機能についてこう註釈を加える。「ある一つの心的内容が自我に対して持つ関係こそ、その心的内容が意識されるかどうかを示すバロメーターである。なぜなら主体が思い描くことのできないような心的内容は、意識的とは言えないからである」(3)。自我は、それに対して心的内容が「表象」されるところの「主体」なのだ。これは鏡に似ている。さらに自我とのつながりは、何らかのもの――感情、思考、知覚、空想――が意識的になるための必要条件である。自我は一種の鏡であって、心はそこに自分自身を認め、意識できるようになる。ある心的内容が自我に取り上げられ、反省される程度に応じて、それは意識の領域に属すると言ってよい。ある心的内容がただ漠然と最小限にしか意識されていないとき、それはいまだ捉えられておらず、自我の反省的次元に保持されていないわけである。

自我のこの定義に続く箇所で、ユングは心の意識的形象と無意識的形象の間に決定的な区別を立てる。すなわち、意識はわれわれの知っているもので、無意識はわれわれの知らないすべてのものである。ほぼ同じ頃に書かれたもう一つのテクストでは、これがもう少し明瞭に述べられている。「無意識とは絶対に未知なるものというのではなく、むしろ一方では未知の心的なものである。これを……もし意識化されれば、私たちがすでに知っている心的内容とおそらく何ら違いがないようなもののすべてと定義しよう」(4)。意識的なものと無意識的なものの区別はユングの心についての一般理論においてきわめて根本的なものだが――これは深層心理学全体について言えることである――それは、自我によって反省され意識の中に保持され、そこで検討ないし操作できるような心的内容があること、そして他方には、一時的もしくは永久的に意識の外におかれるような心的内容がある、と主張するのだ。その内容が無意識的となった理由がどうであれ、またその無意識性が一時的なものか恒久的なものかには関わりなく、とにかく無意識は意識の外側にあるすべての心的内容を含むのである。実際、無意識は心的世界において広大な場所を占めている。深層心理学では無意識こそが主要な探究の対象なのだ。そしてユングが最も強烈な関心を向けたのはこの地域の探検に対してであった。しかしこれについては後でもっと詳しく述べることにしよう。

しばしば著作の中でユングは自我を一つの「コンプレックス」だと言っている。「コンプレックス」という用語については次章で詳しく論ずる。しかし『アイオーン』の中で彼は自我が単純に意識のある特定の内容だと言っているわけで、それによって意識は自我より広い概念であり、自我だけを含むのではないと述べているのである。

では、自我が位置しており、自我がその中心を占め、その限界を規定している場としての意識そのものはいったい何なのだろうか。最も単純に言えば、意識とは気づき（awareness）である。それは自分の外と内の世界で起こっていることに気づき、それを観察して記録している状態なのだ。むろん人間だけが地上で唯一の意識的な生物だというわけではない。他の動物も同様に意識的である。なぜなら明らかに彼らも観察し、それにあわせた仕方で注意深く環境に反応することができるのだから。植物には環境に対する感覚があり、これも意識の一つの形とみなすことができる。意識そのものが人類を他の生命形態から区別するのではない。また意識が成人を幼児や子供とは別格の存在にするわけでもない。厳密に考えれば、人間の意識はその本質において年令や心理的成長に左右されるわけではない。私の友人が娘の誕生に立ち合った。胎盤が取り除かれ、目が洗われた後、彼女は目を開いて部屋を見回した。彼はそのときいかに感動したかを私に話してくれた。明らかにそれは意識の徴だった。目は意識の存在を示す指針である。その活力や動きは、気づきを持った存在（aware being）が世界を観察しているということを示している。むろん意識は視覚だけにもとづくものではない。そこには他の感覚も参与している。子宮の中の赤ん坊は、目が機能して見えるようになる前から、音を感知し、声や音楽に対してかなりの反応能力を示す。はっきり意識的と言えるような気づきの水準に胎児が最初に到達するのがいつかはまだ正確には分かっていない。しかし、それがかなり早い時期、出生前であることはたしかだ。

意識の反対は、夢もない深い眠り、反応性と感覚の気づきがまったくない状態である。長期の昏睡状態、いわゆる脳死の場合を別にすれば、身体から意識が恒常的に消失することは、実際上の死の定義だ。たとえそれが未来の意識の萌芽にすぎないような潜在的な形であっても、意識こそが「生の要因」である。意識は生きたものに所属するのである。

発達が意識に対してすること、それは個々の内容を意識に加えるということだ。理論的には、人間の意識をその内容――意識の空間にひしめいている諸々の思考、記憶、アイデンティティ、空想、情動、イメージ、そして意識空間に詰め込まれている言葉など――から分離することができる。だが実際には、それはほとんど不可能だ。事実、意識とその内容をかなりの程度分離できるのは非常に高度の霊的発達を成し遂げた達人のみであるように思われる。意識をその内容から引き離して、両者を分離したままに保ち、そのつど選ばれた思考およびイメージとの同一化によって規定されない意識を持っているという人は真の賢者だろう。大多数の人々にとって、よりどころとなる安定した対象を欠いた意識というのは、非常にはかない、束の間のものに見える。通常、意識の実在性や実体感覚はイメージ、記憶、そして思考といった安定した対象および内容によって与えられる。それらが意識に実質と連続性をもたらすのである。だが脳卒中の発作を起こした人々の例が証明しているように、意識の内容や自我機能——思考、記憶、命名、発話、既知のイメージや人々や顔の認知——は、意識そのものよりずっと束の間で脆いのである。たとえば記憶を完全に失ってもなお意識的であり続けることはできる。意識は心的内容を取り囲む部屋のようなものだ。心的内容は一時的にこの空間を満たすだけだ。また意識は自我に先立つのであり、自我があとからやってきてその中心となる。

意識と同様、自我もそのつどの瞬間に意識という部屋を占めている個々の内容を超越しており、それらの内容より長く存続する。自我は意識の焦点であり、意識の最も中心的で、おそらく最も永続的な形象である。東洋の教説は、自我のない意識性を説くが、これに対してユングは、自我がなければ意識性そのものが疑わしくなってしまうと主張している。しかし意識を完全に破壊することなく、いくつかの自我機能を一時的に停止させたり、外見上消滅させることが可能であることも事実だ。だから一種の無自我意識、意図の中心としての「私」をほとんど示さないような意識の型もまた——少なくとも短期的には——人間の可能性に含まれるのである。

ユングにとって自我は意識の決定的な中心である。実際、彼はどの内容が意識の領域に留まり、どれが無意識に落ち込むかはかなりの程度意識によって定められると考えていた。ある心的内容を意識に留めるのは自我だし、自我はまたある内容について考えることを止めて、それを意識から抹消することもできるのだ。ユングもその有効性を認めていたフロイトの用語を用いれば、自我は心的内容を「抑圧」できる。すなわち、自我にとって好ましくない内容、堪えがたいほど苦痛な内容、あるいは他のものと両立しないような内容を意識から排除することができるのだ。それはまた、無意識の中の貯蔵庫（つまり記憶庫）から内容を取り出すこともできる。ただしそのためには、その内容が（a）堪えがたい葛藤を見えないようにしておく抑圧のような防衛機制によって阻止されず、（b）自我との十分に強い連想的なつながりを持っている——つまり十分に強く「学習」されている——のでなければならない。

自我は一時的あるいは習慣的に特定の内容と同一化する。しかし根本において、自我はそうした獲得された意識内容によって構成されるのでも、規定されるのでもない。それは気づきの焦点に内容を保持する鏡あるいは磁石のようなものである。それと同時に自我はまた意図し行為する主体でもある。意識の枢要な中心としての自我は、言語や個人的なアイデンティティの獲得、あるいは自分の名前の気づきにさえ先立って存在する。自分の顔や名前を自我が認知するのはあとのことだが、これらは意識のこの中心のすぐ近くに集まっている内容であって、自我を規定し、その行動力や自己認識の範囲を拡大する効果を持つ。根本的に言って、自我は少なくとも誕生のときから存在している認識の潜在的な中心、この特等席である身体、この個人的視点から、世界を見ている目、これまでずっと見続けてきた目である。自我そのものは何ものでもない。つまりそれは何かのモノではない。だから自我はきわめて捉えがたく、規定することができない。自我なんて存在しないと言うことさえ可能だ。しかしそれはつねに存在している。それは、養育、成長、発達の所産ではない。それは生得的なものである。それが発達し、現実との衝突を通して前進する力を獲得するさまを示すことはできる（本書四四頁以下を参照）。しかしその核は「与えられ」ている。子供は自我とともに誕生するのである。

ユングが心について述べているところでは、意識のさまざまな内容の間には連想のネットワークがあり、そのすべては直接または間接に中心の機関（agency）である自我につながっている。自我はたんに地理的な意味においてだけでなく、力動的にも意識の中心なのだ。自我は意識の内容を動かすエネルギーの中心であり、各々の優先順位に従ってそれらを秩序づける。自我は意思決定と自由意志の座である。「私は郵便局へ行くつもりだ」と言うとき、私の自我は決定をくだし、その仕事に必要な肉体的・感情的エネルギーを動員する。自我が私を郵便局へと方向づけ、そこに連れてゆく。自我は優先順位を決定する管理職である。「郵便局へ行け。公園で散歩をしたいという欲望に惑わされてはいけない」と。自我を利己主義《エゴイズム》の中心とみなしうるが、それはまた博愛主義の中心でもある。ユングが言う意味における自我それ自体は、道徳的に中性である。自我は、日常会話で言われるような「悪玉」（「あいつはほんとに我が強い（oh, he's got such an ego!）」）ではなく、人間の心理的生活の必須の部分なのだ。他のすべての意識をそなえた生物から個体的人間を区別するもの、それが自我である。また、それは個体的な人間を他の人間から区別するものでもある。人間の意識の中の目的性は、意識を所有する他の生物と人間を区別するものだ。またそれは個々の人間を他の人間とも区別する。それは人間意識における個体化の執行者（agent）なのだ。

自我は人間の意識の焦点を合わせ、私たちの意識的行為に目的性と方向を与える。私たちは自我を持つがゆえに、自己保存、生殖、創造性といった本能に反する選択をする自由がある。自我は、意識の中の多くの要素を支配・操作する能力を持っている。それは強力な連想の磁石であり、組織する機関である。意識の中心にこのような力を持っているので、人間は大量のデータを総合し、方向づけることができるのだ。強い自我とは、大量の意識的内容を得て、分別をもってそれらを扱うことのできる自我のことである。弱い自我にはそれがうまくできず、容易に衝動や感情的反応に屈服してしまう。弱い自我は簡単に注意をそらされてしまい、その結果、意識が焦点や一貫した動機づけを欠くことになる。

正常な自我機能の多くを一時的に停止しても意識的であることは可能である。意志的に自らを受動的で不活発な状態におき、カメラのようにただ内的・外的世界を観察するようにしむけることもできる。だが通常、抑制された観察者の意識を意図的に長期にわたって保つことは不可能だ。なぜなら、自我および自我を超える広範囲な心は、観察されているものに、たちまち惹きつけられてしまうものだからである。たとえば映画を見るとき、最初はただスクリーンの人々や風景をただ眺め、認知しているだけだろう。しかし、ほどなく私たちはその中の登場人物に同一化し始め、情動が活性化される。自我は活動体勢に入り、映画のイメージと現実の間の区別(これもまた自我の機能なのだが)がむずかしくなると、そこに生身で関わりたくなってくるかもしれない。すると身体が動員(mobilize)され、自我は特定の行動に向かう態勢をとり、それを意図するようになる。実際、映画は、観客が感情的にどちらかの側に立ち、特定の登場人物が行動したり感じたりすることをすべて支持するようにしむけるものである。このような形で映画に関与してくると、願望や希望、またおそらく意図の中心としての自我が活性化する。映画を見ている間にこれらのイメージによって意識内に引き起こされた感情や思考の結果、人が人生における重大な決意をすることも考えられる。人々が映画館を去り、映画の与えた衝撃の直接的影響で、乱暴になったり欲情が高まったりすることは周知のことだ。自我は情動、同一視、欲望などによって、そこに引き込まれ、そのために自らの方向づけ機能と行動へのエネルギーを用いるのである。

これで明らかになったように、自我の自由には限界がある。それは内からの心的な刺激にも外的な環境の刺激にも容易に影響される。自我は外界から脅かす刺激に対して武器を取り、自分を防衛しようとするかもしれない。あるいは、創造したり愛したり、復讐を求めたりする内的な衝動によって活発化し、刺激されるかもしれない。それはまた自我衝動――つまり自己愛的――に反応するかもしれない。そしてたとえば復讐の欲求に捕えられるかもしれない。

したがって、自我が内的および環境の刺激や現象を登録《レジスタ》し、身体を行動に移すことによって、覚醒した意識は焦点づけられる。先にも述べたが、自我の起源は最も早期の子供時代、幼年期以前にまで遡る。非常に幼い子供でさえ環境の中のさまざまな形を認知しており、そのあるものを好ましく感じると、手をのばして取ろうとする。有機体がこのように非常に早い時期から意図の徴候を示すことは、自我ないし「私であること（I-ness）」が非常に深いルーツを持つことを証拠だてている。

この「私」の性質および本質について反省すると、さまざまな深遠な心理学的問題に導かれる。根本的に、自我とは何なのか。私とは何か。ユングはこうした問いに対して、あっさりと自我とは意識の中心だと言うのがつねだった。

「私」は、いささか素朴にも、自分がつねに存在してきたと感じている。前世という観念でさえ、ときには本物の真実味を帯びることがあるものだ。一生を通して「私」が本質的に変化するかどうかは未解決の問題だ。二歳のときに母を求めて泣いた「私」と、四十五歳で失恋して泣く者、もしくは八十歳で失った配偶者を悼んで泣く者とは同じではないのだろうか。自我の多くの特徴、とりわけ認知、自己認識、心理社会的アイデンティティ、能力といったことは明らかに発達し変化する。だが人は自我の奥底では一つの重要な連続性を感じている。多くの人々は「内なる子供」の発見に感動する。これは、子供であった私の人格が大人である私の人格と同じだという認識にほかならない。おそらく本質的な自我の核は生涯を通して変わらないのだろう。これはまた、自我のこの核心が肉体の死によっては消滅せず、永遠の安らぎの場所に行くとか（天国、涅槃）、物質的次元で別の生に再生する（輪廻）という多くの人々の強い直観や信念を説明するものなのだ。

子供はほぼ二歳の頃初めて「私《アイ》」（ぼく・わたし）と言う。それまでは自分を三人称か、名前で「ティミーはしたい」とか「サラは行く」というふうに呼ぶ。子供が「私」と言い、自己指示的に考えることができるようになったとき、つまり自らを意識してこの個人的世界の中心に位置づけ、そこに一人称代名詞を与えるとき、子供の意識性は一大飛躍をなしとげたのだ。しかし、これを根源的自我の誕生と呼ぶことは断じてできない。その子供の意識と行為はそのずっと前から、ある潜在的な中心の周りで組織されていたのだ。意識的かつ再帰的に自我を名指すことができるようになる前からすでに自我が存在していたことは明らかである。自我を知るという過程は漸進的であり、生涯の終わりまでとぎれることなく続く。自己意識へと成長することは、幼児期から成人期へと多くの段階を通過してゆく過程である。ユングは『自伝』の中で、これらの段階の一つをかなり詳細に述べている。彼はほぼ十三歳頃に雲のような状態から歩み出し、初めて「私は今や私自身なのだ」と実感したことについて語っている。(5)

高い水準の自己認識と自己への気づき――すなわち自己反省的な自我――に到達する能力によって、人間の意識は動物の意識と区別される。少なくともわれわれの現在知っているかぎりにおいてはそうだ。この相違は、人間の言語能力のみにもとづくのではない。言語能力のおかげで私たちは自分が知っている「私」について語り、それを複雑で豊かなものにできる。しかし、この相違を端的に、人間の意識に存在する自己鏡映の機能に帰することもできるのだ。この機能は言語の獲得以前に始まり、また言語の獲得に尽きるものでもない。それは自分が存在していること(そして後には、自分が死ぬであろうこと)を知ることだ。自我という、意識の中に組み込まれたこの鏡のおかげで、私たちは自分が存在すること、そして自分が何であるかを知ることができる。他の種の動物もまた明らかに生きること、自らの環境を制御することを欲している。また彼らにも情動および意識が存在し、それとともに意図とか現実吟味とか自己統制など、自我機能と結びつけられる多くの機能もまた存在することを示す証拠もある。だが動物は、意識の中のこの自己反省機能を持っていないか、あったとしてもきわめて微少でしかない。彼らの自我は人間に比べればごくささやかなものである。彼らは自分が存在していること、いずれは個々別々に死んでゆくこと、個々に分かれた存在であることを知っているのだろうか。それは疑わしい。詩人リルケは、動物が人間のような仕方で死に直面することがなく、それゆえにこそ現在をより充実して生きることができるのだと考えた。動物は人間と同じような自己意識を持たない。彼らには言語がなく、あるかなきかの自己意識を多少とも洗練された仕方で表現することができないし、人間が所有するような言語的手段によって、他と自分自身を区別することもできない。(6)

発達がある時点をすぎると、それ以降、人間的自我と人間的意識は周囲の文化的世界によって大幅に規定され、形成されるようになる。人は文化的世界の中で成長し、教育される。それは中心的自我を取り囲む自我構造の層もしくは覆いとなる。子供が成長して文化の中に入り込み、家族との相互作用や学校での教育の経験を通じて文化の形式および習慣を学習するにつれて、この自我の覆いはますます厚くなってゆく。ユングはこれらの自我の二つの内容を「人格1」と「人格2」と呼ぶ。(7)「人格1」は生来の自我の核であり、「人格2」は、文化的に獲得された自我の層であって、これは時間の経過とともに成長する。

人の自我意識の内容には長期間にわたって非常に堅固で安定したものがある。ふつう自分の名前は意識の安定した内容だ。ある時点をすぎると、名前は自我とほとんど恒久的に溶接されているようにさえみえる。名前とは非人格的なハンドルにすぎず、人のペルソナ（第5章参照）の一部として公けの領域に属している。しかし自分の親や子供、あるいは恋人によって使われるとき、名前は自己感情の最も奥深い部分に触れるものだ。とはいえ名前が文化的人工物にすぎないということは認識しておかねばならない。たとえば身体とくらべれば、自我に固定されている度合いはずっと少ないのである。人は名前を変えても、同じ人間であり続けるだろう。これまで誰も身体のすべてを取り替えたことはないので、身体においても同じことが言えるかどうかは、いまだ不明である。もしそういうことが実現するとすれば（ひょっとしたら可能となるかもしれない）、自我が身体を超越するかどうかが分かるだろう。自我は身体と完全に溶け合っているようにみえる。しかし、私自身は、もしかすると自我は本当に身体を超越しているのではないかという気がしている。

身体は、個体的で有限かつ独自の意欲する実体である。そこで自我を身体の意識と規定したくなるかもしれない。いままでとは違う名前を与えられたとしても、その人の「私」が本質的に変わることはないだろう。だが違う身体を持つようになったとすればどうか。自我は本質的に別のものとなるのだろうか。自我は深く身体に根ざしている。そのつながりは文化以上に深い。しかし、それがどのくらい深いかということはいまだ結論が出ていない。にもかかわらず、自我は肉体の死を心の底から恐れている。

それは身体の死の後には自我も消滅するだろうという恐れだ。しかしユングによれば、自我は身体的な基盤にだけ限定されるわけではない。『アイオーン』の中でユングはこう述べている。「自我はけっして単純で単独的な要因ではない。余すところなく記述しつくすことのできない、包括的な要因なのである。経験的に言えば、この自我という要因は、二つの一見したところそれぞれ別の基盤をよりどころにしている。すなわち一つは体性的基盤であり、一つは心的基盤である」(8)。

ユングの考えでは、心をたんなる身体の表現、脳化学的な反応の所産、ないしこれに類する物質的な過程へと還元することはできない。なぜなら心は精神ないし霊(ここでのユングの思考に最もよく対応するのはギリシャ語のヌースという語である)にも参与しており、自らの物質的な居場所を超越することが可能だし、時には実際に超越するからである。後の章で、ユングが物理的自然と超越的霊ないし精神(ヌース)との組み合わせから、どのように心を導き出すかを見ることにしよう。しかしさしあたりは、心と身体が完全に重なりあうものではないし、どちらか一方から他方が派生したというものではないことを記しておけば十分である。ユングは自我をまずもって純然たる心的な対象として扱う。自我がまた身体的基盤にもとづくというのも部分的にでしかない。自我が身体に基礎づけられているのは、それが身体との統一性を経験するかぎりにおいてである。そして自我が経験する身体は心的なものなのだ。それは身体イメージであり、身体そのものではない。身体が経験されるのは「もろもろの内体性的感覚の総体から」(9)、つまり人が身体について意識的に感じることができるものからである。こうした身体の知覚は「内体性的刺激をよりどころとしており、内体性的刺激は一部しか識閾をこえない。大部分は意識されないまま、すなわち意識下にあって経過する。これら刺激が閾下にあることは、必ずしも単に生理的な状態を意味するとはかぎらない。それは、ちょうどある心的内容が閾下にある場合と同じである。場合によってはこれらの刺激は識閾をこえることがあるわけで、すなわち感覚となることもあるのである。しかしここで疑いの余地のない事実は、この内体性的刺激という事象の大部分があくまで意識することは不可能であること、そしてきわめて原始的な性質のものであるため、これらの事象が心的な性質を有するとみなすいわれはまったくないということである」[10]。

この箇所から、ユングが心と心でないものの境界線を、自我意識および無意識と身体的基盤との間に引いていることがみてとれる。自我意識と無意識は心に含まれるが、その身体的基盤は心的ではないのである。生理学的過程の多くは心に入ることなく、無意識的な心の中にさえ入ることなく経過する。原理的に、それらは意識的になれないのだ。たとえば意識が交感神経系の大部分に接触することができないのは明らかで、心臓が鼓動し、血液が循環し、ニューロンが発火するとき、その若干は意識的になりうるだろうが、すべてを意識化することはできない。身体的基盤に入り込む自我の能力がどこまで発達しうるかは不明だ。熟練したヨガ行者は、非常に広範囲にわたって身体的過程を制御することができると主張する。たとえば、彼らは、死のうとして、意図的に心臓を止めてしまうということが知られている。あるヨガ行者は意志の力で手の平の表面温度を変えることができると主張した。彼のこの能力は検査され、その主張の正しさが確認された。彼はそれを意図的に一〇度から二〇度まで変えることができたのだ。これは心が身体に入り込んで制御する能力がかなりあることを証明しているが、それでもまだ広範な領域が触れられないままに留まっている。細胞組織という身体の下部構造に自我はどの程度侵入できるのだろうか。訓練された自我だったら、たとえば癌腫瘍を収縮させるとか、あるいは高血圧をほんとうに解消するといったことができるのだろうか。多くの問いが答えられないまま残っている。

　二つの識閾があることを心に留めておかねばならない。一つは無意識と意識を分ける識閾であり、もう一つは身体的基盤と心（意識と無意識の両方を含む）を分ける識閾である。後の章でこれらの識閾についてもっと詳細に論ずるが、さしあたりはそれらがきっちりした境界線というより、幅のある流動的な境界だということ、それは固定した障壁ではないということを述べておこう。ユングにとって、心は意識と無意識の両方を含むが、純粋に生理学的次元における身体のすべてを含むというものではない。自我が基盤とするのは心的な身体すなわち身体イメージであって、身体そのものではない、とユングは述べている。それゆえ自我は本質的に心的要因なのである。

自我の位置

　心の領域の広がりは、自我が潜在的に到達可能な範囲とほぼ一致している。先に引いた箇所でユングが定義しているように、心の限界は、原則的に自我が到達しうるところまでを言い、そこから先は心ではなくなるということである。とはいえこれは心と自我が同一だということを意味しない。なぜなら心は無意識を含んでおり、自我はおおむねいま意識されている範囲に限定されているからである。だがいまは自我がその大部分を実際に経験することがない無意識的なものも、少なくとも潜在的には自我に到達することができる。つまり私が言いたい要点は、心そのものに限界があるということ、そしてこの限界が、そこをすぎると刺激ないし心の外の内容がもはや原理上意識的に経験されえなくなるような地点だということである。ユングが依拠したカント哲学では、この経験不可能な実体は「物自体（Ding an sich）」と呼ばれる。人間の経験には限界がある。心には限界がある。ユングは汎心論者ではなかった。つまり彼は、心が遍在し万物を構成していると主張したのではなかった。彼にとって、身体は心の外にあり、世界は心よりはるかに広大なのである。

とはいえ、ユングの用語の使い方に過度の厳密さを求めてはいけない。とりわけ心とか無意識といった用語にはそれが言える。そんなことをすればユングが意図的に隙間と余地を残しておいた場所を窮屈な詰め物でぴったり塞ぐことになるだろう。心は意識と無意識を合わせたものと正確に一致するというわけではないし、また自我が及びうる範囲にきっかり限定されているわけでもない。心と身体が接する境界領域、そして心と世界が出会う境界領域には、「内／外」の混じりあう、ニュアンスに富んだグレーゾーンが広がっているのだ。これらの領域をユングは類心的《サイコイド》領域と呼んだ。これは、心に似たふるまいをするのだが、しかし完全に心的ではないような領域のことだ。それはいわば準心的なのである。こうしたグレーゾーンに、たとえば心身相関の謎といったものが存在している。精神と身体はどのようにして互いに影響し合うのか。どこで一方が終わり、もう一方が始まるのか。これらの問いに対する答えはいまだ見つかっていない。

ユングは『アイオーン』の文章の中で、自我の心的基盤を次のように述べつつ、これらの微妙な区別を行なっている。「一方では自我は意識の全域をふまえており、他方では無意識的な内容の総体をふまえている。無意識的な内容は三つのグループに分けられる。その一は、一時的に意識下にある、すなわち任意に再生可能な内容である（記憶）。その二は、任意には再生できない無意識的な内容である。その三は、そもそも意識化することのできない内容である」[11]。以前の定義によれば、この第三グループは、心の外にとどめられねばならないはずだが、ここでユングはそれを無意識の中に含めている。明らかにユングは、無意識がもはや心ではなくなるところまで達し、さらに非心的な領域すなわち心の彼方の「世界」へと広がっていると述べている。それはもはや心的ではないが、しかし少なくともある程度までは、この非心的な世界は無意識の中にあるのだ。ここでわれわれは大いなる神秘に近づく。心の外の知覚や共時性や身体の奇蹟的治癒などの基盤はここにある。

ユングは科学者として、個人的および集合的な無意識の存在というこの大胆な仮説の論拠と証拠を提供せねばならなかった。ここで彼はたんにその論拠を示唆しているだけだが、他の著作では、それを詳細に展開している。「第二グループの存在は、意識下にある諸内容が意識のなかに自発的に侵入してくるという出来事から推測することができる」[12]。これはコンプレックスがどのようにして意識に影響を与えるかを説明している。「第三グループは仮説である。すなわち、第二グループの根底にある事実からの論理的一帰結である」[13]。コンプレックスの中にある種のパターンが繰り返し出てくることから、ユングは元型の仮説を立てた。ある種の効果が十分に強くかつ反復的に現われるなら、科学者は、その効果を説明し、さらに探究を進める助けとなるような仮説を立てるものである[14]。

ユングは『アイオーン』の先の箇所に続けて、自我は二つの基盤、体性的(身体的)な基盤と心的な基盤にもとづいている、と述べている。これらの基盤のそれぞれは、多層的であって、一部分は意識の中にあるが、大部分は無意識的である。自我がそうした基盤にもとづくということは、その根が無意識にあるということである。自我の上部構造は合理的で、認知的で、現実指向的であるが、ずっと下方の隠れた層においては、情動やファンタジーや葛藤の流れに左右され、身体的および心的な水準の無意識からの侵入にさらされている。それゆえ自我は身体的な問題によっても、心的葛藤によっても容易に混乱させられるのである。純粋に心的存在であり、意識の枢要な中心としての自我、アイデンティティと意欲の座である自我もまた、その最深の層においては、多くの源泉からの妨害と影響にさらされているのだ。

先に指摘したように、自我は意識の場に住み込み、その中心の基準点をなしているが、しかし意識の場そのものとは区別されねばならない。ユングは以下のように書いている。「自我は意識的全域をふまえていると述べたけれども、それは決して自我が意識的全域から成り立っていると言おうとしているのではない。もしそうだとすれば、自我は意識領域とそもそも区別がつかなくなってしまう」[15]。「I（主体としての私）」と「me（客体としての私）」を分けたウイリアム・ジェイムズと同じく[16]、ユングもまた自我とジェイムズの言う「意識の流れ」とを区別している。自我は一つの点であって、意識の流れに身を浸しているが、しかしその流れから自らを分離することができる。そして意識の流れを自分自身とは別な何かとして気づくことができるのである。自我が意識の動きを観察し吟味するための距離を獲得しているとしても、意識は完全に自我の制御下にあるわけではない。自我は意識の場を動き回り、観察し、選択し、ある程度までその活動を管理しているが、しかし意識が他で関わっているかなりの量の素材については知らぬままだ。よく知っている道で車を運転するときのことを考えてみよう。自我の注意はしょっちゅう運転以外のことに逸れ、他のことに向かう。それでも交通信号を守り、多くの危険な交通状況を切り抜けて、無事目的地に辿り着く。どうやって辿り着けたのか、不思議なくらいだ。注意の焦点は別なところにあった。自我は散歩に出かけ、運転は非自我的な意識に任せたのである。その間、意識は自我なしでたえず監視し、情報を取り込み、処理し反応する。万一、危機が生ずると、自我が復帰して仕事にあたる。自我はしばしば、ある記憶、思考、感覚、あるいは計画など、意識の流れから取り出した事柄に焦点をあわせる。そして、日常の定型的な仕事は、習慣づけられた意識にゆだねてしまうのだ。このような自我の意識からの分離可能性は、穏やかで非病理的な解離の一種である。自我は意識からある程度は解離できるのである。

意識が生まれた直後から、自我の萌芽あるいは原始的な自我が一種の潜在的中心ないし焦点として存在しているように思われる。しかし、その重要な諸様相は幼児期の始まりから児童期の後期にかけて成長・発達する。ユングは以下のように書いている。「自我は、その置かれている基盤が比較的に未知のものであったり無意識的であったりするにもかかわらず、意識的要因の最たるものである。自我は、個的存在の経験的な獲得物だとすら言える。自我は、どうやらはじめは体性的要因と外界との衝突から生じるらしい。そしていったん主体として現出すると、さらに外界と衝突を重ね、内界とぶつかり合いつつ成長をとげてゆくのである」[17]。ユングによれば、自我を成長させるのは、彼が言うところの「衝突」なのである。別の言葉で言えば、葛藤、困惑、苦悩、悲しみ、苦痛といったものだ。それらが自我の発達をもたらす。物理的および心的環境に適応するため人間に課される諸要求が、意識の中の潜在的な中心を利用し、その機能を強化するのである。それは意識の焦点を明確にして、生体組織を特定の方向に動員するためだ。意識の潜在的中心としての自我は生得的なものだが、自我が現実的で効果的な中心として成長するのは、心身をそなえた有機体と環境との間の衝突のおかげであり、それが反応と適応を要求してきた結果である。したがって自我の成長にとっては環境との間に適度の衝突や欲求不満があるというのが最適の条件なのである。

しかし諸々の衝突が破滅的になって、心に重い傷を残すこともありうる。そういうとき発生期の自我は強化されるのではなく、むしろ傷つけられ、深刻なトラウマを被り、後々まで心の機能が著しく損なわれる。幼児虐待や子供時代の性的トラウマはこうした心的な惨事の例である。そのために自我の基底の記憶《レジスタ》が恒常的に損傷される。認知的には正常であるかもしれないが、より無意識的な部分では感情的な感乱があったり、堅固な構造が欠如しているために、深刻な性格障害や解離的傾向がもたらされる。このような自我はふつうの意味で傷つきうる——すべての自我は傷つきうる——だけでなく、脆くて過度に防衛的となる。ストレスによって容易に崩壊するので、原始的な（しかし非常に強力な）防衛に頼る傾向がある。それは世界を遮断し、心を侵入や可能な損傷から保護するためである。このような人々は他者を信頼することができない。逆説的なことに、これほど防衛的な彼らがつねに他者や人生一般に裏切られ、深い幻滅を味あわされるのだ。こうして環境は圧倒的な脅威と知覚され、彼らは徐々に環境から自分自身を孤立させる。そうして自分の防衛的な孤立の中にこもるようになってゆくのである。

発生期の自我とは、欲求と充足の間の齟齬を示す子供の苦悶の叫びだと言ってもいいかもしれない。自我はそこから発達し始め、次第に複雑なものになってゆく。二歳の子供の自我が誰に対しても「ノー」と言うようになるとき、すでに子供は環境の要求に対処するだけでなく、環境の多くの面を変化させ、制御しようと試みているのである。この幼い子供の自我は多くの衝突を作り出すことによって、自らを強化すべく忙しく働いているのである。この「ノー」と「いやだ！」は、独立した実体としての、また意志や意図や制御の強力な内的中心としての自我を強化する訓練なのである。

幼年期に自律性を獲得した自我は、意識を意志によって制御・管理できると感じる。過度に心配性の人に特徴的な用心深さは、その自我がこの信頼にみちた自律性の段階を十分に達成していないという徴である。自我が生存と基本的な欲求充足を保証してくれるに十分な制御を獲得したなら、もっと開放的で柔軟になることができる。

このようにユングは環境との衝突から自我が発達すると考える。思い通りにならない環境に直面したときに欲求不満が起こってくるのは避けられない人間の経験だが、ユングのこの考えは、そこに潜在的な可能性を見るという、創造的な対応の仕方を示している。自我がその意志を通そうとすれば、環境からある程度の抵抗にあわざるをえない。もしこの衝突が適切に処理されるなら、その結果は自我の成長をもたらすだろう。また、この洞察は、厳しい現実にさらさないよう子供を隔離しすぎることに対する警告ともなるだろう。自我の成長を刺激するには、つねに温度と湿度を一定に保つような、過度に保護的な環境はあまり有益ではないのである。

心理学的類型

本章では自我意識をテーマとしているが、ここでユングの心理学的類型理論について簡単に述べておくこともよいだろう。ユング全集の編者たちは『心理学的類型』の序言の中で、この著作を「臨床的角度とも言うべき視点から見た意識の心理学[18]」というユングの言葉を引用している。自我が適応すべき課題とか要求に対処しようとするとき、その方向づけにおいて大きな影響を及ぼすのは、二つの主要な態度（内向と外向）と四つの機能（思考、感覚、感情、直観）である。核にある自我は生得的な素質に従ってこれらの態度および機能のどれかを採ろうとする。そしてこれが世界および同化する経験に対する自我の特徴を形成するのである。

現実との衝突は発生期の自我の潜在能力を目覚めさせ、世界と関わるよう迫る。またこのような衝突は、自らをとりまく世界と心の神秘的融即[19]（participation mystique）に割り込み、それを中断させる。ひとたび覚醒するや、自我はすべての有効な手段を利用して自らを現実に適応させなければならない。ユングはこのような自我の手段すなわち機能は四つあり、その各々は内向的な（内界に向かう）態度によっても外向的な（外界に向かう）態度によっても方向づけられうるという理論を立てた。自我の発達がある程度まで達成されると、世界――内的世界と外的世界――に対するある人の生得的傾向がある特定の仕方で自ら現われてくるものである。ユングは次のように主張する。すなわち、自我は一つの特定の態度の類型と機能との組み合わせに向かう生まれつきの遺伝的傾向を持っており、バランスをとるために二次的にもう一つの機能との組み合わせを利用する。しかし、第三と第四の機能は比較的使用されない。したがって、この二つはあまり役に立たず、発達もしていない。この組み合わせが彼の言う「心理学的類型」を形作る。

たとえば、ある人が世界に対し内向的態度を取る生得的傾向を持って生まれたとしよう。それはまず、子供の内気さとして現われ、後になると読書や研究といった孤独な興味の追求への好みへと発達する。もしこれが思考機能を使って環境に適応する生来の傾向と結合されるならば、この人は自ずからこの傾向に似合った科学や学問といった活動を求め、世界に適応しようとするだろう。このような舞台でなら、この人は立派に活動し、自信を持つだろうし、自分にとって自然なしかたで行動することに満足を見出すだろう。しかし社交的にふるまうとか、戸別訪問して新聞の予約購読を売り込むとかいった他の舞台では、この内向思考の方向づけはあまり役に立たない。そして彼はしばしば途方に暮れて、極度の不愉快さとストレスを覚えることだろう。もしこの人が内向的態度より外向的態度をよしとする文化とか、内向性に対して否定的でそれを矯正しようとするような家庭に生まれたとすれば、自我は外向性を発達させて、環境に適応せざるをえない。だがそのためには大きな犠牲を払わねばならない。この内向的な人は、このような課題をこなすために、長年にわたる多大なストレスを引き受けなければならない。この自我の適応は自然に得られたものではないので、他人からみても不自然な印象を与える。それはあまりうまく機能しないが、必要なことなのだ。このような人は、ハンディキャップを負っている。それは生まれながらの外向型が内向的な文化の中でハンディキャップを負わされるのと同じである。

人々の間の類型的な相違は、家族やグループにおいて多大の葛藤を引き起こす。自分の両親とタイプが異なる子供は、しばしば誤解され、両親の好みに合った偽りのタイプを受け入れるよう強いられることがある。「正しい」型を持った子供が、好かれ可愛がられる。これは兄弟同士の対抗意識や嫉妬の準備を整える。大家族の中で子供たちはそれぞれ、両親とも通常そうであるように、類型学的にどこか異なっているものだ。外向型は集団となって内向型を攻撃するかもしれない。内向型は集団や仲間を作るのがそんなにうまくない。他方、内向型は隠すことに長けている。もしタイプの違いが肯定的な価値として認められ評価されれば、家族生活や集団活動を豊かにしてくれることもありうる。ある人が与えられるものは、まさに波長が違うからこそ、他の人々によって有益とみなされるかもしれない。類型学的違いの認識と肯定的評価は、家族また文化生活の中の創造的な多元論の基礎を形成することができる。優越機能と好ましい傾向の組み合わせは、内的また外的世界に適応し相互に作用し合う自我の唯一最良の道具を形成する。他方、四番目の劣等機能は自我にとってもっとも役に立たない。副次機能は自我にとって優越機能に次いで有益で、優越機能と副次機能の組み合わせは、順応したり物事を遂行したりするために、非常に頻繁に効果的に使用される。概してこれら二つの優れた機能の一つが外向化し、もう一つが内向化する。外向化した機能は外的現実の理解を与え、内向化した機能は心中で継続していることについての情報を提供する。内的外的世界を統括し変容させるために、自我はこれらの道具を力の及ぶかぎり駆使するのだ。

私たちが他者に関して経験することの多く、また私たちが自らの人格として理解するようになるものの非常に多くが、自我意識に属していない。ある人が発散する活力、他者や生活に対する自然な反応とか情動反応、癇癪、さまざまな気分、世界を灰色に変えてしまう悲哀、その他、心理的な生活の捉えがたい複雑さ——そのすべての性質と属性は、自我意識だけでなく、より広い心の他の面に帰属されるものだ。だから自我を全人格に相当すると考えるのは正しくない。自我はたんなる執行者、意識の焦点、認識の中心である。それを過大にも過小にも考えることはできない。

ひとたび自我が十分な自律性と意識に対するある程度の統制を獲得すると、個人的自由の感情がその主観的現実の重要な様相となってくる。児童期および思春期を通じて人は個人的自由の範囲を試し、限界に挑戦し、その範囲を拡大する。若者は一般に心理的に実際以上の自己管理力と自由意志を持つという幻想を抱いて生きている。自由に対する制限はすべて外部から、社会や外界の規則から押しつけられるように感じられ、自我が内部から同じくらい統制されていることにはほとんど気づかない。詳しく考察してみれば、人は外界の権威と同じくらい、自分自身の人格構造や内なるデーモンに隷属させられていることが明らかになる。しばしば、人は人生の後半にいたるまでこのことに気づかない。その頃になって自分自身こそ最悪の敵、最も不快な批判者、最も厳格な監督だという認識が目覚め始めるというのは典型的ななりゆきだ。運命は外部から指示されるのと同じくらい、内面からも紡ぎ出されるのだ。

意志がどのくらい自由であるかという問題に対し、ユングは若干の啓発的な考察を提示している。先の章でみるように、自我はより広大な心理的世界の小さな部分なのだ。それは地球が太陽系の小さな部分であるようなものだ。地球が太陽の周りを公転するのを学ぶのは、自我がより大きな心の存在、自己の周りを回っているのを認識するのと似ている。どちらの洞察も、自我を中心にしている人を混乱させ不安定にさせる。自我の自由は限られているのだ。「自我は意識領域の範囲の中で——いわゆる——自由意志を持っている」とユングは書いている。「私の言うこの概念は、決して哲学的なものではない。いわゆる自由な決定、ないしは主体的な自由感情という、周知の心理学的事実のことをさしている」[20]。

自分の領域の中で自我意識は見たところ一定量の自由を持っている。しかしその自由はどの程度までのものなのか。私たちの選択はどの程度まで条件づけと習慣にもとづいているのか。ペプシコーラよりコカコーラを選ぶのは、ある程度の自由を反映している。だが、この選択は実際のところ、広告といった先行の条件づけ、およびその他の選択肢の有無といったことに制限されているのだろう。子供は常に自由意志の行使を奨励され、また、たとえば三種のシャツから一つを選ばせるといった仕方で区別をするようにしむけられるかもしれない。自分の望むものを自由に選択できるので、子供の自我は満足を感じるだろう。だが子供の意志は多くの要因によって制限されている。両親を喜ばせたいという微妙な望み、反対に両親に反抗したいという望みによって、あるいは提供される可能性の幅によって、仲間集団の要求と圧力によって。私たちの実際の自由意志も、子供と同様に、習慣、圧力、選択肢の幅、条件づけ、その他多くの要因によって制限されている。ユングの言葉によれば、「私たちの自由意志が外界の諸必然と衝突するように、主体的な内面世界においても意識領域の彼岸で自由意志はその限界を見出す。すなわち、自由意志が自己の諸事実と衝突する箇所がそれである」[21]。外的世界は政治的・経済的制限を私たちに課してくるが、主観的要因もまた私たちの自由な選択に限界を設けているのである。

おおまかに言えば、自我の自由意志を削減しているのは無意識の内容である。使徒パウロは次のように告白した際、これに第一級の表現を与えた。「わたしは、自分のしていることが分かりません。自分が望むことは実行せず、かえって憎んでいることをするからです。……善をなそうという意志はありますが、それを実行できない」[22]。へそ曲がりの悪魔が自我と争っている。ユングも同じ意見だ。「外的状況が私たちに襲いかかってきて、私たちを規制するように、自己も自我に対して客観的な所与としてふるまう。私たちの自由意志も無造作にこれに手を加えることはできない」[23]。心が統制不能な内的必然性として姿を現わし、自我から支配力を奪うと、自我は敗北を感じ、内的現実を管理する能力のなさを受け入れろという要求に直面しなければならない。ちょうど周辺のより広い社会的物質的世界を見ながら、同じ結論に至らなければならないようなものだ。生の流れの中で多くの人々が、外的世界を統制することはできないと実感するようになるが、内なる心理的行程が自我による管理の対象ではないことを正当に意識するようになる人はほとんどいない。

これらの議論で、われわれは無意識の領土に入り始めている。次の章で、人間の心の無意識区域、心的領土の遙か広大な部分を形成している区域に関するユングの洞察を述べよう。

第2章　内なる人々　コンプレックス

前章で私たちは、自我意識――心の表層部――が個体と環境の衝突によって生み出される混乱や情動反応に左右されることを見た。ユングは、心と世界のこうした衝突には積極的な機能があると考えた。あまりに過酷なものでなければ、それらは自我発達に貢献するだろう。というのも、こうした場合、意識はさらに大きな焦点化能力（focusing capacity）を求められ、それが結局は問題解決能力の強化と個体の自律性の増大をもたらすからだ。何らかのものを選択し、それを堅持することを強いられれば、人はそれをより能率的に、そして上手に行なう能力を発達させる。これはアイソメトリックスで筋肉を鍛えるのと似ている。自我はこのような世界との積極的な相互作用を通して成長する。他者およびその他のさまざまな環境要因がもたらす危険、魅惑、妨害、脅威、フラストレーション――そのすべてが意識の内に焦点づけられたエネルギーを喚起し、世界からのこのような侵入に対して自我は戦時体制におかれるのである。

他方、自我が経験する障害には、環境的原因と明瞭なつながりを持たず、また観察可能な刺激とはまるで釣り合わないようにみえるものもある。それを引き起こすのは、外的な要因というより、内的な衝突なのだ。ときおり人々はたいした理由もないのに怒り狂うことがある。あるいは、奇怪な内的イメージを経験し、そのために説明のつかない行動をする。精神病になる。幻覚を持つ。夢を見る。あるいはまったく非現実的になったり、恋に落ちたり、逆上したりする。人間はいつも合理的に行動するものではない。個人的な利害の計算にもとづいてのみ行動するわけではない。大多数の経済理論が依拠している「合理的人間」なるものは、せいぜいのところ、現実に活動している人間の部分的な記述にすぎない。人間は諸々の心的な力によって駆り立てられる。合理的な過程によらない思考に動機づけられ、観察できる環境の中の測定可能なものを越えたさまざまな空想や影響に左右される。要するに、私たちは、合理的で環境に適応した生き物であると同じくらい、情動とイメージによって駆り立てられる生き物でもあるのだ。私たちは思考するのと同じくらい夢を見るし、おそらく考える以上に多く感じる。どう少なく見積もっても、思考の多くは、情動によって着色され形成され、合理的な計算の大半は、私たちの恐怖や情熱の使用人といったところだ。ユングは人間の性質のこうした非合理的な側面を理解しようとした。そのため彼は科学的方法という道具をとりあげ、人間の情動、空想、行動を形成し動機づけるのは何かという問題の探究に一生を費やした。当時この内的世界は未知の土地（terra incognita）であった。彼はそこに住民がいることを発見したのである。

無意識との接触

しばしの間、心が太陽系のように三次元のものだと想像してみよう。自我意識が地球ないし陸地（terra firma）だ。少なくとも目覚めている間、私たちはここに住んでいる。地球を取り巻く空間には、大小さまざまな衛星や隕石が無数に存在している。この空間こそユングが無意識と呼んだものだが、そこに足を踏み入れたとき私たちが最初に遭遇する対象が彼の言うコンプレックスである。つまり無意識にはコンプレックスという住民がいるのだ。これは精神科医としての経歴を開始したばかりの頃のユングが探検した領域である。後に彼はこれを個人的無意識と呼ぶようになった。

自我コンプレックスや意識の本性について詳しく吟味をする以前から、すでに彼はこの心の領域の地図を作り始めていた。この仕事に取りかかるとき彼が用いたのは、世紀の変わり目に高く評価されていた科学的手段、すなわち言語連想検査だった。(1) そして後にはジークムント・フロイトの初期の著作から得た幾つかの洞察も利用した。ユングは研究者のグループを率いて一連の慎重に統制された実験を行なった。精神的過程が無意識的に決定されるというフロイトの考えと言語連想実験の技法によって武装したユングは、この実験計画を通じて、無意識の心理学的要因を経験的に証明することができるかどうかを確かめようとしたのである。

その結果はユング編の『診断学的連想研究』という本にまとめられた。これらの研究は、彼の師であるオイゲン・ブロイラーの支援と激励のもとにチューリッヒ大学付属の精神病院において行なわれた。(2) この計画が構想されたのが一九〇二年、以降五年間にわたって続けられ、研究結果は一九〇四年から一九一〇年にかけて、個別研究として『心理学神経学雑誌』に発表された。ユングが「コンプレックス」という用語を使い始めたのは、これらの実験にもとづいて研究をしているときだった。この用語はドイツの心理学者ツィーエンから借用したものだが、ユングはそれを自分の研究と理論化によって豊かにしたのである。フロイトも後にこの用語を採用し、フロイトとユングの関係が断ち切られるまで、精神分析界において広く使われた。(3)その後この用語はユングおよび「ユング派」のものすべてといっしょにフロイト派の語彙集からほぼ完全に抹殺された。

コンプレックス理論は、無意識やその構造を理解するうえで、初期のユングが行なった最も重要な貢献である。ある意味で、ユングはこの理論によって、フロイトがその時点までに書いてきたこと、すなわち抑圧の心理的結果、幼児期が性格構造に対して有する持続的な影響、分析における抵抗の謎といったことを概念化した。それは今日まで分析の実践において有益な概念であり続けている。では彼は、最初、どのようにして無意識の中のこの存在を発見し、無意識の地図に加えるようになったのだろうか。

困難はいかにして意識の障壁を越えて、精神内部に侵入するかというところにあった。意識であれば、質問し、その反応を記録するとか、内省することによって調べられるが、主観的世界の深みに入り込んで、その構造や働きを探究するには、それだけではだめだ。ではこれがどうして可能になったのだろうか。ユングと彼の仲間の精神科実習医のグループはこの問題に取り組むために人間を対象とした一連の実験を行なった。心を言語的刺激によって爆撃し、それに対する意識の反応——いわば微妙な情動反応の「痕跡」——を観察することによって、その背後にある構造を読み取ろうとしたのである。ブロイラー、ヴェーアリン、ルーエルスト、ビンスワンガー、ヌンベルク、そしてリクリン（最後のリクリンはユング心理学にとって重要な人物になった）といった同僚たちと緊密に協力しつつ、ユングはその目的のために言語連想検査を精練していった。彼らはまず、ごくありふれた日常語——机、頭、インク、針、パン、ランプといった単語(4)——を四百語選び、その中にもっと挑発的な単語——戦争、誠実な、殴打、打撃といった——を混ぜ込んだ。刺激語の数は後に百語にまで減らされた。これらの刺激語が一つ一つ読み上げられ、被験者は心に浮かんだ最初の言葉で答えるよう指示される。それは、長い逡巡、無意味な反応、同韻語、「音響」反応などさまざまな反応を引き起こした。さらには、心理検流計という装置によって検出される身体的反応も調べられた。(5)

　ユングの関心は、刺激語が告げられるとき被験者の心に何が起こっているのかということにあった。彼が探求したのは情動であり、彼はとりわけ不安の喚起とその痕跡、意識に対するその効果を調べた。反応語と同時に反応時間も測定・記録された。次いですべての刺激語がもう一度繰り返され、被験者は前回の答えを一つ一つ反復するように求められた。このときもその結果が記録された。それからテストの分析が始まる。まず最初は被験者の平均反応時間が算出され、すべての反応が平均と比較された。反応まで一秒の単語もあれば、十秒を要したものもあった。また被験者が完全に拒否してまったく答えがないこともあった。また特異な反応、たとえば同韻語とか無意味な言葉とか異常な連想といったものもあった。ユングはこれらの反応をコンプレックス指標とみなした。すなわち、それらは不安の徴候であり、無意識的な心理的葛藤に対する防衛の存在を示すと考えたのである。では、それらは無意識の本性についてユングに何を語ったのだろうか。

コンプレックス

　このような意識の攪乱《ディスターバンス》――それは言語刺激に対する反応として記録・測定される――は、刺激語に対する無意識的連想の結果として起こる、とユングは考えた。この点で彼の考えは『夢判断』に示されているフロイトの考えと一致していた。フロイトがこの著作で主張したのは、夢のイメージが前日の（あるいはそれより前、幼年期の初めにまで遡る過去）の思考や感情と結びつけられるということだった。しかし、このような連想（結びつき）は非常に曖昧であって、しかも隠蔽されているというのだ。これと同様にユングは、連想実験における結びつきは、刺激と反応の間というよりむしろ刺激語と隠された無意識内容の間に存在すると考えたのである。ある種の刺激語は無意識内容を活性化し、さらに他の内容と結びつく。この互いに結びついた素材のネットワーク——それは抑圧された記憶、夢想、空想、思考などからできている——が刺激されると、意識の中に攪乱が引き起こされるのだ。コンプレックス指標はそうした攪乱の徴なのである。次はこの障害を引き起こしたものが具体的に何であるかを探り出す仕事があるが、それは必要に応じて、被験者に質問を重ね、刺激と反応の内容を分析することによってなされた。だがこの実験によって記録された障害は、さらに探究を深めるための基地を提供し、無意識的なものが気づきの水準より下にあることの証拠となった。しばしば被験者は最初のうち、なぜある種の単語がこのような反応を生じさせるのか分からなかったのである。

ユングは意識の流れにおけるこうした測定可能な障害がしばしば「机」とか「物置」といった一見どうということのない単語と関連していることを観察した。反応の諸パターンを分析しつつ、彼は障害を示す単語をあるテーマにしたがってまとめることができるのに気づいた。そうしたまとまりは、ある一つの共通する内容を差し示していた。刺激語のまとまりについての連想を話すよう被験者に求めると、彼らは非常に強い情動を帯びた過去の出来事について語り始めるのだった。通常、そこにはトラウマがかかわっていた。結局、刺激語は無意識に埋められていた苦痛な連想を喚起し、これらのストレスに満ちた連想が意識を攪乱するということが判明したのである。ユングは意識の攪乱を招いた無意識内容を「コンプレックス」と呼んだ。

無意識にコンプレックスが存在していることを確かめたユングは、それをさらに深く調査したいと思った。言語連想検査といった道具を用いれば、それらをかなり正確に測定することができる。精密な測定によって曖昧な直観や思弁的理論をデータに、科学に変えることができる。これはユングの科学的気質にとって非常に喜ばしいことだった。ユングは、コンプレックス指標の数と障害の程度を単純に加算するだけで、ある特定のコンプレックスに充当された情動的負荷を測定できることを見出した。これはそのコンプレックスの中に結びついている心的エネルギーの相対的な量を示すものであった。このようにして無意識の探究を定量化することができたのである。その情報はまた患者の最も強い情動的問題がどこに位置しているか、その処理にどんな操作が必要なのかを示すものであり、治療的な意義も持っていた。それはとりわけ短期心理療法には有用だ。

この実験の結果は、意識の外に心的実体が本当に存在するのだということをユングに確信させた。それは自我意識に対して衛星のような関係にあるが、しかし思いもかけぬときに出現し、圧倒的な力で自我を攪乱させることもできる。自我の不意をつく悪戯者《グレムリン》あるいは内なるデーモンである。コンプレックスが引き起こす障害は、外的環境のストレスに由来する障害と明確に区別せねばならない。たしかに両者が密接に関係することはありうるし、実際しばしばそうなのだが、本来これらは区別すべきものである。

一九〇六年春、ユングは自著『診断学的連想研究』をフロイトに送った。フロイトはただちにユングが自分の縁者だということを理解し、心のこもった礼状を書いた。二人は一年後に会い、そのときから二人の文通が最終的に断たれる一九一三年初頭まで、彼らの関係は崇高な目的と激しい情熱に満ちた、知的にも情動的にもテンションの高いものであり続けた。彼らはお互い相手のコンプレックスの核心を刺激しえたのだと言えるかもしれない。たしかにこの二人が共有していた無意識に対する関心は彼らを緊密に結びつけた。ユングにとってフロイトとの個人的な関係は、精神医学における彼の経歴や自分の心理学理論の発展にとって大きな意味を持っていた。ヨーロッパの文化におけるフロイトの存在は徐々に大きくなりつつあった。ユングのキャリアと理論、そのどちらもが初期の段階では、こうしたフロイトの存在の影響のもとで形成されていった。にもかかわらず、ユングが最終的に作り上げた内的世界の地図は、フロイトの影響からきわだって独立したものとなっている。ユングの精神は根本的にフロイトとは異質であり、それゆえ彼の心の地図はフロイトのものと大きく異なっているのだ。フロイトの著作に馴染んでいる読者なら、この両者の違いは、本書を読み進むにつれて明白になってゆくだろう。この二人は別々の知的宇宙に住んでいたのである。

一九一〇年頃までにコンプレックスに関するユングの理論上の仕事はほぼ出来上がっていた。後になっていくらか手を加えてはいるものの、新たに多くの資料を加えるといったことはない。また、すべてのコンプレックスには元型的（すなわち生得の、根源的な）構成要素が含まれていると付け加えたことをのぞいては、その基本概念に関する考えを変えることはなかった。一九三四年に公刊された「コンプレックス理論概説」(6)には、この理論の優れた要約がある。これはフロイトとの袂別からずいぶん後に書かれているが、ここでユングはかつての師であり同僚だったフロイトに対して、また精神分析学一般に対して非常に好意的な言及をしている。それは主としてコンプレックス理論に関する自分の仕事にとってフロイトがいかに重要だったかを認めるというものだった。もしユングの理論のどこかにフロイトの重要な影響が見出せるとすれば、それはまさにこの点においてである。

ユングが「コンプレックス理論概説」を発表したのは一九三四年五月、ドイツのバート・ノイハイムで開かれた第七回心理療法学会においてであった。これは注記に値することである。当時、ユングはこの会議を主催した国際医学精神医療学会の会長だった。権力の座についたばかりのナチスはユダヤ人フロイトを攻撃し、ドイツ文化に有害な影響を及ぼす者として彼を排除しようとしていた。彼の本は焼かれ、思想には激しい反論が加えられていた。それまでこの組織の副会長であり、一九三三年に会長職を引き受けたばかりのユングは、複雑で危険ないくつかの政治的選択に直面していた。一方では、この時代にドイツ語圏の国々においてなんらかの組織のリーダーになるというのは恐ろしいことだった。ナチスがその民族主義原理からのほんのわずかの逸脱の徴候も見のがすまいと鷹のように鋭い眼で見張っていたのだ。この医学会も例外ではなかった。ユングはドイツの政府高官が聞きたいことを述べるよう、また彼らの計画に従うよう強い圧力をかけられていた。他方、当時はまだ、非ドイツ人の精神科医がこの国際学会においてナチスとは異なる立場にたつこともできた。ユングの意図は、この組織を国際学会として維持することだった。会長として彼が最初にやったことの一つは、ドイツのユダヤ人である医者がすべてのドイツ医学会から排除されたにもかかわらず、個人会員として会に留まることができるように規約を改正したことである。一九三三年にはまだ、ナチスの邪悪な衝動がどれほど効果的かつ徹底したものとなるかは、知る由もなかったのである。

しかし会計帳簿という陰の部分からみると、これはユングにとって職業上の好機でもあった。フロイトは過去十年間ドイツの精神科医や心理学者の中で卓越した存在だったが、今やユングの思想が指導的地位に立つ機会をえたのである。ユングは道徳的な綱渡りをしていた。世界が彼を見守っており、この時期に彼が行なったことはすべて世論に影響を与えた。ユングが一九三三年に会長職受諾の決心をしたこと、一九四〇年の辞職までに果たしたその役割は、その後も今日にいたるまで多くの激しい議論を引き起こした。ユングはヒトラーの方針や、ナチのドイツ民族「純化」計画に共感していたという非難がなされているが、それは彼が会長に就任した初期に、おそらくは不注意にまたは政治的圧力のもとで実際に言ったり行なったりしたことを根拠にしている。(7)

ユングにとって有利な項目の一つが、一九三四年バート・ノイハイムにおいて論文「コンプレックス理論概説」を読んだことである。この会長講演において彼はフロイトの重要性をいささかも引き下げたりしていない。彼は自分がフロイトに多大のものを負っていることを認めたのだ。それは実際、絶交状態にあり二十年間も口もきかなかった以前の師に対してふつう期待されるよりもずっと積極的な評価だった。一九三四年のドイツではフロイトについて、たとえごく控えめにであれ、肯定的に話すことは勇気のいることだったのだ。この論文の中でフロイトの多大の功績を認めることによって、ユングは少なくともフロイトの国際的名声は守ろうとしたのである。

ユングはこの論文を、彼が経歴の初めの頃に指導し実施した言語連想の研究から始めている。その頃までに、彼は臨床場面やその他の親密な状況での人間相互の反応のあり方について多くを学んでいた。だから、この論文でまずは実験状況の心理学的諸様相に焦点を当てたのだ。彼はこのテスト状況におかれること、そしてテスト状況そのものが、すでにコンプレックスの布置を導くということを指摘した。人格は互いに影響しあい、相互作用が始まるとき、彼らの間にはコンプレックスを刺激するような心理的な場が布置されるのである。

「布置」という用語は頻繁にユングの著作に登場するし、ユング派の重要な語彙の一つでもある。一見して意味明瞭という言葉ではない。「布置」とはふつう、意識がコンプレックスによってすでに攪乱されているか、あるいはまさに攪乱されようとしている状況の形成を指している。「この用語はたんに、外界の状況がある心的過程、いくつかの内容が集結して行動の準備ができているような心的過程を解発するという事実を指しているにすぎない。ある人が『布置されている』と言うとき、それは彼がまったく型通りの反応をすると予想されるような、ある位置におかれたということを意味するのである[8]」。ある個人がどんなコンプレックスを持っているかが分かれば、そのコンプレックス反応は十分に予測可能である。私たちの日常会話ではコンプレックスが負荷された心の領域のことを「ボタン (buttons)」と呼んでいる。「彼女はぼくのボタンの押し方を心得ている!」というふうに。このようなボタンを押すと、ある情動的な反応が起こる。つまりコンプレックスが布置されるのである。ある人としばらく付き合えば、ボタンの幾つかがどこにあるかが分かる。そして私たちはこれらの敏感な領域を避けるか、ときには、わざわざそれに触れるといったことをするのである。

誰でも「布置される」のがどういうことかを経験的に知っている。ちょっとした不安から、癇癪を起こして狂気の沙汰に及ぶことまで、そのありようは広範囲のスペクトルをなしている。コンプレックスが布置されると、人は情動の統制を失う脅威、またある程度は自分の行動の統制もきかなくなる脅威にさらされる。人は非合理的に反応してしばしば後悔する。あるいは、後になって思い直すということもある。心理学に関心のある人だったら、自分が以前に幾度も同じ状況に陥り、まさに同じ仕方で反応したのに、また同じことをしてしまった、それを抑えようとしても無力だったという、なんとも憂鬱な認識をうるだろう。コンプレックスが布置されると、人はまるでデーモンすなわち自分の意志より強い力に捕えられたかのような状態に陥る。それは人に無力感を引き起こす。これは言わない方がいい、それはやらない方がいいということは分かっているのだが、そのように言わせ行動させようとする内的な強制力が人を圧迫するのである。そうした状況が本人に自覚されているときでさえ、事態は台本に書かれているとおりに展開し、その言葉は言われ、行為はなされてしまう。布置によって、心の中のある力が行為へと移されるのである。

こうした布置を作り出すのは、「自分自身のエネルギーを持った特定のコンプレックス」[9]である。コンプレックスの「エネルギー」(この用語については、次の章でもっと詳しく述べる)とは、コンプレックスの核が磁石のように強い力で自分の方に引き寄せ、感情や行為を生み出すポテンシャルの総計である。コンプレックスはエネルギーを持ち、原子核の周囲の電子のように自ら一種の「スピン」を持っている。それらがある状況や出来事によって刺激されると、エネルギーの爆発を引き起こし、その強度が意識に到達するまで上昇する。するとこのエネルギーが自我意識の殻を破って侵入し、意識を氾濫させる。これによって自我意識も同じ方向に回転するようしむけられ、この衝突が解放した情動エネルギーの幾分かが放出されるわけである。そうなると自我はもはや完全には意識の、さらに言えば、身体の統制がとれなくなる。自我のできることと言えば——もし十分に自我が強ければの話だが——ただコンプレックスのエネルギーのいくらかを自らの内部にとどめ、情動的また身体的爆発を最小限度に抑えることだけだ。しかし、これも程度問題だが、私たちの誰であれ、コンプレックスに捕えられている間に言ったり行なったことに全責任があるわけではない。むろんこれが法廷で有効な弁明として通用するわけではない。社会はしばしば心が許容するより以上に高い基準を求めるものなのだ。

これを見れば、心の複合性《コンプレキシティ》（駄洒落で恐縮だが）は分かってくるだろう。事実、ユングの理論はしばしば（通常の「分析心理学」という名前があるのに）コンプレックスの心理学と呼ばれた。心の複合性とコンプレックスの概念はどちらもユングの心に対する見解の根本をなしている。心は多くの中心からできており、これらは各々エネルギー、またいくらかの意識性と目的を持つのである。

人格をこのように概念化すれば、自我は多くのコンプレックスの中の一つということになる。各々のコンプレックスには固有のエネルギー量がある。自我のエネルギーについて語るとき、私たちはそれを「自由意志」と呼ぶ。あるコンプレックスに結びついたエネルギー量について語りたいなら、それを内なるデーモンの力と呼べる。これらは、私たちを捕えて私たちがそれが欲するとおりに行動するようしむける非合理的な強迫衝動である。コンプレックスの効果が現われるのはふつうは意識の領域内においてであるが、つねにそうだというわけではない。ときにはその攪乱が心の外部に出現することもある。ユングはコンプレックスが周囲の世界にある事物や人々に影響を及ぼしうることを観察している。それはポルターガイストだったり、他者への微妙な影響という形で現われうる。

ユングはコンプレックスに関してもう一つ面白い観察をしている。時として人は刺激の効果を阻止し、コンプレックスの布置を阻むことができる。「強い意志を持った被験者なら、優れた言語・運動能力を通じて素早く反応し、それによって刺激語の意味を遮断してしまうことができる。しかし、これがうまくいくのは本当に重要な個人的秘密を守らねばならないときだけである」(10)。このことは人々が意図的に刺激を遮断して無意識的反応を管理できるということを示している。テスト場面におけるこの障害を取り除くために、ユングは嘘探知検査の先駆ともいうべきものを工夫した。これは言語連想検査を巧みに補ってくれた。

ユングは心理検流計で皮膚の電流伝導率を計り、その変化がコンプレックス指標と関連していることを示したのである。嘘をついたり、コンプレックスが負荷された反応の徴候を隠そうとしたりするとき、その指標のいくつかを隠すことができたとしても、自我が微妙な生理的な諸反応を抑制することはずっと困難である。コンプレックスを刺激する単語や質問に対して反応するとき、人は掌に汗をかいたり、身震いしたり、口の乾きを覚えたりする。皮膚伝導率の測定はそうした変化を検出できる。この手段によってユングはコンプレックス指標を収集する方法をさらに精緻にしたのだ。彼はこの装置を利用して、自分の勤務していた精神病院での盗難事件を解決することができた(11)。ただし、言うまでもなく、この方法が絶対確実だというわけではない。

ふつう大多数の人々の自我はコンプレックスの効果をある程度中和できる。適応、いな生存のためにも、この能力は役立っている。これは解離能力と同種(もしくは同一)のものだ。もしそれができなかったとすれば、大きな危険にさらされ、冷静であることがいちばん肝心なときに、自我の機能が麻痺してしまうだろう。職業生活では個人的コンプレックスを脇において仕事を続けることが絶対に必要だ。患者と会っているとき、心理療法家は自分自身の情動や個人的葛藤を括弧の中に入れておくことができなければならない。生活が混乱のきわみに陥った患者を前にするとき、療法家は、たとえ自分が人生における混沌の時期にいたとしても、落ち着いていなければならない。あらゆる職業は、私生活で何があろうと、仕事が遂行されることを求めている。演劇界で言われるように、ショーは続行せねばならないのだ。これは自我意識に対するコンプレックス効果を、少なくともある程度は抑える能力を要求する。自分自身の個人的不安やコンプレックス反応を抑制する能力を論じつつ、ユングはこの技術の達人だった外交官タレイランに言及している。外交官は本国からの指示で活動しており、ほとんど自分の感情や好みを表わすことのない言葉を用いる。彼らが重視するのは、情動を見せず、コンプレックス指標を隠蔽するような会話術である。しかも、彼らは心理検流計による検査を受けなくてよいという利点を持っているのである。

無意識の諸水準

一般的にコンプレックスは「個人的」だとみなされている。たしかに多くのコンプレックスはある人の特定の生活史の中で発生し、まったく個人に属している。しかし、家族的コンプレックスおよび社会的コンプレックスというものもある。このようなコンプレックスは、病気が個人だけのものではないのと同じように、まったく個人的なだけのものだとは言えない。それは集団に属しており、個人はそれに「感染」するのである。すなわち、社会の中で多くの人々が同じような仕方で配線されているのである――心理学的に言ってということだが。同じ家族、または親類縁者の集団、伝統的な文化の中で育った人々は、この無意識的構造において非常に多くのものを共有している。アメリカのような大きくて多様な社会でさえ、国民全体が多くの典型的な経験を共有している。ほぼすべての子供が五、六歳で学校へ行き始め、同じような試験に対するストレス、失敗と屈辱というトラウマを経験する。そしてさらに教育を受けるため大学に志願するか、それとも就職して仕事につくかという不安の時期を通過する。似たような傾向の権力者のもとでなされたこうした共通の経験はすべて、個人的無意識の中の一種の微妙なプログラミングを通じて、社会的に基礎づけられた心理的パターンを作り出す。共有されたトラウマは、コンプレックスを共有させるように働く。時にそれは世代的なものである。一九三〇年代に成人に達して、世界大恐慌のトラウマを共有した人々に特徴的な「不況の心性(depression mentality)」ということが、かつてはよく語られた。今日の私たちは「ベトナム帰還兵」について語り、この戦争に参加した者はみんな、そこでの戦いのトラウマに由来する多かれ少なかれ同じタイプのコンプレックスを共有していると考えている。

ここで無意識の文化的層を考えることができる。それは一種の文化的無意識とでも言うべきものだ。[12] それは個々人の人生で獲得されたものであり、その意味では個人的である。しかし、集団に共有されているという意味では集合的だ。この水準の無意識は、集団の文化的なパターンや態度によって構成される。これらのものは個人の意識的態度にも、また無意識の文化的前提のネットワークの中の、より個人的で独自なコンプレックスにも影響を与えるのである(文化的無意識と集合的無意識とは別のものである。これについては第四章で論じる)。

これはコンプレックスがどのように形成されるのか、という興味深い問題を提起する。通常、この問いには「トラウマによって」という答えが返ってくる。だが、この問いはもっと広い社会的コンテクストの中で考えねばならない。ユングの言語連想研究論文のいくつかは、子供における無意識的内容の形成に対する家族の影響という問題を考察している。言語連想実験を通じて彼は、家族構成員——たとえば母と娘、父と息子、母と息子など——の間のコンプレックス形成における顕著な類似パターンの存在を示唆する証拠を見出した。これらの組み合わせの中で最も緊密に結びついているのは母と娘であった。刺激語に対する母娘の答えはほとんど同一の不安や葛藤を示していたのである。ここからユングは、無意識のパターンの形成において家族環境内の親密な関係が重要な役割を果たすと結論した。だが、彼の著作からは、その形成がどのようになされるか、明確なところは分からない。それはある種の伝達によるのだろうか。世代から世代へと同じようなトラウマ経験が繰り返されるのだろうか。その答えは与えられていない。

発達のもっと後の段階になると子供はより広い文化と接触し、それによって初期の心的構造には重要な修正が加えられる。児童期の後半の諸段階には、テレビや学校から絶えず受ける社会的文化的刺激が心に作用し、少なくともアメリカのような多元的社会では、それが民族的・家族的な文化の心理的影響を低下させる。仲間集団が中心的な役割を果たすようになると、今度はそれが新しい重要な構造要因を導入するが、それらは共通の文化的パターンにもとづいている。とはいえ、初期に家族によって導入されたコンプレックスが心から消えるわけではない。母親や父親コンプレックスは、個人的無意識の状況を支配し続ける。(13) それらはコンプレックスの中の巨人たちなのである。

コンプレックスの基本構造を知るためには、それを部分に分解しなければならない。「では科学的に言って『感情を帯びたコンプレックス』とは何なのか」とユングは尋ねる。「それはある心的状況のイメージである――強い感情色調を帯びているが、にもかかわらず意識の習慣的な態度とは両立しないようなイメージなのだ」(14)。ここで鍵となるのは「イメージ」という言葉である。これはユングにとって非常に重要な用語だ。イメージこそが心の本質を定義する。しばしばユングはコンプレックスを指すとき、「イメージ」のかわりにラテン語の「イマーゴ」を用いる。「母親イマーゴ」とは母親コンプレックスのことであり、現実の母親とは区別される。要点は、コンプレックスがイメージであること、したがって本質において主観的世界に属するということである。それはいわば純粋な心からできている。たとえそれがまた現実の人物とか経験とか状況を表わしているとしても、本質においては心的なものなのだ。それを客観的現実――現実の他人や物質的存在と誤解してはならない。コンプレックスは内的なものであり、その中核はイメージなのである。

驚くべきことに、ある種の外的現実が経験を通じて心に刻印ないし記録される機会がまったくないにもかかわらず、心的イメージとその外的現実の間に緊密な対応が存在することがある。有名な比較行動学者コンラート・ローレンツは、ある種の動物における特定の刺激に対する生得的かつ反射的な反応を研究した。たとえば、鷹に遭ったことのないヒヨコでも、頭上を飛ぶ鷹の影が地上に現われると隠れ場を求めて走る。比較行動学者は、頭上に鉄線を張って鷹に似た影を映し出す装置を使い、そうした訓練をなんら受けていないヒヨコでも、その影を見ると隠れ場を求めて走ることを確証した。補食者に対する防御反応はヒヨコの生体システムの中で出来上がっており、補食者のイメージは学習されなくとも、生得的にそなわっているのである。

コンプレックスも似たような仕方で作動する。ただ人間の場合、それは本能そのものというよりむしろ、準本能的と言うべきものであるようだ。コンプレックスは、特定の状況や人と出会うと自然発生的反応を引き起こすという意味では本能のようにふるまうが、本能と同じ意味において純粋に生得的というわけではない。その大多数は経験――トラウマ、家族間の相互作用および家族のパターン、文化的条件づけ――の所産である。こうした経験がある種の生得的要素、すなわちユングが元型的イメージと呼んだ要素と結合し、完成品のコンプレックスを作り上げる。コンプレックスは、心が経験を消化し再構成して内的客体にするという作業を終えた後に残ったものだ。人間におけるコンプレックスは、他の哺乳類における本能に相当する機能を果たす。イマーゴないしコンプレックスとは、言わば、構成された人間的本能なのである。

夢はこれらの無意識的イメージであるコンプレックスから作られる。コンプレックスとは夢の建築家のようなものだ、とユングはさまざまな箇所で語っている。ある程度の期間にわたって夢を観察していると、そこには夢見手のコンプレックスがどのようなものかを描き出すような、イメージ、パターン、反復、そして主題が提示されていることが見えてくる。

「このイメージは強力な内的凝集性を持っており、それ自体として一つの全体を形成し、そのうえかなりの自律性を備えている。したがって、ある程度までしか意識の統制に従わず、意識領域の中で自らの生命を持った異物のようにふるまう」[15]。イメージのこうした特徴——内的凝集性、全体性、自律性——はすべて、ユングによるコンプレックスの定義の重要な点になっている。コンプレックスは心的な固体性《ソリディティ》を持つ。すなわち、安定しており時間的にも持続性がある。自我によって干渉されたり変化させられることなしに、自分だけで放っておかれるならば、コンプレックスはあまり変化しない。これは情動反応や情動を放出するパターンの反復、ある人の人生において何度も繰り返される同じ誤りとか同じ不幸な選択といったことを通じて見ることができる。

分析はコンプレックスを明るみに出し、それを自我の意識的な反省の対象にするようにつとめる。この介入がコンプレックスを多少は変えることができる。分析において人はコンプレックスがどのように機能するか、何がそれらの布置を誘発するのか、どうすればこれらの終わりなき反復を防止できるかを学ぶ。このような自我からの介入がなければ、コンプレックスは生命ある異物あるいは伝染病のようにふるまうだろう。コンプレックスに取り憑かれると、人は自分の情動を統制できず、どうしようもなくなってしまうということも起こりうるのである。

一般的にコンプレックスが布置されたときの心理的効果は、刺激が止んだ後もある程度の期間保続される。「幾つかの実験研究が示すところでは、コンプレックスの強度ないし活動性の曲線は波のような性格を持つことを示唆しており、その『波長』は数時間から、数日、数週間にわたることもある」[16]。コンプレックスを誘発した刺激は、強烈であることも些細なものであることもあるし、期間も長かったり短かったりするが、心に対するその効果はある程度の期間持続し、情動や不安の波のような高まりを通じて意識に到達しうる。心理療法の効果を示すサインの一つは、コンプレックスの引き起こす攪乱の持続が前より短くなったかどうかということだ。コンプレックスによる攪乱からより短時間で回復できるということは、自我が強化され、心的素材の統合が進んだこと、そしてまたコンプレックス内の力が減少したことを示すものだ。コンプレックス保続時間の短縮は、コンプレックスの力の縮小を意味する。にもかかわらず、コンプレックスの完全な根絶が不可能だということは認めねばならない。コンプレックスは波状に効果を及ぼす。その「余震」は人を消耗させ干上がらせてしまう。強力なコンプレックスの解放は、莫大な量の心的および身体的エネルギーを消費することがあるのである。

人格の断片

コンプレックスは、人格の断片あるいは副次的人格というふうにも考えられる。大人の人格でもある程度は解体の可能性を持っている。というのもその人格は大小の断片から構成されているからである。これらの断片を結びつけている接着剤がはがれてしまうことがあるのだ。「コンプレックスに関する私の知見は、心的な解体ということがありうるという、いささか無気味な事情を確認している。というのも、本来、断片的人格とコンプレックスとの間に原則的に違いはないからである。両者は本質的な特徴のすべてを共有している。そこでわれわれは断片的意識はありうるかという、非常に微妙な問いに出会うことになる。人格の断片は疑いもなく自分の意識を持っている。しかしコンプレックスのように小さな心的断片にも自体の意識を持つことができるのだろうか。これはいまだ答えられていない問いである」[17]。ここでユングが提起しているのは、正常な解離、もっと重い解離性障害、そして多重人格障害の違いという、重要だが極めて微妙な問題である。

誰でも解離することがありうるし、ときどきは解離する。つまり軽い変性意識状態を経験したり、自我の機能を維持するためにトラウマ的な体験を分離したりするわけだ。「コンプレックスの内に(in complex)」いるという事態そのものが解離状態である。自我意識は攪乱され、攪乱の程度に応じて、方向喪失と混乱の状態に陥ってしまう。コンプレックスは自分なりのある種の意識をそなえているために、「コンプレックスの内に」いる人は、一種の異質な人格によって憑依された状態にある。多重人格障害においては、これらのさまざまな意識状態が統一的な一つの意識によってまとめられず、自我は諸断片の間の心的空間に架橋することができなくなってしまう。この場合、自我は意識の断片の一つにすぎなくなってしまい、他方ではそれぞれのコンプレックスが自分自身の一種の自我を持って、ある程度独立して活動する。各々のコンプレックスが自らの個性や身体機能を管理する独自のスタイルさえ持つのだ。多重人格に関するいくつかの研究は、それぞれの副次的人格が驚くべき心身結合を示すことを指摘している。一つの人格が、他の人格が持たない身体能力や障害を示すことさえある。ある人格がタバコの煙に対してアレルギーを持つのに、もう一つが絶えず煙草を吸っているなどということさえありうるのだ。

多重人格は、人格解離の極端な形である。そこでは正常であれば心の中で働いている統合過程が、過酷な(たいていは性的な)幼年期のトラウマによって妨げられている。しかし、人は誰でもコンプレックスを持っており、それゆえもっと軽度ではあるにしても多重人格を持つと言える。この違いは、正常な場合、コンプレックスが原則として統合された自我に従属し、コンプレックスが布置されたとしても自我意識は維持されるというところにある。一般にコンプレックスのエネルギーは自我のそれより少なく、それが固有な人格を示すとしてもごく小さなものにすぎない。これに対して自我は、少なからぬエネルギーと意志を自由に利用することができる。自我こそが意識の第一の中心なのである。

私たちが動機とか目的と呼ぶものの大多数は自我の管理下にあるが、他のコンプレックスもまた個々の意図や意志を持つように思われる。しばしばコンプレックスは自我コンプレックスが特定の瞬間に望むことに対立する。ユングはコンプレックスを「我々にはどうすることもできない夢の中の登場人物」、「デンマークのある民話が巧みに描写している妖精」のようなものだと述べている。「この民話では、キリスト教の僧侶が二人の妖精に主の祈りを教えようとする。二人は僧侶の言葉を復唱しようと懸命に努めるのだが、どうしても『天にましまさない我らが父よ』と言ってしまうのである。理論的な根拠にもとづいて予想されるとおり、こうした小悪魔的なコンプレックスを教育することなどできないのである」。(18) このお話の教訓は、自我が望むとおりにコンプレックスに行動させることはできない、ということだ。彼らは強情でいうことをきかない。彼らはトラウマ的経験の凍りついた記憶のようなものだ。そして彼らは夢の中だけでなく、日常生活の中でも、自我が自らを無力に感じるような場面で体験されるのである。

コンプレックスの構造

ユングはさらにコンプレックスの構造について論じ、それはトラウマと結びついたイメージ群およびそれにまつわる凍りついた記憶だと述べている。それは無意識に埋められてしまい、自我には容易に取り出すことができなくなっている、抑圧された記憶である。そこに連想される（結びついた）さまざまな要素を一つの全体に織りあげるのは情動である。情動が接着剤の働きをするのだ。加えて「感情色調を帯びた内容、つまりコンプレックスは、核要素と多数の副次的に布置された連想から構成されている」[19]。核要素とは、コンプレックスのもとになっているイメージや経験——凍りついた記憶——である。ところがよく見ると、この核は二つの部分からできていることが分かる。一つは、その起源にあるトラウマのイメージないし心的な痕跡であり、他方は、それと緊密に結びついた生得的（元型的）なものである。コンプレックスのこの二重の核は、自らの周囲に連想を集め、それによって成長してゆく。それが全生涯にわたって続くこともある。たとえば、ある女性の父親が粗暴で彼女を虐待したとする。そこで男性が声の調子とか、人生に対して反応する仕方とか、激しく感情的な返答等々によって彼女に父親を思い出させたなら、当然、この男性は彼女の父親コンプレックスを布置するだろう。もし彼女が一定期間彼とつきあえば、このコンプレックスにさらに素材が加えられるだろう。彼が彼女を虐待するなら、否定的父親コンプレックスはさらに豊かに活発になり、父親コンプレックスの布置された状況における彼女の反応はますます激しくなるだろう。彼女は徐々にこうした男性を避けるようになるかもしれないし、あるいはまた、非合理的なことに、彼らに惹きつけられてしまうかもしれない。どちらの場合も、彼女の人生はこのコンプレックスによって徐々に制限されてゆく。コンプレックスが強ければ強いほど、自我が自由に選択できる範囲は狭くなってゆくのである。

コンプレックスは後の経験によって修正することができる。これはもちろん個人の益となるし、心理療法による治癒の可能性もこのことに拠っている。心理療法には凍りついた記憶イメージの解凍作業が含まれる。心理療法は人格構造をある程度まで構築しなおすことができる。というのも、それは治療のさまざまな段階で、感情転移を通じて治療者に両親、父親と母親（心の多くの形象の中でもこれはとくに重要である）の両方の代役を勤めることができるからだ。治療者によって両親コンプレックスが布置されるとき、患者はこれまでとは違った形の両親像を経験し、古いコンプレックスに新たな資料を加えて、その中に、あるいはその上に新しい層を築いてゆく。この新しい構造が古いものを完全におきかえることはないが、そこに重要な修正を加えて、コンプレックスがもはや患者の生を制限し、麻痺させることがないようなところまでもっていくことができる。虐待する親イメージの過酷さはやわらげられる——鎮められる——あるいは新しい構造によって補われるのだ。

コンプレックスの核のもう一つは、「個々人の性格に生得的にそなわり、素質によって決定されている要因」[20]である。これは元型的である。たとえば両親コンプレックスの場合、それは母親もしくは父親の元型的イメージ、個人的経験からではなく、集合的無意識に由来するイメージである。人格の中の元型的要素は、ある種の典型的な仕方で反応し、行動し、相互作用する生得的な素質のことである。それらは動物における解発機制に似ている。それは獲得されたものではなく、遺伝されたものであり、人間に生まれたという理由で、すべての人間に備わっている。人間に独自で人間に特徴的なあり方、それはここに由来する。身体だけでなく、魂（あるいは心）もまた人間に固有のあり方を持ち、後のすべての経験、発展、そして教育のための前提条件を設えているのだ。ユングの元型理論については後の章で詳しく述べる。さしあたりは、心の元型的要素はコンプレックス現象を通じて日常生活の中で経験されるのだということを理解しておけば十分である。

一般的に言って、コンプレックスはトラウマによって作られる。トラウマに先立って元型の一片がイメージおよび動機づけの力として存在するが、それはコンプレックスのような攪乱と不安を生み出す性質は持たない。トラウマは情動の負荷された記憶イメージを作り出し、それが元型的イメージと結びついて、多少とも永続的な構造へと凍結するのである。この構造には一定量のエネルギーが含まれ、このエネルギーのおかげで他の関連したイメージを結びつけて一つのネットワークを生み出すことができる。こうしてコンプレックスは豊かになり、後の類似の経験によって拡大していく。しかしすべてのトラウマが外的な性質のものだとか、環境との過酷な衝突に由来するとは言えない。個人の心にとって大部分は内的であるようなトラウマもある。ユングは「究極的には、人が自分の本性の全体を肯定できないところに由来する道徳的葛藤」によってもコンプレックスが生み出されたり、強化されたりすることがあると指摘している。[21] 私たちの社会のたえず変化する道徳的態度は、多くの状況で私たちが自分自身のすべてを全面的に肯定することを不可能にしている。私たちは自分の本当の感情を否認し、周囲とうまくやっていくために——ときにはそもそも生き延びるために——それらの表出を抑制せねばならない。適応のためのこのような社会的調整は、社会的な仮面、「ペルソナ」を作り出すが、それは自分自身の本質的な諸部分を排除している。ふつう、人々は自分の社会集団に所属することを好むが、自分の気持ちを率直に表明したり、集団の規範に従わなかったりする者は追い出されたり、あるいは周辺に追いやられたりしがちである。この社会的ジレンマによって人は、ユングの言う「道徳的葛藤」に追い込まれる。最も深い水準で是非ともなさねばならぬこと、それは全体的であることだ。もし全体性に向かおうとするこの生得的駆動力が社会や文化の制限によってあまりにも厳しく阻止されるなら、人間の中の自然《ネイチャー》がそれに反逆する。そしてこれがさらにコンプレックスの根源となるのである。

これはウィーンにおいてフロイトが取り上げた問題だった。ウィーンは公的にはセクシュアリティを抑えつけていながら、同時にその性的な慣習においては露骨に偽善的な社会だった。フロイトは、セクシュアリティをめぐる葛藤が心理的なパターンの中に根づき、神経症を生み出すということを示した。人間の構造に生得的にそなわったセクシュアリティが社会と両立不可能になり、それゆえ意識から分裂し、抑圧されるようになる。これが、一群のトラウマによって周囲を取り囲まれた性的コンプレックスを作り出すのである。根本的に言えば、セクシュアリティの抑圧が病理の原因となるのは、人間的有機体には生得的な全体性を追求しようとする執拗な欲求があるからなのだ。その全体性には抑制されることのないセクシュアリティも含まれる。神経症を生み出すのは、フロイトが言うように個人と社会そのものとの葛藤なのではない。それは一方において自分自身を否定しようとしつつ、他方においては自分自身を肯定するよう強いられている心の中の道徳的葛藤なのである。

コンプレックスの噴出

コンプレックスは何の予告もなく自然発生的に噴出して意識に侵入し、自我機能を占有する能力を持っている。しかしまったく自然発生的にみえたとしても、必ずしも一〇〇パーセントそうだとはかぎらない。少し前のことをよくよく振り返って見れば、しばしば微妙な引き金となる刺激が見つかるものである。たとえば内発的なもののようにみえる神経症的な抑欝にしても、調べてみると些細な侮辱によって誘発されたものだと分かったりする。このように憑依されると、自我はコンプレックスやコンプレックスの意図に同化され、その結果いわゆる「アクティング・アウト」が引き起こされる。アクト・アウトしている人は、しばしばそのことに気づいていない。彼らはただ「ある種の気分の中に」いるだけで、自我の意図にしたがって行動しているように思っている。しかしこれこそが憑依の性質なのだ。自我は欺かれ、自分は自由にふるまっているのだと思い込む。後になってようやく「何かが私の中に入り、私にそれをさせたのだ。私は自分が何をしていたのか知らなかったのだ！」（魔がさしたのだ、私は自分のしていることを知らなかったのだ）と悟るのである。もし誰かが、あなたらしくないことをしていますねと指摘すれば、ふつうはいきり立った抗弁が返ってくる。憑依状態にある人は、こうしたフィードバックをありがたく受け取ったりしない。ユングは次のように述べる。中世においてはこのコンプレックスとの同一化は「別な名前で知られていた。それは憑依と呼ばれていたのである。おそらく、この状態が何か無害なものだと想像する人はいないだろう。そしてちょっとした言い間違いと最悪の冒瀆の間には原理上の違いはないのである」[22]。そう、この違いは程度の問題である。憑依にもごく短い時間しか続かない軽度の憑依から、精神病的で慢性的な憑依までいろいろの程度がある。憑依においては、ふつうは自我の性格とスタイルには属さないような人格特徴が露骨に現われるのが見られる。これらの未知の特徴は一定期間にわたって無意識の中で蓄積されてきたものだ。この内的な対立者が突然現われて自我を圧倒したのだ。こうして、その人は悪魔に憑依され、かつて意識が最も大切に守ってきたものを冒瀆するというわけである。

ツーレット症候群の人々は、これをあからさまに絶えず行なう。ありがたいことにいわゆる正常心理を恵まれた人々にとっても、断片人格はもっと穏やかな、ときにはほとんど気づかれないほど微妙な――言い間違い、ど忘れなどの――形で姿を現わす。一時間の中で人は意識の幾つかの状態、気分、下位人格といった状態を経過して、しかもその変化にはほとんど気づかないということもありうる。本物の憑依になると、こうした微妙な表われがもっと露骨な形に移行する。憑依にはかなり極端で目立った性質があり、それとすぐにわかる。憑依がある特定の性格類型の特徴をそなえていることさえしばしばある。たとえば救世主コンプレックスは典型的で、子供時代に見捨てられた辛い経験から発展したものだ。それは親切および人助けとして通用するような行為の中に現われる。しかし、それは統合された形で自我に属しておらず、潮のように高まったり引いたりする。というのも、それらは自我にはほとんど統制できない自律的なコンプレックスに属しているからである。自分にとってあるいは他の人々にとってどれほど破壊的になろうとも、人助けをせずにはいられないという人々がいる。この行動は実際にはコンプレックスによって統制されているのであり、それゆえ自我にはどうすることもできないのだ。そうした行動はまた、かなり気紛れに変動する傾向がある。予測も説明もできないような仕方で、突然、調子が一変してしまう。あるときには、極端なほど思慮深く配慮してくれるのに、別なときには無情で冷淡、酷薄にさえなる。他の心の断片（コンプレックス）もまた自我の支援を求めて争っている。憑依傾向をもった自我はある一つのコンプレックスとの同一化から離れても、別なコンプレックスに移行してしまう。このもう一つのコンプレックスはしばしば最初のもののいわば影の兄弟ないし姉妹である。霊的で、高みをめざし、愛他的な特徴をそなえた、キリストのようなコンプレックスは、物質主義で自己本位な態度の悪魔コンプレックスと対になっている。この二つが、ジキルとハイドのように交互に自我を占有することもある。一方は多くの公的な社会的場面でのペルソナとして機能し、他方は私的で親密な場面での意識的人格を支配するだろう。この自我はユングが言う「エナンティオロドミア」、反対物への転化に陥りやすいのである。

コンプレックスは内的世界の客体である。「人生の幸福や悲哀はそれらに掛かっている。彼らは家の竈のそばで私たちを待ち受けているラーレースおよびペナーテース（家庭の守護神）であり、その穏やかさをあまりにたたえるのは危険なことだ[23]」。このような神々を軽々しく取り扱ってはならないのである。

第3章

心的エネルギー

リビドー理論

ここまで私は心の二つの基本構造——自我意識とコンプレックス——についてユングが構想し語ったような仕方で述べてきた。次は、これらの構造を活気づけ、そこに生命を与える力、すなわちリビドーを考察しよう。これは欲望と情動、心の活力源である。ユングはリビドーを心的エネルギーと呼んだ。前の二章で、私はしばしばエネルギーという用語を使った。これは心の動的な側面を表わしている。ユングのリビドー理論は、心のさまざまな部分の間の関係を、抽象的な仕方で概念化するのである。心を太陽系とするメタファーを用いるなら、本章が扱うのは、この宇宙における物理現象と、さまざまな客体に作用する力である。

一般の哲学的な意味において、心的エネルギーという主題は古来からあまたの思想家によって探究されてきた。生命力と意志、情念と情動といった問題、関心や欲望の高揚と退潮といった問題は、なんら新しくも近代的でもない。西洋においてはヘラクレイトスやプラトン以来、そして東洋においては老子や孔子以来、哲学者たちはこうした事柄について省察を重ねてきた。最近のところでは、ショーペンハウアー、ベルクソン、ニーチェといった哲学者がこれらの問題に真剣な関心を向けた。身体内の心的流動体の理論を提唱したアントン・メスマーのような医師たちも、より経験的かつ準科学的なやり方で、心理の運動および動機づけという主題を追究し始めた。一九世紀の有名なドイツの医師で哲学者でもあるC・G・カールスは、無意識をエネルギーの源泉とみなして、広くかつ深く考察し、それが意識的精神に与える幅広い影響を記述した。ユングは彼自身の思想の先駆者としてフォン・ハルトマン、ヴント、シラー、ゲーテとともに、上記のような人々もあげている。たしかにリビドーという近代心理学用語を提唱したのはフロイトであり、ユングもリビドー理論を精神分析的に論ずるさいには彼に最大の敬意を表している。しかし、ユングに影響を与えたのはフロイトひとりではないし、またユングがリビドーと心的エネルギーについての浩瀚な著作群の中で議論の相手とした唯一の人物というわけでもないのである。

心のエネルギーの本性およびその流れ方についての見解は、実際、人間の本性と魂に関するあらゆる哲学にとって基本的なものである。なぜならそれは、動機づけについてのその人の見方、死んだものと生きているものを分ける、生の中の力動的要素についての見方を含んでいるからだ。運動と静止の区別は人間的思考の基礎的カテゴリーをなしており、それに対する関心はおのずと、これらの二つの存在状態の違いはどのように理解されるかという問いへと導かれる。物体はなぜ空間の中を動くのだろう。なぜ他の方向ではなくこの方向に動くのだろう。こうした問題は自然科学においては、その原因と結果のつながりを説明する諸理論、および重力の法則といった諸々の運動法則の定式化に導いた。同じことが哲学や心理学にも言える。そこでは因果関係、動機づけ、運動している心的実体を支配する法則などをめぐる問題がやはり重要なものとなっている。心理学において、それは魂とその動きの、また他のものを動かすその力の問題である。アリストテレスはこれを考察した。生きている体の中には心的エネルギーが存在するが、死体にはない。目覚めているときも、夢を見ているときも、それは存在する。電気の喩えで言うならば、「オン」と「オフ」の違いは心的エネルギーにある。しかし、心的エネルギーとはいったい何なのか。

セクシュアリティとリビドー

人間の活動と思考を根源的に動機づけているものをショーペンハウアーは意志と呼び、フロイトはリビドーという言葉を選んだ。この用語選択によって、彼は人間の本性の中の快楽を追求する要素を強調したのだ。フロイトにとって魂の性質を規定するのは本質的に性的エネルギーである。リビドーというラテン語は彼の目的にとりわけ具合がよかった。というのも、彼は性的衝動が心的な生の根本にあり、心の動きの第一源泉だと確信していたからである。フロイトのリビドー理論は、一方で、性にラテン語の名を与え、それによってセクシュアリティについて優雅に、そしていくらか医学的な調子で語る方法であり、他方では、セクシュアリティがどのように機能し、人をさまざまな活動へと動機づけるか、そしてときには神経症的な態度と行動をもたらすかということを、準科学的かつ抽象的に論じるための方法であった。

フロイトは、すべてではないとしても大多数の精神過程と行動を根源において動機づけているのはセクシュアリティだと主張した。リビドーは人間という機械を始動し、作動させる燃料である。たとえ、その活動がヴァイオリンを弾くとかお金を数えるといったように、とくに性的とはみえないような場合でさえ、そうなのだ。セクシュアリティは、人間を神経症や妄想症や分裂病といった重度の精神障害に引き込む心理的葛藤の第一の原因であるばかりでなく、このようなふつうの人間的活動においても第一の動機づけ要因だと言うのである。結局のところ、フロイトは、個人の生や集団の生における心的エネルギーの表現がすべて、少なくとも重要な部分では、性的衝動とその昇華・抑圧に帰せられるということを示したかったのだ。フロイトは、すべての神経症および精神病の基底に性的葛藤が存在することの証明に力を注いでいた。

心理学理論および臨床実践をめぐるフロイトとの初期の議論において、ユングはセクシュアリティを第一の要因とする主張に対して重大な留保を表明し、人間の生には他の衝動も作用しているかもしれないという、ほとんど自明のことを指摘している。たとえば、飢えと呼ばれる基本的な衝動がある。

> ご指摘のとおり、あなたの遠大なご考察に対する私の留保は経験不足によるものかもしれません。しかし境界線上にある現象の中には、他の基本的な衝動である飢えという観点から考察した方が適切なものもあるとはお考えになりませんか。たとえば食べる、吸う（飢餓が支配的）、キス（セクシュアリティが支配的）というふうに。同時に存在する二つのコンプレックスはつねに心理的に結びついてしまうので、その一方が必ず他方によって布置された様相を含むようになるのだと考えてはいかがでしょうか。(1)

この異義は、ユングがフロイトに書いた二番目の手紙（一九〇六年一〇月二三日付け）に早くも現われている。彼らの共同研究の最初から、精神病理において性的葛藤が中心的な意義を持つというフロイトの執拗な主張に対して、ユングは明確な懐疑と留保を持っていたのだ。その後の数年間、彼らはさらに手紙の中で衝動や心的エネルギーの源泉について論じ、またこれを主題とする多くの考察を公刊したが、ユングはフロイト派の原理に対する忠誠においては行きつ戻りつしている。「フロイトの人格の圧力の下で」と、ずっと後にユングは『自伝』で書いている。「私はできるだけ自分の判断をわきにおき、批判を抑圧した。それは彼との共同研究のための前提条件だった(2)」。初期の仕事において、ユングはときに典型的なフロイト派還元主義者のような口調で語っている。しかしまた残された記録から、彼が一度もフロイトの無批判な弟子にはならなかったことは明らかである。ただ、両者の相違とか揉めごとを引き起こしそうな事柄があまり表に出ないように、自分の異論を差し控えていたということはあるかもしれない。事態の推移によって判明したのは、心的エネルギーをいかに概念化するか、また何と名づけるかという議論がたんなる技術的な問題以上のものだということだった。最初のうちユングの見解のずれは些細で漠然としたものであるか、あるいはフロイトの説に対する誤解にもとづくかのように見えていた。だがその含意は深い水準に達するものであり、次第に重要な哲学的、理論的、そして臨床的な事柄についての見解の不一致へと発展していった。事実、リビドーの問題に関する二人の違いは、決定的な理論上の対立点をなすものだということが明らかになっていったのだ。その核心は、人間の本性および意識の意味をどのように考えるかというところにある。後から振り返ってみればそれは明瞭なのだが、初めの頃にはそれを予測することはできなかったのだ。ユングは歩みながら学びつつあった――フロイトから、また彼の患者から、そして他の多くの資料から。

一九二八年に公刊された堂々たる論文「心的エネルギーについて」[3]において、ユングはリビドーの問題に関する円熟した立場を明らかにしている。本章が主要な素材とするのはこの論文である。これを執筆していた一九二〇年の半ば、ユングはフロイトおよび精神分析運動と別れてすでに十年以上が経っていた。それゆえこの論文の調子は冷静で客観的である。これと対照的なのが、もっと早い時期の主著の一つ『リビドーの変容と象徴』(一九一二—一三)。これは一九一六年ベアトリス・ヒンクルにより『無意識の心理学』という題で英訳された。本書では以降はこの呼び方を用いる)だ。それは大急ぎで書かれ、熱狂的な創造的思考の刻印を帯びていて、いささかまとまりに欠けている。この頃彼は依然としてフロイトと密接なつながりを持っており、実際に国際精神分析協会の会長としてフロイトの皇太子、継承者だった。この初期の著作において、彼はリビドー理論を一種の副次的問題として取り上げたが、書き終える頃にはそれが中心的なものになっていた。心的エネルギーに関するユングの後期の論文を紹介する前に、その歴史的背景として、この仕事を簡単に考察しよう。

一九一一年一一月一四日付けのフロイトへの手紙の中でユングはこう書いている。

(『無意識の心理学』の)第二部で、私はリビドー理論の根本的な検討に取り組んでいます。シュレーバー分析においてあなたはリビドー問題(リビドーの喪失＝現実の喪失)を扱っておられますね。そこで私たちの精神的な道は交差します。私の考えでは、『三つの論文』に述べられているようなリビドー概念を早発性痴呆症に適用するには、発生的要因によって補う必要があるのです。[4]

ここでユングが言及しているのは『無意識の心理学』の第二部第二章「リビドーの概念とその発生的理論」のことである。この章で彼は上記に引用された手紙に述べられたリビドー（一九〇五年に『性理論に関する三つの論文』の中でフロイトが性的に定義したもの）と現実機能（fonction du réel. 自我意識を表わすためにフランスの精神科医ピエール・ジャネが使用した用語）の関係についての問題を論じている。後者は前者から派生したものなのだろうか。もし自我意識が対象に対する性的な愛着から派生したのだとすれば、セクシュアリティの障害は自我障害を引き起こすということになるだろうし、さらには自我障害が性的な障害にもとづくという結論が導かれることになろう。フロイト（そしてベルリンの精神分析家カール・アブラハム）は、精神病、分裂病における自我の重篤な障害が客観的世界に対する性的関心の喪失に帰せられるということを主張しようとしていた。その論拠は、現実機能と対象への愛着はまず第一に性的関心によって創造されるのだからというものだ。しかしこれは循環論法であって、ユングはそれを的確に指摘したのである。[5]彼はそれに代わるものとして、分裂病や精神病に対する別の説明を提唱したのだが、それはリビドー理論を根本的に修正するものだった。

ユングは記述的リビドー概念と発生的リビドー概念を分ける。そして前者ではなく後者から出発して議論を展開したのである。彼はリビドーを、ショーペンハウアーの意志概念に類する、一般的な心的エネルギーとして考えた。ユングはフロイトに、いささか弁明するような調子で「ご存知のとおり、私はいつも外から内へ、また全体から部分へと進まざるをえないのです[6]」と書いている。この広い視点から見れば、性的リビドーはより一般的な意志や生命力の一分枝にすぎない。この心的エネルギーの主流は、幾本かの分枝を持っており、人類の進化の歴史において、それぞれの時期にそれぞれの分枝の何本かが他のものより顕著に現われる。人間の発達――集合的にも個人的にも――の段階には、性のリビドーが顕著で、根本的な意義を有するような段階もあれば、それほどではない段階もある。

さらにまた――とユングは書いた――かつてはセクシュアリティと密接に関わっており、明らかに性的本能からの派生物とみなしえたような活動であっても、人類における意識と文化の進化を通じて、性的領域から離れてしまい、もはやセクシュアリティとは無関係になってしまったと言って差し支えないものもある。

かくして私たちは動物における最初の芸術本能が繁殖の目的に奉仕するものであり、繁殖期にかぎられていることを見出した。これらの生物学的機制は、そのために用いられる器官が固定し、機能が独立してくるにともなって、元来の性的な質を失ってゆく。音楽の性的な起源について疑えないとしても、音楽を性のカテゴリーに含めねばならないとすれば、それは貧しく非審美的な一般化であろう。こうした分類法によれば、石で作られているからといってケルンの大聖堂を鉱物学に分類するようなことになってしまうだろう。(7)

ユングにとって、たとえ人類の歴史の初めの頃に性とのかかわりがあったとしても、心的活動のあらゆる表現が性的な起源と目的を持つわけではないということは明らかだった。そこでユングは進化論的な観点を採用した。そして、音楽や美術のように、かつては繁殖の目的および意図に関わっており、その意味で性的とみなしえた活動が、どのようにして非性的活動へと変容するようになったか、その過程についての思弁を試みたのである。

心的エネルギーの変容

単純な本能の表現、すなわち強力な衝動の解消（空腹だから食べるとか、性的魅力を感じるから性交するといったこと）から、文化的表現や努力（すなわち高級料理や作曲といったこと）への心的エネルギーの変容はどのようにして起こるのだろうか。それが「本能的」であることをやめ（あるいは「本能」という言葉を用いるのが適切であるような状態を脱し）、それとはまったく違う意味や意図を持った何か他のものになるのだろうか。『無意識の心理学』の中でユングは、このエネルギーの変容がアナロジーを作り出す、人間に生得的な能力のおかげで生起したのであろうと論じている。人間は比喩で考える能力あるいは欲求を持っているのであり、変容過程の背後にはそれがあるのではないか。たとえば、狩猟は性のパートナーを見つけることに似ている（gleich wie）ので、このアナロジーが適用されて、狩猟に対する熱中と興奮をもたらすのである。やがて狩猟という行為そのものが自らの文化的意味や動機を発達させ、それ自体として存在するようになる。それはもはや性的なメタファーを必要とせず、そのためにセクシュアリティの具体的な様相はそう目立ったものではなくなる。だがこの強力なアナロジーの残留物がいくらかはつねに残っており、これらの残滓のおかげで現代の文化活動を性に還元して解釈することができるのである。

アナロジーを創造する傾向のおかげで、意識と文化の人間的世界は時の経過とともに大きく広がっていった。

この空想的なアナロジー形成を手段として、より多くのリビドーが徐々に非性化されるように思われる。なぜならますます多くの空想的相関物が、性的リビドーの原初的な達成物にとってかわるようになるからである。こうして世界が大きく広がることによって、観念が次第に発達してきたというのも新しい対象がたえず性的象徴として同化されたからである。(8)

このように人間の活動や意識の太古の世界は数千年にわたって性化《セクシュアライズ》されてきたが、それは同時に非性化《デセクシュアライズ》ということでもあった。セクシュアリティに対するより多くのアナロジーが作られたという意味でそれは性化だったが、これらのアナロジーがますますその根源から隔たってゆくという意味では、それは非性化だったわけである。

性的モチーフや思考は人類の意識的また無意識的な生の中で、メタファー、アナロジー、そして象徴によって徐々に置き換えられてゆくということ、それがユングの洞察だった。しかし退行においては、患者の精神生活の中に性的なモチーフが生き生きと現われてくるのであり、フロイトの諸概念はここに基礎をおいている。ここまでの議論においては、ユングは、現代の成人の精神生活の多くが、もはや性そのものと関係がなくなっているとしても、性的な源泉に由来しているという考えを補足し、支持している。フロイト派の正統説から多少は逸脱しているとしても、それだけならまだ異端にはならなかっただろう。決定的な部分はその後に来る。それは『無意識の心理学』の中の近親相姦問題を扱った「犠牲」

と題された最終章においてであった。『自伝』の中でユングはこう回想している。

リビドーに関する本を書いて終わりの方の「犠牲」の章にまできたとき、私はそれを公刊すればフロイトとの友情は終わりになるだろうということが予測できた。私はそこに私自身の近親相姦概念、決定的なリビドー概念の変容を書くつもりだったからだ。……私にとって近親相姦が個人的な問題の紛糾を意味するのは、きわめて稀な事例においてにすぎなかった。通常、近親相姦は高度の宗教的な面を持っており、このために近親相姦の主題はほとんどすべての宇宙創造や数多くの神話の中で決定的な役割を演じているのである。しかしフロイトはこの文字通りの意味に固執しており、象徴としての近親相姦の霊的な意味を把握できなかった。この主題に関する私の考えのどれ一つとして彼には受け入れることができないだろう、と私は承知していた。(9)

なぜユングの近親相姦概念が、「決定的なリビドー概念の変容」だったのだろう。それは彼が近親相姦願望を非字義化したからなのである。フロイトは、近親相姦願望の中に、実際の母親を文字通り性的に所有したいという無意識的願望を見ていた。他方、ユングは近親相姦願望を子供時代の楽園にとどまりたいという一般的な憧憬として象徴的に解釈した。成長して、ストレスに満ちた環境に適応せよという、人をたじろがせる要求に直面するとき、この憧憬が顕著に現われてくる。ベッドに潜り込んで、頭から布団を被りたくなるのである。憧憬される「母親」とは、ユングの象徴的解釈では、幼児的依存、幼年期、意識も責任もない状態に退行したいという願望となる。これは麻薬やアルコール中毒の背後にひそむ動機だ。それゆえ神経症の治療において近親相姦空想が現われるとき、ユングはそれを、実際の無意識的願望もしくはこのような願望についての子供時代の記憶の現われとしてでなく、むしろ適応に対する抵抗として解釈するのだ。そしてエジプトのファラオのように古代のいくつかの民族で行なわれていた文字どおりの近親相姦の慣習をユングは宗教的象徴として理解する。すなわち、特権的な地位を表わし、エネルギーの神的な源泉との結合を示すものとみなすのである。それは「生の根源としての母」との結婚であって、文字通りの性的欲望の願望充足ではない。実際のところ、セクシュアリティは近親相姦とほとんど関係がない、とユングは主張した。近親相姦は象徴的に意義深いのであって、生物学的欲望の対象ではないのである。

　心理学的な主題とイメージに対するこの種の象徴的解釈は、フロイトを苛立たせた。ユングは彼の学説に真っ向から反対して、リビドーが特定の対象に対する性的欲望だけではないと主張したのである。さらに彼は、リビドーを、固着した愛の対象への愛着（これを大仰な精神分析用語では「備給《カセクシス》」と言う）を通じて自らを解消しようとする一種の内的圧力と考えるべきではないと論じた。リビドーは「意志」だとユングは言う。ここでユングはショーペンハウアーに敬意を表している。しかしユングはさらに、意志は二つの部分、生に対する意志と死に対する意志に分裂する、と続ける。「人生の前半において生の（リビドーの）意志は成長のためであるが、人生の後半においては、最初は微かに、やがては耳に聞こえるほどの声で、死への意志をほのめかす[10]」。驚くべきことに、このリビドーの分裂と死の願望への言及は、フロイトが死の願望の理論を提出するより、ほぼ十年も先んじている。その源泉となった可能性が最も高いのは、当時ユングの弟子だったザビーナ・シュピールラインとの共同研究だった。一九五二年にこの著作を改訂して、『変容の象徴』という題で公刊したとき、[11]ユングがこの一節を削除したことは述べておかねばならない。この頃までに彼はシュピールラインの考えを理論から取り除き、もはや死の本能の概念を擁護することはなくなった。

ユングが『無意識の心理学』において詳しく論じた犠牲の主題こそ、意識の成長について、そしてまた成熟をめざす人格の欲求についての彼の思考における要石である。近親相姦的な願望と行為に留まったままであれば（象徴的に言って）、幼年時代から出立しようとする心的な運動は起こらないだろう。楽園がその家となるだろう。しかしそうなれば、厳しく要求の多い環境に対する適応もありえず、人類の繁栄ということもなかっただろう。原始時代に、永遠の幼年期をめざす近親相姦願望は集合的水準で犠牲にされた。そして現代人の誰もが、個体的な水準において、それを犠牲にせねばならない。それは意識の中にある、意識をさらに拡大しようとする運動を促進するためである。そしてユングの考えでは、心理的成熟へと向かうこの動きは、内的な機構や力動を通じて自然的に現われてくる。それは外的処置によって導入される必要はない。偉大なる近親相姦の犠牲は自発的になされるのであって、（フロイトの理論で教えられるように）去勢の脅しを通じてではない。父親殺しとその贖いを意識の基礎とみなすフロイトの理論は、ユングの思考様式とはおよそ無縁だった。人間は良心、道徳性、文化を自然（本性）の一部として自然的に発達させる。それゆえ文化は人類にとって自然なのである。

『無意識の心理学』においてユングが主張したのは、リビドーの変容が性的衝動と外的現実の間の葛藤を通してではなく、人間の本性（自然）の中の機構の介入を通して生じるという一般論だった。この機構が成長のために近親相姦の犠牲をもたらすのである。その作用は多くの宗教に認められる。とりわけユングがここでかなり詳しく取り上げているミトラス教とキリスト教においては顕著だ。

だがこの時点のユングは、いまだ心や心的エネルギーを組織する力としての元型の概念には到達していなかった。それはもっと後のことだ。この概念を得たとき、彼は本能的基盤の中のさまざまな変容をもっと各論的に跡づけることができるようになる。一九一二―一九一三年に書かれたこの著作をユングは一九五二年に大幅に改訂し、『変容の象徴』として出版したが、そこで彼はまさにこの種の各論的な叙述を行なうために、多くの箇所に元型の理論を挿入した。しかし一九一三年の段階では、理論的な限界に阻まれて漠然と次のように述べることしかできなかった――人間の心的システムには本能の満足を犠牲にしようとする自然的な運動が生得的にそなわっているのであり、それなしには今日知られているような文化も意識もありえなかっただろう、と。犠牲はエネルギーがある表現と活動の形式から他のものへ変容するということを説明するが、何がこうした途方もない犠牲へと人を動機づけるのかということは、当時はまだ不明瞭なままだった[12]。さらに何がエネルギーを特定の水路に導き、一定の活動や努力へ向かわせるのかという問題がある。ここで鍵となるのは、リビドーを導き変容させる象徴の能力だった。

本能やリビドーについての自分の立場を固めつつ、ユングはフロイトの後継者、その皇太子としての地位が終わりに近づいていることを知っていた。フロイトは弟子が大きく異なった意見を持つことを許すような人物ではなかった。まさに彼の権威が脅かされており、フロイトは知的な服従のしるしを要求するだろう。ユングはこの点でためらい、それが彼らの苦い別離の心理的しこりとなった[13]。

そうして実際、『無意識の心理学』第二部が世に出て数ヵ月で、フロイトとユングの学問的関係は終わることになった。公刊された日付は一九一二年九月。それはユングが編集をしていた『精神分析・精神病理学研究年報』の第六巻に掲載された。ユングにとって、リビドーの定義と概念においてフロイトに異を唱えるのは、何よりもまずフロイトの厳格な還元主義から逃れることを意味していた。それは意識の生活や文化の活動の一切の顕れが、セクシュアリティのさまざまな形のどれかに帰着させることができるとみなすものだ。他方、フロイトにとって、精神分析の洞察は、文明化された人間がいかに真実から目を背けるかということ、そしてセクシュアリティと正面から向き合えないためにいかに苦しむかを明らかにするものだった。彼があくまでセクシュアリティの重要性に固執するのは、その洞察の刃を鈍らせないために必要だからである。ユングはエネルギーの一般理論と一般心理学の創造を目指していたが、フロイトが専念していたのは、セクシュアリティに関して、そして（後には）破壊性と死の願望に関して、人間の心理生活の歪みと欺瞞をさらに深く掘り下げることだった。

ユングが「心的エネルギーについて」を公刊したのは一九二八年である。そのときまでに彼は二十年もの間この主題について考えていた。この論文で彼はさまざまな権威を引用し詳しく論じており、そこには依然としてフロイトや精神分析との不一致が反映されている。しかしそこにはまた、リビドーを心的エネルギーとする一般的な見方を可能なかぎり強力に擁護しようとする彼の願いも表われている。

モデルとしての物理学

ユングに物理学の詳しい専門知識があったわけではない。しかし物理学は二〇世紀初頭のチューリッヒにおいては大いに人口に膾炙しており、心的エネルギーについて考える一つのモデルを提供したのである。ユングにとってそれは一つのメタファーであり、心的エネルギーに関する一連の考えを定式化するために、物理学におけるこれと類似したものを利用することができそうに思えたのである。物理学は精緻なエネルギー理論を構築しており、そこには因果性、エントロピー、エネルギーの保存と変容などの法則があった。数学の公式や方程式をとりのぞいた上で、物理学のこれらの法則に依拠しつつ、ユングは心を概念化しようと試みたのである。それは、言語連想検査を使った初期の実験心理学の仕事をいくらか思い出させる方法だ。エネルギーを論じるとき、まず問題になるのは計量化ということだ、とユングは指摘する。[14]

エネルギーは物質世界から抽象化されたものだ、と彼は書いている。人はそれを見ることも触れることも味わうこともできない。エネルギーについて語ることは、対象そのものというよりむしろ、対象相互の関係に関わることである。たとえば重力は、ある対象が他の対象に作用する仕方を説明するが、当該の対象の性質については何も明確に述べられない。同様に心的エネルギーないしリビドーの理論は、心的世界の中の対象が他の対象に作用する仕方を説明せねばならないとユングは主張する。

エネルギーは目的論的である、とユングは論じている。（心的）諸対象は、勾配にそって不可逆的に動いてゆき、最後には平衡状態に到達するが、エネルギーは運動あるいは運動量の転移に関わるものなのだ。これは、ある物質がもう一つのものに衝突すると、前者の速度が落ち、後者は加速するという力学的な一連の事象に似ている。この事象系列にはエネルギー保存の法則があてはまる。この法則はエネルギーは創造も破壊もできないということを述べており、それゆえ前者から離れたエネルギー量は、後者の受け取ったエネルギー量に等しくなければならない。これは明確に測定できる。このようにエネルギーは抽象的で触れることができないにも関わらず、その結果は観察できるのだ。それは玉突きをする人がみんな知っているとおりである。ユングはこのモデルを心理学に応用した。この試みは心的エネルギーを測り、エネルギーの転移や動きにもとづいて心的な生活を考えることに関わっている。

「共感は機械論的な観点を、そして抽象作用はエネルギー的観点を導く[15]」とユングは書き、さらに続けて、物理的および心理的現実に対するエネルギー的観点と機械論的観点を比較している。これらの視点は両立不可能だが、しかしどちらも正しいのだ。「因果論的・機械論的観点は、事実の系列a-b-c-dを次のように理解する。aはbの原因で、bはcの原因である等々[16]」。それがもっぱら注目するのは因果関係である。このボールが第二のボールに当たり、それが三番目に当たる。最初の衝突が一つの結果を引き起こし、それがもう一つの結果を引き起こす等々、という具合である。こうして結果は最初の原因へと遡及される。「ここで結果の概念は、一つの性質を指定すること、原因の『力(virtue)』、言い換えれば力動として現われる[17]」。この視点を心理に適用すると、コンプレックスはトラウマによって引き起こされたものとみなされる。トラウマの力は心理のシステムに入り込み、一連の結果を引き起こす。それが症状という形で何年にもわたって現われ続けるというわけである。機械論的視点からすると、トラウマがコンプレックスを引き起こした原因とみなされる。そしてこの理解はトラウマを受けた者への共感を導くのである。

「他方、目的論的・エネルギー論的観点は」とユングは書いている。「この系列を以下のように見る。すなわち、$a-b-c$ はエネルギーの変容過程における中間項であり、そのたえざる流れは非蓋然的な状態 a から、エントロピー的に $b-c$ を経由して、状態 d に到達する。ここで考慮されるのは結果の強度だけであり、因果関係は完全に無視される。強度が同じであるならば、$a-b-c-d$ の代わりに $w-x-y-z$ としてもかまわない[18]」。目的論的・エネルギー論的観点からみれば、エネルギーはさまざまな強度の勾配にそって動きつつ、非蓋然的な状態からより蓋然的な状態へと転移され、最後には平衡状態に到達するのである。この視点を心理に適用すると——ここでユングがこれを共感ではなく抽象作用の観点と呼んだのかが理解されるだろう——ある人の人生がどのように終わるにせよ、心理的にまた情動的に言って、エネルギーが平衡状態に達するために強度の勾配によって導かれた結果なのだ。この過程は平衡状態を目指すのであり、その意味で、平衡状態こそが原因つまり目的論的原因なのであって、これが事象の系列を引き起こすのである。それはただ「そうなのだからそうなのだ」ということである。因果作用はあたかも個人の運命のように見える[19]。

どのような理由であれ——背後から押されるのであろうと、未来の目的へと引っぱられるのであろうと——エネルギーは動く。エントロピーの物理法則に従って、エネルギーは高所から低所へ、非蓋然的状態からより蓋然的状態へと流れる。他方またネゲントロピーの法則に従って、より複雑な状態に向かって動く。エネルギー論的視点は、最終状態を最も重要な事実とみなすのだ。これに対して機械論的・因果論的視点はシステムにエネルギーを送り込んだ最初の動きにもっぱら焦点を当てる。どちらの視点も結果がランダムあるいは予測不可能だとはみなさない。どちらも科学的でありうる。

ここでユングは究極的目的とか意味に関する問題を扱っているのではないことに留意せねばならない。彼はしばしば神秘家という非難を受けていたので、自然的過程に意味を投影する危険に対してとくに敏感だった。彼は目的論的・エネルギー論的観点を目的指向的《テレオロジカル》という意味で捉えてはいなかった。つまり、自然的および歴史的過程が、ある意味に満ちた霊的な帰結に向かって進むという、宗教的な意味で理解していたのではない。ここで彼はただ現象を非蓋然的な状態からより蓋然的な状態へのエネルギー転移を観察する観点について語っているだけである。「この設計の背後には設計者がいるのか」とか「神がエネルギーを統制して、予定された帰結ないし終着点へと導くのか」といった問題は形而上学的には興味あるものだが、ユングはそうした問題を持ち出す気はなかったのだ。彼はある水準から他の水準へのエネルギー転移について話しているだけである。

ユングの心理学的理論の重要な部分は目的論的であるが、しかし彼はまた因果論的視点と目的論的視点との総合も試みている。彼はフロイトとアドラーの不一致を因果論的心理学と目的論的心理学の違いに帰することができると考えた。フロイトの心理学（外向）が原因を探るのに対し、アドラーの目的論的心理学（内向）は終着点に注目する。アドラーは、人のいまの生活状況がどのようなものであろうと、それなりに個人の私的な必要や好みに合うように構成されていると考えたのだ。アドラーの目的論的・エネルギー論的見解は、フロイトの機械論的・因果論的立場と絶対的に相容れない。ユングはその中間領域、双方の観点を考慮に入れることのできる立場を探していた。[20]

因果論的・機械論的モデルと目的論的モデルとは、エネルギーの初期状態に関する異なった前提から出発している。因果論的・機械論的モデルは、最初に均衡状態があると想定する。初期状態ではいまだ何も生じていない。何かがシステムに介入して、エネルギーを押し上げるまでは何も起こらないだろう。誰かがボールを突き、それが他のボールに当たる。そうして事象系列が動き始めるのだ。他方、目的論的・エネルギー論的な立場は、最初に強く活性化されたエネルギー状態を想定し、そのエネルギーがより蓋然的な状態を求めて動き出し、最終的に均衡に達するべく流れる中で、さまざまなパターンの運動が現われるとする。コンプレックスは——たとえば、ユングならこう言うだろう——一定のエネルギー量を所有しており、心的システムが不均衡状態に陥ると、その結果として運動が起こるかもしれない。もしそうなればコンプレックスはただ反応的であるだけでなく、ときには創造的にもなりうる。もしコンプコンプレックスが行動的でも創造的でもなく、ただ受動的に反応するだけだったなら、どう考えても、それを自律的だとみなすことはできないだろう。ある種の条件の下においては、コンプレックスは自我意識の中に侵入し、環境によって喚起されたのではない空想や欲望や思考を引き起こすものだ。環境の刺激は、無意識の中に結びつけられていたエネルギーを誘発ないし解放するだけである。目的論的に見れば、コンプレックスはこのエネルギーを放出して、より低いエネルギー水準に戻ることを求めていると考えられよう。それは意識的主体の中に一つの思考、感情、気分、空想を導き入れ、それによって人はある種の行為をさせられてしまう。このようにしてコンプレックスはその目的を達成し、エネルギーを放出し終われば、ふたたび無意識の中のより潜在的な状態に復帰して、心の内部でエネルギーが蓄積されるか、あるいは外的刺激によって布置されるのを待つのである。

エネルギーの源泉

論文「心的エネルギーについて」において、ユングはコンプレックスのエネルギーの源泉がどこにあるかを特定して論じていない。彼はただ心的エネルギーが心のさまざまな構成要素の間に配分されているということを述べているだけであり、彼の興味は、エネルギー論の視点を用いて、ある状態から別な状態へのエネルギーの配分をどのように跡づけうるかということにある。彼の問いはこうだ。エネルギーは心の中でどのように活動するのか。なぜあるコンプレックスが他のものより活性化されるのか。なぜある時に強く活性化され、別な時にはそうでないのか。心の生物学的基礎に源泉を持つ本能的エネルギーがどのようにして他の活動へと変容されるのか。

コンプレックスが新しい心的エネルギーを収集する仕方は二つある。一つは、それと結びついてさらに多くの素材を集める新しいトラウマによってであり、もう一つは、その元型的核が持つ磁力によってである。この核は二つの源泉からそのエネルギーを引き寄せる。一方ではそれがつながっている本能からのエネルギーによって養われる。次の章で詳細に論ずるが、本能と元型は心の内にある一枚の硬貨の表と裏である。だから元型的イメージは、生物学的基礎から（ユングが心化と呼ぶ過程を通して）心に役立つものとなり、エネルギーの牽引者の役割を果たす。他方、元型は他の源泉からもエネルギーを引き寄せる。それは文化に波長をあわせる。それは他の人々と、またユングが後期の論文「心の本質について」で言うように、霊そのものとさえ交流するためである。心は決して閉じたシステムではない。それは身体を通じて、そして霊を通じて世界に開かれているのである。

意識内へのコンプレックスの侵入は、それが一時的に自我よりもエネルギー水準が上がったということを示す。このエネルギーはコンプレックスから自我システムへと流れ込み、自我を氾濫させ、ときには自我を支配してしまう。自我がこのエネルギー流入を何とか自分の中に収めておけるかどうかは、実践上重要な問題である。ときにそれは抑制を解かれた途方もない洪水のようになってしまうエネルギーを、いかに水路づけ、利用することができるのだろうか。鍵は自我にある。自我が十分に強く毅然としていれば、このエネルギーの流れを方向づけ、たとえば構造、境界、計画の創造といったことに向けるという選択が可能なのだ。さもなければ、人は情動的に圧倒されて機能障害に陥るだけだ。

したがってユングは、心を閉じたエネルギー・システムとは考えなかった。閉じたシステムはエントロピーへと向かう。そして絶対的に閉じたシステムは最終的には完全な静止状態に落ち着く。ユングは心的組織が比較的閉じているだけだと考えていた。健康な心はおおまかに言って閉じたシステムを形成し、エントロピーへ向かう傾向を示すが、しかしまた周囲の世界から養分を得て、その影響を受けることができる。周囲に対してぴったり閉じたシステムは病理的だ。そうした心はしばしばあまりに固く封印されているので、心理療法も受け付けないほどである。たとえば、妄想性の分裂病がそうだ。それは固く閉ざされた心的システムであり、最終的には固く凍りついた観念や態度、極度の孤立をともなう全面的な均衡状態に至ってしまう。それに影響を与えられるのは、ただ生物学的治療法のみである。

健康な人格における心的エネルギーも、ある程度はエントロピーの法則に従う。時とともに、保守性や斬進的静止状態に向かう傾向がある。老年になるにつれて変化は難しくなる。活発な相互作用を通じてエネルギーを生み出す心の両極性は、しだいに安定と調和の状態へと近づいてゆく。この事実は、正常な心的システムがただ比較的開かれているだけであり、だいたいのところ閉じていることを示している。エネルギーの配分は、到達可能な最も低い所へ落下する水に似て、高所から低所へ動く傾向があるのだ。

心的エネルギーの測定

ユングはこの論文で、心的エネルギーの状態を科学的に測定する方法について問いかける。そして、価値を測ることによって、それができるのではないかと示唆している。ある態度とか活動にどれほどの価値がおかれているかということは、そのエネルギー水準を示している。とはいえ、それを計量するのは難しい。自分の意識内容とか自分が関心を持っていること——政治、宗教、お金、性、経歴、人間関係、家族など——の一覧表を作り、それぞれの項目の価値を一から一〇〇までの尺度で評価したとすれば、エネルギーが意識内容の間でどのように配分されているかがある程度分かるだろう。明らかにこれは日々、年々、十年ごとに絶えず変動している。心があるものにどれほどの価値をおいているか、本当のところはどうすれば知ることができるのだろうか。自らを騙すのは簡単である。意識内容の一覧表をある尺度で評価することはできるが、その評価がどれくらい正確であるかは、現実によって試されるまで分からない。二つないしそれ以上の魅力的なものの間の選択を強いられたときにのみ、人はそれらの間の相対的な価値について確実に知ることができるのだ。酒を止めるか、妻と家族を失うかという選択を強いられたアルコール中毒患者は厳しい状況に追い込まれるだろう。だが、このような危機は、もう呑まないという彼の誓いを試すことになろう。消費の態度は、人が思い込んでいる価値ではなく、実際の価値を測る重要な指針を与えてくれる。金銭の流れはエネルギーを象徴しており、価値の強度がどこにあるかを示すものだ。人々は高い価値をおいているものには、進んでお金を使うのである。

これらは意識内容のエネルギー価値を測定する方法だ。しかし無意識的内容の価値についてはどうなのか。これを測定するにはどうすればいいのか。内省だけでは駄目である。ふつう自我は十分に深く無意識に侵入できないからだ。コンプレックスは、自我なら決してしないような選択をするものだから、間接的な測定法が必要となる。ユングにとって、言語連想検査はその方法を提供してくれるものだった。コンプレックスのエネルギー水準は、そこに結びついたコンプレックス指標の数によって示される。このことがひとたび分かると、そのエネルギー・ポテンシャルを評価することが可能になる。また時とともに、経験を通じて、どのコンプレックスが最も強い情動反応を生じさせるかが分かってくる。このような敏感領域は公的な場とか上品な社交の場では表に出さないのが賢明だ。というのもそこでは強い反応が予測できるからである。性、宗教、お金、権力などの問題をめぐる集合的コンプレックスは、人によって程度の違いはあるとしても、ほとんどすべての人々に作用する。これらが激しく喚起されると、荒々しいエネルギーの放出、ときには戦争にまで至ることもある。日常生活における情動的な攪乱の程度および頻度は、無意識的コンプレックスのエネルギー水準の有力な指標となる。心的内容のエネルギー水準は肯定的また否定的な情動および反応によっても示されうる。エネルギー論的な観点からすると、肯定的であれ否定的であれ、そうした感情における区別は何ら違いをもたらさないのである。

身体と心の結合

心的エネルギーは――ユングはほぼ十五年前に『無意識の心理学』で言ったことをこの論文でも繰り返している――生命エネルギーの下位カテゴリーである。それを多量に有している人もあれば、少ししか持っていない人もいる。たとえばリンドン・ジョンソンは周囲の誰よりも多くの腺を持っていると言われていた。彼は途方もないエネルギーによって人々を圧倒することができたのだ。多数党院内総務としての通常の義務をこなしながら、議員としては選挙区の住民宛に毎日二五〇通の手紙を書いた。恐ろしいほど多量のエネルギーを有している人がいるかと思えば、ベッドから起き上がり朝の食卓にたどりつくのが精一杯という人々もいる。ある意味で、生命の身体的側面は心理的な側面に強い影響を与えるので、身体的な健康は心的エネルギーの貯蔵量に大いに貢献する。しかし、心と身体の関係は複雑であり、しばしば逆説的だ。たとえばニーチェは、彼の詩的な主著『ツァラトストラはかく語りき』を執筆中、耐え難い痛みをともなう重い病気を患っていた。ハインリッヒ・ハイネは、人生最後の十年間を激しい苦痛の内にベッドで過ごしたが、この期間に彼は数百の歌や詩またその他の非常に優れた文学作品を創造したのである。これら天才の努力が必要とした莫大な量の心的エネルギーは、健康な身体が仕事に役立つ心的エネルギーを産出するといった単純な考えによっては説明できない。そこには身体から魂と精神への熱量の転移というより以上のことが起こっているのだ。

このような難問のために、身体的なものと心理的なものとを比較的独立した並行的システムと考える人々もいる。この考え方には、各々のシステムの統合性を維持し、心的エネルギーを身体的エネルギーに還元しないという利点がある。しかしユングは、生物学的還元主義に強く反対していたにもかかわらず、この定式では満足しなかった。二つのシステムがあるが、その相互作用は錯綜し複雑であって、ほとんどの部分が無意識の深みにあるために、身体が終わり心が始まる境界を定めることは難しいと彼は主張した。ある意味で両者は独立しているが、別の意味では相互に深く連結し、依存しているように見える。心／身体の問題は幾度もユングの著作に現われており、私は後の章でもう一度この問題を取り上げることにする。「心的エネルギーについて」の論文では、彼はこの問題をほのめかしているだけである。

心と身体の統合体は絶対的にではなく、ただ相対的に閉じたシステムであるにすぎないので、そこではエネルギー保存の原理もエントロピー原理も正確に働くわけではない。しかし実践的に言えば、強力な相関は存在する。あるものに対する興味が減少、もしくは消失すると、同じ量のエネルギーが他の所に現われるというのはよくあることだ。これら二つの関心の対象は互いにまったく無関係であるようにみえるかもしれない。しかしシステム内のエネルギー総量は一定なのである。他方、時折多量のエネルギーが完全に消えてしまうことがある。無気力あるいは抑鬱状態に落ち込む。この場合、エネルギーは退行しているのだ、とユングは言う。それは意識から流れ出して無意識に還ったのである。

エネルギー、運動、方向

リビドーの退行と前進は、ユングの理論において重要な用語である。それはエネルギー運動の方向を指す。前進においてリビドーは生への適応のために利用される。人はリビドーを世間でしかるべく活動するために用い、自由に選ばれた活動に費やすことができる。そういうとき人は心的エネルギーの肯定的な流れを経験する。ところが同じ人が重要な試験に失敗するとか、会社のリストラで左遷されるとか、最愛の連れ合いか子供を失ったとしよう。そのときリビドーの前進は止まり、生は前進への推力を失って、エネルギーの流れが逆転するかもしれない。それは退行し、無意識の中に消えて、そこでコンプレックスを活性化させる。これがかつては結びついていた両極性を分裂させ、互いに対立して争うようになることがある。いまや無意識は自我意識のものとは対立する原理および価値の立場を取るようになる。人は内的葛藤に引き裂かれ、身動きがとれなくなってしまう。前進しているときには、自己の中の両極性は互いに均衡を保ち、前に進むエネルギーを生み出す。両面価値的になることがあっても、それなりに現実には適応できている。ところが退行では、エネルギーの流れが心的システムの内部に戻ってしまい、適応には役立たなくなる。対立物が分裂するとき、そこから生を麻痺させるような深刻な両面価値が生まれてくる。それから停滞が始まり、肯定と否定が相殺し合って、ついには二進も三進もいかなくなる。

エネルギーが世界への適応に費やされず、前進的な仕方で動かないとき、それはコンプレックスを活性化して、そのエネルギー・ポテンシャルが非常に大きくなり、ついには自我に利用できるエネルギーがなくなってしまうほどになる、とユングは書いている。これはエネルギー保存法則の心への応用である。エネルギーはシステムから消滅するのではなく、意識から消えるのだ。その典型的な結果は、行動を麻痺させる両面価値、内的葛藤、自信喪失、疑惑、果てしない問いかけ、そして動機の喪失といった典型的な抑鬱状態である。

前進はこの世に対する適応を促進する。これに対して退行は、逆説的にも、新たな発展の可能性を導く。退行は内的世界を活性化させるのだ。内的世界が活性化されると、人はそれに取り組まざるをえず、その後でその結果を考慮にいれた、生への新たな適応を強いられる。内的適応をめざすこの動きは、最終的には外界への新たな適応を導き、リビドーはふたたび前進へと動き始める。そのとき人はより成熟している。まさに無意識――コンプレックス、個人的な過去、弱点、欠点など、退行の間に浮かび上がってきた一切の厄介で苦痛なことがら――と直面したおかげだ（これがユングの言う個体化だが、その概念については第八章でもっと詳細に論じよう）。

ユングがリビドーの退行および前進と、外向と内向の態度をはっきり区別していたことは述べておかねばならない。これらは初心者が混同しがちであるからだ。内向型は彼らなりの内向的な流儀で世界に適応しつつ前進し、外向型は外向的な流儀で前進する。同じことが退行についても言える。たとえば習慣的に思考を使って世界に対処し、人々を操作している外向思考型が、この機能ではうまくいかないような人生状況に遭遇して、挫折を経験したとしよう。一般に人間関係の問題を外向思考によって解決することはできない。そこでまったく異なる接近法が必要となるわけだ。この人の優越機能が役立たずになったとき、欲求不満と敗北の感覚がつのってくる。というのも、他の機能が求められているのに、それらはただちに使える状態にはないからだ。そこでリビドーは退行し、典型的な結果として、劣等機能が活性化される。この場合、それは内向感情だ。ユングが指摘するように、劣等機能は無意識的であり、意識へと浮かび上がるときには、無意識の闇の軟泥がついてくる。統合された感情機能なら、それは自我に使える道具であり、洗練された識別のための合理的機能であって、諸々の価値を確立することによって適応を方向づけてくれる。しかし無意識から沸き上がってくる劣等的で未分化な感情機能は、価値に関する手引きをしてくれるというより、むしろ金切り声で「これこそ私の人生でいちばん大切なことなのだ！　私にはこれより他には信じることができない！」とわめくのだ。それはきわめて情動的である。劣等機能が適応能力を欠いていることは、一般にあまりに明白なのだが、自我はこのように意識に上がってきた感情や思考を使うことを要求され、それによって人格の隠れた面、すなわち無意識に適応するという仕事を始めるのである。

これとは対照的に、人生の前半で他の人々と交わる能力を大いに活用した人々は、やがてそれでは満足できないという地点に到達する。高度に発達した外向感情機能はもはや魂を養ってくれない。他の可能性の現実化が求められるのだ。おそらくまた友人と昼食をとったり、休日にまた家族で集まったりすることより、むしろ内向的な直観・思考的な活動（哲学や神学を学ぶといった）が彼を手招きしており、そちらの方が魅力的に見えてくるだろう。人生全体には、意義深い変容の時期が多数存在するのである。

変容と象徴

このような変容がどのように生起するかということは、ユングの深くまた変わることない関心事の一つだった。論文「心的エネルギーについて」において、彼は変容についてきちんとした理論的説明を与えている。「リビドーの水路づけ」[21]と題された章において、彼はいくつかの自然的なエネルギー勾配を考察した。勾配とはエネルギーの流れる水路のことだ。自然の状態――つまり私たちが想像するような楽園の状態――では、いかなる仕事も求められず、またなされない。快適な家庭に飼われているペットの犬は、よく眠り、食卓の残飯をねだり、（もし去勢されていなければ）季節毎の情熱的な性活動に没頭する。これと同じように、純粋に自然的な状態に生きている人間は、肉体的本能や欲望だけで生きるにちがいない。しかし人間は文化を創造し、仕事を専門化した。これは自然の勾配から他の勾配へ、人為的な水路へ切り替える能力を前提している。これはどのようにして起こるのか。

ユングは自然と文化を絶対の対立物とは考えない。むしろ両者はともに人間の本性に根本的に属するものとみている。人間による文化の発明と仕事の専門化は、本能の目的と活動とのアナロジーを創造する精神によってもたらされる。このようなアナロジーが象徴の役割を果たすのである。(22) 観念とイメージ――精神的内容――はリビドーの流れを自然的勾配と対象から、新しい方向へと切り替える。たとえば、幼児の心に乳房と同じくらい魅力的な一つのイメージが浮かんだとしよう。この観念が遊びの中で実現されたなら、それは乳房以上のエネルギーを引きつけ、子供が乳首を吸う衝動の満足を延期させることを可能にして、結局自然に乳ばなれするようになる。もっと後になれば、乳房に代わる類似物ないし象徴は、グルメの食事かもしれない。高級料理を楽しむという考えは、豊満な乳房のイメージが幼児に与えるであろうものと同種の安らぎを大人にもたらす。観念あるいは文化的対象はこのようにしてエネルギーを捉える。それがなければ、そのエネルギーは母親の乳房に固着したままになったであろう。乳房とレストランはどちらも、心理的発達のその時点ではこれ以上適切に表現されないであろう何かの象徴なのである。

象徴は多量のエネルギーを引きつけ、心的エネルギーが流れ消費される道筋を形成する。宗教は伝統的に膨大な量のエネルギーを引きつけてきた。その力はもっぱら象徴にのみ依存している。宗教は象徴の使用を通じて政治的にも経済的にも強大な権力を持つようになることがある。しかし、こうした権力は、それを支える象徴的な力にくらべれば副次的なものである。象徴的な力を除去すれば、その全体が崩壊するのだ。宗教的観念や儀式がいきいきと活気に満ちあふれているとき、それらは人間のエネルギーを特定の活動や仕事に引き入れる巨大な牽引力を発揮する。なぜ自然的な対象より象徴の方が急な勾配を持つのだろうか。乳房やペニスのような本能的に魅力のある対象より、一つの観念の方がもっと関心を引きつけ、抗しがたい影響力を及ぼすのはどうしてなのだろう。

これが自我の決定によってもたらされるものではないことを、ユングは十分に承知していた。匿名アルコール中毒者協会の共同設立者「ビル・W」(ウイリアム・G・ウイルソン)が一九六一年にユングへ手紙を書き、ローランド・H(一九三〇年代初期にユングが治療したアルコール中毒患者)の運命を報告した。そのときユングは返事の中で、患者の物質依存を克服させようとしても、治療者は本質的に無力なのだということを認めた。[23] ユングが伝えたかったのは——彼の手紙を私なりに言い換えると——こういうことだ。「飲酒に向かうエネルギーを引き寄せるような類似物が必要なのです。毎晩、酔っぱらうより面白いこと、ウォッカの瓶より興味を引きつける何かを見い出さねばなりません」と。アルコール中毒患者の中にこれほど大きな変容を生じさせるには強力な象徴が求められるのだ。ユングは回心経験の必要について語っている。象徴は人格の元型的基盤、集合的無意識から現われてくる。自我が象徴を人為的に作り出すのではなく、自然発生的に、そしてとりわけ危機に瀕しているようなときに無意識から出現するのだ。

象徴はリビドーの最も重要な組織者である。ユングの象徴という言葉の使い方は精緻である。象徴は記号ではない。読まれ解釈されても記号の意味はまったく失われることがない。停止の記号は「停止せよ」という意味である。しかしユングの考えでは、象徴は、意識には理解できない何か、あるいは現在の段階ではいまだ理解できない何かの、可能なかぎり最良の表現なのである。象徴の解釈は、象徴の意味をより理解しやすい語彙や一連の用語に翻訳する試みである。しかし象徴におきかわることはできず、象徴はその伝える意味の最も優れた表現であり続ける。象徴は人に神秘を啓示する。それらはまた霊の要素と、イメージおよび衝動という本能の要素とを組み合わせる。この理由のために、高揚した霊的状態とか神秘体験の叙述はしばしば栄養摂取とセクシュアリティのような身体的・本能的な満足と関わっているのである。神秘主義者は、神との結合のエクスタシーをオルガズム体験として語る。おそらく、そのとおりなのだ。象徴の体験は、強力で説得的な全体性の感情の中で、肉体と魂を結合させる。ユングにとって象徴がかくも重要なのは、それが自然のエネルギーを文化的で霊的な形に変容させる能力ゆえである。彼はこの論文では、心にこのような象徴が出現するタイミングについては論じていない。これは後期の『共時性、非因果的連関の原理』(24)と題された著作の中で主に考察されている。

変容と昇華の違いは、ユングとフロイトの理論上の根本的な違いをはっきりさせてくれる。フロイトによれば、文明化された人間はリビドー的欲望を昇華できるが、昇華が生み出すのは、欲望の真の対象の代用品でしかない。リビドーは代用品に愛着するだろうが、それは結局のところ次善のものにすぎないのだ。本当は子供時代の初め、父母への固着、オイディプス空想の充足に戻りたがっている。だからフロイトの分析はつねに還元的である。赤子が生きのびるには滋養物が必須だから、原初のリビドーが母親の身体を求めることにはユングも同意する。後になると、リビドーは性的な水路に引き込まれ、その勾配を流れるようになる。出産は種の存続に必要だからである。そして霊的な類似物、一つの観念もしくはイメージが見出されると、リビドーはこれに向かって進む。それが性的充足の代用品だからではなく、それこそがリビドーの目的だからだ。ユングの考えでは、これがリビドーの変容であり、文化はこのような変容から生じて来る。文化は欲望の充足であり、その障害物ではない。ユングは人間の本性が文化の形成、象徴の創造に導くと確信していた。そして、こうした霊的かつ精神的内容に向けて流れることができるようにエネルギーが抑制されることも人間の本性から発しているのである。

第4章

心の境域

本能、元型、集合的無意識

現代以前の地図制作者は、自分の仕事に固有な刻印を残したものだ。作成者を指し示すある種の独特な特徴があって、地図が誰の手になるものかを知ることができたのである。それは科学の仕事であると同様に芸術の仕事だった。これまでのところユングの魂の地図は、他の深層心理学的叙述とそれほど異なっているようには見えない。しかし本章からは、私たちは本当にユングだけの固有な特徴を検討してゆくことになる。ユングの仕事の最大の独自性は、まさに彼の言う「集合的無意識」の探究と記述だったのである。

心的エネルギーに関する前章の終わりで、ユングが元型を心のエネルギーや形式に関する第一の源泉だと考えていることを述べたが、まずはその簡単な復習から始めよう。元型は心的象徴の究極の源泉をなしている。象徴はエネルギーを引きつけ、構造化し、最終的には文化や文明の創造を導く。これまでの章で述べたいくつかのヒントから、元型理論がユングの心についての概念全体にとって非常に重大なものだということは、かなり明瞭になっただろう。実際、これこそ、その土台なのである。

しかしユングの元型理論を論じるには、本能に関する彼の理論をも取り上げねばならない。ユングの考えによれば、元型と本能は深く関わっているのである。ユングにとって、心と身体は密接に関わりあっており、ほとんど不可分と言ってよいほどなのだ。このことを無視すると、元型的イメージに関する議論はいとも簡単に過剰に霊的で、土台を欠く心理学になってしまう。哲学や形而上的な視点というのではなく、心理学的視点から元型を論じるには、それを人間の身体の中で生きられている生の中に基礎づけねばならない。また生の中で元型は個人的な歴史および心理的成長ともからみ合う。元型の理論はユングの魂の地図にプラトン的な性格を付与しているが、ユングとプラトンの違いは、ユングが観念を永遠的な形相ないし抽象観念としてではなく、心理学的要因として研究したところにある。

この本の初めに述べたように、ユングは心の最も遠い辺境までも探究しようとしていた。彼は系統的な思想家ではなかったかもしれない。しかし野心的な思想家だったことはたしかであり、その野心は彼を駆り立てて当時の科学的知識の範囲を越えても進み続けさせた。科学はいまだに彼の直観の多くを追いかけている。心の未知の暗黒地帯の奥深くに歩み入ったユングは、集合的無意識とその内容についての理論において、心理学と精神分析に対する、本当に独自の貢献をなしとげた。しばしば彼が心的な事実として述べているものが発見なのか、それとも創作なのかということが問題になる。しかしそれは、まったく新しく発見された大陸、あるいは未知未踏である大陸の地図を製作する者の運命というものだろう。初期の地図制作者は直観によって地図を描き、推測に頼るしかなかった。彼はまた他の人々の地図を参考にし、昔の文献の研究さえ行なった。これらのものが役立つこともあったし、また誤りのもとになることもあった。ユングはこうした試みにはいたるところに落とし穴があることを十分すぎるくらいに自覚していた。彼は思弁を排除するような臆病者ではなかったが、思弁を公に述べるときにはあたうるかぎり慎重だった。(1)

この章では、主に論文「心の性質について」を手がかりにする。これは後期のユングが自分の理論を総括した素晴らしい論文である。多くの著作、とりわけ錬金術のイメージと文献を用いた後期の著作において、ユングは壮麗なイメージをふんだんに駆使した絢爛たるスタイルで集合的無意識の領域を描き出すのを好んでいた。だがこの論文はちがう。醒めた抽象的な理論の提示であり、ユングに幻視家の霊感を求める読者の趣味からすると、どちらかといえば読みにくく素っ気のない論文だ。しかしこの著作は、彼のその他のさまざまな論述が依って立つ理論的基盤を提供している。この基本的理論がわからなければ、他のものは種類を豊富にそろえた動物園のコレクションのような、異国風の色彩は豊かだが、論理的な基準は何もないただの寄せ集めとみえてしまうだろう。(2) ユングの著作をそんなふうに読む批判者は、率直に言って、彼が企てたことの本質をまるで理解していないのである。深遠かつ異国風の素材を収集した根拠について、ユングは、あちこちで述べている。しかしこの理論的著作においては、それがとくに明瞭に出ているのだ。

この論文は一九四五—四六年に書かれ、一九五四年に改訂された。私はこれをユングの最も包括的で総合的な理論的著作とみなす。その根拠は十分にある。これを完全に理解するには、それに先立つユングの著作すべてに対する広範な知識が必要だ。それは彼の思想において新しいものはほとんど提示しておらず、むしろそれまでの三十年間に著された諸論文のあちこちにおかれていた多くの筋を一つにまとめたものである。だから、この古典的著作に取りかかる前に、その重要性を理解するためのコンテクストを紹介しておくのがよいだろう。

非常に早い時期からユングは一般心理学の構築に参加したいという野心を持っていた。それは心の最も高い次元から最下層の次元に至るまで、その最も身近な領域から最も遠く離れたところまで、そのすべてを含む心理学であり、まさしく魂の地図の制作という仕事だった。この野心は彼の経歴の最初の数年にまで遡ることができる。一九一三年、新たに創刊された『精神分析評論』の編集者スミス・エリ・ジェリフとウイリアム・アランソン・ホワイト宛に書かれ、この雑誌の創刊号に掲載された手紙の中で、ユングはこの新しい心理学に対する大胆な展望の概要を示している。彼は「さまざまな分野から有能な専門家の貢献をこの雑誌に集めよう[3]」という編集者の計画を賞賛する。彼が心理学に関わりがあり、役立つ分野として挙げたのは、驚くべきことに、文献学、歴史、考古学、神話学、民俗研究、神学、教育学、生物学にまでわたっていたのである！ そのすべてが専門的知識を人間の心の研究に捧げるなら、「医学的心理学に対してわれわれの目を開かせるような、発生的心理学というはるかな目的地」に到達する見込みも出てくるだろう、それは「まさに人間の身体構造や機能に関してすでに比較解剖学が研究しているようなこと[4]」だ、とユングは書いている。またこの手紙でユングは、多くの分野の調査や研究から専門知識を集結することによって達成されるであろう「精神の比較解剖学[5]」について語っている。彼の目的は心の広がりを見渡せるような概観に到達すること、そして心を全体として把握することであり、そこからその力動的な相互作用のさまざまな部分を観察できるようになることだった。

　患者が示した、また彼が自らの内的探求で見出した無意識の素材――主として夢や空想――の源泉に奥深く入り込むにつれて、ユングは人間精神の一般的構造についての理論化へと導かれていった。それは彼自身だけでも、彼が治療した個々の患者だけでもなく、すべての人間が持っている構造だった。人間の心の最も深い層を彼は「集合的無意識」と名づけ、その集合的無意識の内容を、普遍的に存在するパターンと力の組み合わせとして考えた。この普遍的なパターンが「元型」、力が「本能」と呼ばれる。彼の見解によれば、このレヴェルでは個人に固有ないし独自のものはまったくない。すべての人間が同じ元型と本能を持っているのである。人間ひとりひとりの独自性を見出すには、人格の他の部分に目を向けねばならない。『心理学的類型』と『分析的心理学における二つの論文』においてユングが論じたように、真の個体性は意識を求めてなされる個人的な苦闘の所産なのだ。この苦闘をユングは個体化過程と呼んだ（第8章を見よ）。個体化は、人間の意識が長期にわたる心の逆説との取り組みを通じて獲得する成果である。他方、本能や元型は私たちひとりひとりに対する自然の贈り物だ。それはすべての人間に等しく与えられている。金持ちも貧乏人も、白人も黒人も、古代人も現代人もみんなが共有している。普遍性というこの主題は、ユングによる人間心理の理解において根本的な特徴となっている。彼は晩年、「個人の運命における父親」と題された作品の改訂版でこれに簡潔な表現を与えた。

人は決して自ら獲得したのではなく、祖先から譲り受けた多くのものを「もっている」。彼はタブラ・ラサとして生まれたのではなく、意識しないで生まれたのにすぎない。しかし人間は特別に人間的に機能するよう組織され、準備されたシステムをたずさえている。人間の何万年にわたる発達は、このシステムのおかげである。鳥の渡り本能や造巣本能が学習され、獲得された個性でないように、人間は、彼の本性――個人的な本性だけでなく、集合的な本性――をたずさえてこの世に生まれる。これらの遺伝されたシステムは、原始時代から存在していた人間の状況――若いときと老齢、生と死、息子と娘、父と母、生殖など――に対応している。個人の意識だけが初めてこれらのことを体験するが、身体系と無意識はそうではない。それらにとっては、これらのことは、ずっと昔に作用していた本能の習慣的な働きにすぎない。(6)

元型(心の普遍性)

元型というユングの考えの起源は一九〇九年から一九一二年にかけて書かれた著作に遡ることができる。それはフロイトとの協力関係を続ける一方で、神話を研究し『無意識の心理学』を書いていた時期だ。この著作で彼はフランク・ミラー嬢の空想を研究した。それは彼の友人で心理学者、ジュネーブのギュスターヴ・フルルノワが公刊したものだった。ユングは新たに生まれつつある視点からこの空想の意味を探求したいと考えたのだ。その視点は、霊媒の従妹へレーネ・プライスヴェルクを対象とした初期の精神医学的研究以来ずっと彼の中で温められていたものだった。フランク・ミラーの空想素材との取り組みは、ユングにとってフロイトとのリビドー理論から離れる機会を与え、彼が後に集合的無意識と呼ぶ一般的なパターンを論じるための出発点となったのだった。

『自伝』によると、ユングが無意識の非個人的な層に関する考えを得たのは、一九〇九年にフロイトとアメリカに向けて船旅をしている間に見た夢からであるらしい。彼は夢で多くの階のある家(夢の文脈では「私の家」となっていた)を見た。彼は家の中を調べていた。一階(現代)から地下室(そう遠くない歴史的過去)に下り、さらにそれを越えて数階下(ローマやギリシャといった古代、そして最後には先史時代と旧石器時代)へと降りたのだった。この夢は旅行中に彼が自問していたこと、すなわち「フロイト心理学がもとづいている前提とは何か。それは人間の思想のいかなるカテゴリーに属しているのか」という問いに対する答えだった。[7] 夢のイメージは、心の構造を思い描くための「導いてくれるイメージとなった」。「それは私にとって個人的な心の下にある集合的なア・プリオリについての最初の予感だった」。[8]

最初にフルルノワの仕事を検討したとき、ユングはミラー嬢個人や彼女の経歴についてほとんど知らなかった。たぶん、それは理論にとっては好都合だろう、と彼は考えた。思考が個人的な連想とか投影によって曇らされることがないだろうと思われるからである。木に気をとられることなく、森を見ることができるだろう。より一般的な心理学的パターンについて自由な思弁を展開できるだろう、と。実際、彼は驚くべき情熱と奔放さをもって思弁を展開した。彼はミラー嬢の空想を眺め、そこに含まれたわずかな事実から現実の彼女を想像した。ヨーロッパを一人で旅している未婚の若い女性で、イタリア人船乗りに惹かれたが、自分の性的関心に従って行動することができず、使用されなかった性的リビドーがせき止められて退行に陥っている、と。心理的力学に関して当時の彼が知っていたこと――主としてフロイトとその弟子の精神分析家たちから学んだこと――を用いながら、彼は大胆にも、リビドー、さらにセクシュアリティそのものが、二重の性質を持つと示唆したのだ。すなわち一方で、リビドーは性的な活動と快楽を求めるが、他方ではこうした関わりを抑制してその対立物、すなわち死を求めさえするのである。彼はあえて生の願望に匹敵する死の願望を提唱したのだ。後者は人が死の準備をする人生の後半になると目立ってくる。人間の心には、願望――性的であってもなくても――の充足を犠牲にしようとする傾向が生得的に存在しており、どれほどの性的活動によっても満たされることのない、非性的な欲望を追求しようとする傾向があるのだ。

ここでユングの思考がとった道筋は、この若い女性の心理学的状況の考察としてはかなり奇妙なものだった。彼女は一方で明らかに生活の中で性のはけ口を求め、それを見つけることができなかった。彼女の退行や昇華の試みはそこに由来する。その空想、詩作、白昼夢、そのすべては発病前の徴候を示しており、最終的には精神病にいたるかもしれない、とユングは感じた。他方、おそらくミラー嬢における性の抑止は、彼女の心のより深い葛藤を反映している。それは人間一般に存在しており、元型的と呼びうる葛藤だ。そこには悠久の過去からの人類の進化と発達の全行程という壮大な視点があり、ユングは、性的リビドーが最初はメタファーおよび類似性を通じて変容し、それから次第により深い変容の道に水路づけられたという理論を展開する。もはやこれらを性的なものと定義することはできない。ミラー嬢のリビドーのゆらぎを跡づけつつ、彼はまったく新しい文化理論に到達していたのだ。多くの読者がこの本を読んで支離滅裂だと思ったのも無理はない。

ユングは、ミラー嬢において一種病的な形で進行していることと、数百年から数千年さらには数十万年の間に起こったこととの間の類似を示す例を数多く引きつつ、人類の進化を探究していった。そこで彼は英雄神話の布置を素描し、英雄に意識創造の役割を割り当てた。英雄は——男性と同じく女性においても——基本的な人間のパターンなのだ。それは受け身の幼児的態度を意味する「母」を犠牲にし、人生の責任を引き受け、成熟した仕方で現実に向き合うことを要求する。英雄元型は、幼児的な空想思考を放棄し、現実に積極的な仕方で関わることを要求するのだ。もしこの挑戦に応じることができなかったとすれば、人類は遙か昔に滅亡してしまっただろう。しかし一貫して現実に直面するためには、幼年期の快適さへの満たされることのない憧憬と欲望の断念が求められる。これは辛く厳しい犠牲だ。これがミラー嬢のジレンマだった。彼女は成長して人生における大人の役割を受け入れるという課題に直面し、この挑戦を前にしてしりごみしていた。彼女は空想的思考を放棄せず、彼女の現実とはあまり関係のない病的な非現実的世界の中で迷っていた。彼女は「母」へ深く退行していた。問題はこうだ。「彼女は冥府のテーセウスのようにそこにはまり込んで、戻ってこれないのだろうか」。ユングには分からなかったが、彼女が精神病に陥るかもしれないと推測した。

フランク・ミラーの空想を検討しつつ、ユングは彼女のイメージを解釈するためにそれと関連した数多くの神話、おとぎ話、宗教的モチーフを世界の隅々から拾い集めた。彼はこれらの類似に驚嘆した。なぜこの女性はエジプト神話の、オーストラリア原住民の、アメリカ原住民のイメージや主題と似たものを自然に産出したのだろうか。彼の精神はその謎を解明しようとして手探りした。さしたる努力をしたともみえないのに、人間の心にはなぜこのような驚くべき類似が現われるのか。これは何を意味するのか。彼はこれらの事実を地下室に降りる自分の夢と結びつけ、こうして自分が無意識の集合的層の存在している証拠を発見しつつあることを理解し始めた。これは、無意識の中には意識からの抑圧によっておかれたのではない素材があることを意味していた。始めるのはそこからなのだ。

フロイトもまた心の普遍者に関する同様の探究に関心を抱いていたことは述べておかねばならない。ただし方法はまったく異なっていた。フロイトはすべての心的葛藤を説明する唯一の無意識的願望――核コンプレックス――を探して、原始集団の物語の中にそれを発見した。ユングが『無意識の心理学』を執筆しているとき、フロイトは『トーテムとタブー』の研究を進めていた。片方の手には臨床からの資料、他方にはフレイザーの『金枝篇』を持ち、フロイトはユングと似たような企てを追求していたのだ。どちらが先に「偉大な発見」をするかという競争が始まっていた。フロイトとユングそれぞれのヴィジョンのどちらを選ぶとしても、両者の公分母は、身体と同じように人間の精神には普遍的な構造があり、それは解釈と比較という方法を通じて発見できるということだった。

したがって、ある意味でフロイトもまたユングと同じく元型の理論を作り出したのである。太古の遺物についての彼の考えは、古代のパターンの存在を認めるものである。この素材に対するフロイトの態度は、ユングの神話や心とそれの関係についての議論と異なってはいるが、それにも関わらず二人ともよく似た思考経路に従い、よく似た結論に至りつつあった。

無意識

歴史的時代や場所とは無関係に空想と個人または集団の神話との間にユングが見出した類似は、それを説明しようとする彼の探究をますます過熱させた。一方には、精神病者におけるイメージ、夢のイメージ、個人的空想、他方には、集合的な神話的また宗教的イメージと思考がある。この両者の間には共通の起源があるのだろうか。ユングは人間の思考や空想の中に共通にみられるものを探究していた。この研究をさらに進めるために、彼は自分の患者に彼らの無意識的な空想や思考を明るみに出すようにさせなければならなかった。

論文「心の性質について」で、ユングは自分の患者の持つ空想活動をいかに活性化させたかを語っている。「患者を観察していると、彼らの夢の背後に豊かな空想内容があることがしばしば感じられた。また、患者自身も内側からの圧力がどこから来るのかも分からないものの空想でふくれあがっている、という印象を受けた。そこで私は患者が夢のイメージや思いつきを述べた機会を利用して、その主題を自由な空想活動の中で仕上げたり発展させたりするよう患者に指示した」[9]。これはフロイトの自由連想法と似ているが、しかしユングは空想をこれよりさらに自由に、さらに遠くまで漂っていくようにさせた。彼は患者にその空想素材を詳しく述べるよう奨励した。「これは患者の個人的な素質や天分によって、物語や対話になったり、視覚的あるいは聴覚的なイメージになったり、踊りになったり、絵画やスケッチや造形になった。この技法の結果、無数の複雑な作品ができあがったが、私は何年ものあいだ、なぜこのように多様なものが出てくるのか理解できずにいた。そしてとうとうこの技法によって生まれるのが、それ自体無意識的な過程の、すなわち私が後に『個体化過程』と名づけた過程の自然発生的な現われであることに気づいた」[10]。無意識の内容を想像する過程は、それらを意識的な形へともたらすのである。

はじめは混沌として多様であったイメージが、一定のモチーフや形式要素へと凝縮されていったが、それは別々の個人において同一の、あるいは類似した形で繰り返された。それらの主な特徴は、混沌とした多様性と秩序、二元性、明暗・上下・左右の対立、対立が結合して第三のものが生まれる、四位一体（四角、十字）、回転（円、球）へ、そして最後に中心化および放射線による秩序化であるが、これはたいていは四者構造に向かう。……私の経験では、中心化はもはや越えられない発

達の頂点であり、そのことは中心化によって実際にこの上ない治療効果が得られることから分かる。(11)

ユングはこれに続けて「無意識の形成原理」(12)について語る。精神病患者の生み出す空想資料についての考察に加えて、神経症患者を扱った経験によっても、ユングは主要な形成要素が無意識の内に存在すると考えるようになっていった。自我意識がこの過程を規定するのではないから、現われてくるこの形の源泉はどこか他のところにあるはずだ。そのいくつかはコンプレックスによって規定されるかもしれないが、他のものはより原初的で非個人的であり、個人的な生活経験によっては説明できない。

ユングは一九四六年にスイスのアスコナで開かれたエラノス会議でこの論文を読んだ。彼はこの会議の第一回(一九三三年)から死去する前年の一九六〇年まで出席し、そこでは彼の主要な論文の多くが発表された。ここには年に一回、世界中から人々が集った。皆の興味はとくに心理学と宗教、とりわけ東洋宗教にあった。創立者オルガ・フレーベ゠カプティンは長年にわたって東洋思想やあらゆる種類のオカルティズムに対して真剣な関心を持ち続けており、そのため著名な専門家が集まってさまざまな主題について議論するというこの会を企画したのだった。この会議の聴衆はユングを真に刺激したようで、彼の最良の成果を引き出したように思われる。これらの人々は、世界的な科学者および人文学者であって、非常に質の高い論文を要求したのだ。

「心の性質について」はユング心理学理論の円熟した要約である。この論文の中の歴史を扱った部分では、哲学とアカデミックな心理学における無意識が論じられている。ここに彼自身の無意識についての定義、意識と無意識の関係の理解、心の内の力学について基礎的な考えが述べられている。無意識の概念は、すべての深層心理学の根本である。これが他の心理学のスタイルから深層心理学を区別するものだ。無意識が存在する証拠として、ユングは心の解離可能性を挙げる。たとえば、ある種の変性意識状態では、自我とは別物だが、それ自身の意図や意思を示すような下意識的な自己ないし主体、内的な形象が見出される。自我は他の副人格と対話をすることができる。このような「ジキルとハイド」的現象は、一人の人格の中に二つの別個の意識の中心が存在することを示唆している。いわゆる正常な人格の中にも同じようなことはある、とユングは書いている。ただ、人々はこの事実に気づかないだけなのだ。

しかしひとたび無意識を措定すれば、その限界をどう定義するかという問題が出てくる。そもそも無意識の限界を定義できるのか。あるいは、その限界はあまりに漠然としているので、無意識とは事実上限界を持たないとすべきなのか。科学者かつ思想家としてユングはここにも明確な定義を与えたいと望み、この論文でそのいくつかを提唱した。最も重要なものの一つは心の「類心的（psychoid）」様相と呼ばれる理論的概念である。

人間の耳が知覚することのできる音の周波数はおよそ二〇から二万オングストロームであり、可視光線の波長は七七〇〇から三九〇〇オングストロームである。このことから類推すると、心的過程にも閾下ばかりでなく閾上があると考えられ、したがって知覚体系そのものである意識は、知覚可能な音や光の目盛りに喩えてよいと考えられる。そうであるとすれば、音や光のばあいと同じように、下方の限界ばかりでなく上方の限界もあることになる。おそらくこの喩えは、もしも心の目盛りの両端に類心的過程があるとするならば、心全般に拡大することができよう。[13]

ユングは、心をあるスケールの上で考えるのである。このスケールにおいて心の周辺は次第に類心的（つまり心には似ているが、心ではない）領域に近づいてゆき、やがてそこに消える。ユングが認めているように、「類心的」という形容詞はブロイラーから借用したものである。ブロイラーは「類心的なもの」を「目的があり、記憶を助長し、生命を保護するような身体機能や中心的神経組織すべての集約」と定義している。[14]このようにブロイラーは（1）心的機能——これはユングの用語で言えば、自我意識と無意識（個人的にも集合的にも）を含む——と（2）それ以外の生命維持的な身体機能および中枢神経系——これは準心的な性質を示す——との区別を提案した。身体そのものが記憶とか学習をすることができる。たとえば一度自転車の乗り方を覚えれば、意識的にこの技術を思い出す必要はない。身体がそのやり方をいつまでも記憶している。身体はまた目的的で生命維持をめざして活動する。心の外側で、それ自身の生存のために闘っている。ここでユングは、根本的には「心的なもの」、「準心的なもの」そして「非心的なもの」の定義をめぐって議論しているのである。

ユングは「類心的」というブロイラーの用語を自分の著作の中でもときどき使っているが、いくつかの留保をつけている。ユングはブロイラーが類心的なものをあまりに特定の身体的器官に結びつけすぎていること、また、生きたもののすべてに心を見る一種の汎心論の傾向があることを批判している。ユングにとって「類心的なもの」とは、心と似ている、あるいは準心的であるが、厳密には心的ではない過程を指す用語なのだ。この用語は心的な機能を生命機能と区別するために使われる。類心的過程は、身体的な生命エネルギーおよび純粋に身体的な過程と、真に心的な過程の中間に存するのである。

ここでユングは、人間の本能という主題を取り上げる。本能は身体に根差しているが、衝動や想念や記憶や空想や情動として心の領域にも入ってくる。たしかに本能は人間においては問題的だ。人間は、いわゆる本能的衝動に対して、選択したり、反省したり、それにしたがって行動したりしなかったりすることができる。それは他の動物にはできないことだ。本能がどこまで人間の行動を規定しているかは明確に答えることができない。ユングも、人間においては行動の本能的な側面が、他の動物にくらべてはるかに弱い決定力しかもたないことを認めている。にもかかわらず、人々は、心的な欲求および過程とは区別される、生理的な欲求および過程によって、ある程度は影響されている。ユングは、ジャネの用語を使って、この生理的な過程を人間存在の「下位部分（partie inférieure）」と呼んでいる。この部分はホルモンによって制御されている。そして強迫的な性格があるので、これを「動因」と呼ぶ人もある。私たちが行為し感じることがホルモンによって定められているかぎりにおいて、私たちは動因および本能の支配下にある。「下位部分」、すなわち心の身体的レヴェルは、生理的過程によって強く影響されているのである。[15]

この身体的基質を認めたのち、ユングはこう続ける。

このように考えてみると、心的なものとは本能とその強制力から、すなわち機能を唯一決定しそれを機構《メカニズム》へと固定させる力から機能を解放したものであると思われる。機能は、その内外の制約から解放され、より広くより自由に使われ出すときに、心的な条件あるいは性質と呼ぶことができる……。[16]

　情報が身体から心に移動するとき、それは類心的領域を通過し、その結果、生物学的決定論がかなり低減する。そこで「より広くより自由に使われ出し……他の源泉からの動機づけを持った意志が影響を及ぼしうるようになる」[17]。意志の出現は、ある機能が心的なものになる上で決定的な意味を持つ。たとえば飢えやセクシュアリティは、ホルモンの放出と関わる身体に基礎づけられた動因である。どちらも本能なのだ。人は食べなければならないし、身体は性的解放を要求する。しかし人間は何を食べるか、いかに性的衝動を満足させるかについて選択ができる。そこで意志が入ってくる。意志が人の究極的な行動をあらゆる点で制御するわけにはいかないとしても、ある程度は介入することができる。

　スペクトルの身体側の末端（「下位部分」）で心が終わるとすれば、また意識の「上位部分（partie supérieure）」にもその終点があることになる。「本能から徐々に解放されて行って、ついにはある水準にまで到達するが、そこでは機能に内在するエネルギーが、ときとして本来の意味での本能によっては決して方向づけられず、いわゆる霊的形態に到達している」[18]。ある地点までくると本能は心に対する統制力を失い、他の機能が入ってきて統制を行ない、方向づけるようになる。その要因をユングは「霊的（スピリチュアル）」と形容している。これはドイツ語の「ガイストリッヒ（霊的）」の訳だが、ここには一つの問題がある。英語の形容詞は「精神的（メンタル）」と翻訳することもできる。これらの統制要因は精神的（メンタル）であり――それらはギリシャ語のヌースという意味での精神に属しており――、もはや器質的な基盤にもとづくものではない。それらは本能のように作用する。つまり意志を行為へと向かわせ、身体のホルモン分泌さえ生じさせるかもしれない。ユングは、身体、心、そして霊を結びつけて一つの全体的システムを構想し、同時にこれらのさまざまな様相の間の分析的な区別を維持しようとしているのである。

自我はある程度は本能によって、またある程度は精神的な形およびイメージによって動機づけられている。そしてまた自我はそのさまざまな選択肢の間で選択する自由をある程度有している。自我の動機が本能にもとづいていようが、精神に支配されていようが、それはある程度の量の「自由に使用できるリビドー[19]」を握っている。生涯、生物学者および医学的心理学者でもあり続けたユングは、動因および本能からあまりに離れることは肯じなかった。心の定義において本質的な「意志」でさえ、ユングによれば、生理的動因によって動機づけられているのだ。「意志を動機づけるのは、まず本質的に生物学的なものであると考えられる[20]」。しかし心のスペクトルの霊の側の末端までくると、本能は力を失ってしまう。「機能がいわばその本来の目的から解放される心の上限では……意志を動機づけるものとしての本能は、その影響力を失う。本能の形式がこのように変化することによって、機能は外見的にはもはや本能と何の関係もないように見える別の決定や動機に仕えることになる[21]」。

私が言いたいのは、意志は心の領域の境界を踏み越えることはできないという重要な事実である。すなわち意志は本能に強要することもできないし、また精神が知性だけを意味するのではないという意味では、精神に対する影響力も持たない。精神と本能はそれぞれの仕方で自律的であり、また両者は意志の適用範囲を同じように制限する。(22)

類心的なものの境界は、人間の機能の潜在的に可知的なものとまったく不可知のもの——潜在的に統制可能なものとまったく統制不可能なもの——とを隔てるグレーゾーンをなしている。これは明確な境界線というよりは、変容の領域である。類心的な識閾において、ユングが「心化」と呼ぶことが起こるのだ。すなわち非心的な情報が「心化」され、不可知のものが未知のもの（無意識的な心）に変化し、そこから知られるもの（自我意識）へと移行するのである。要するに、人間の心的装置は、心的ではない現実、身体的な極および霊的な極にある現実から来た素材を心化する能力を持つのである。

心的な生を具体的かつ臨床的に観察すれば、本能にもとづく動因のデータが精神にもとづく形式およびイメージとまったく無縁というわけではないことが分かる。実際に現われてくるものは、つねに混合物なのだ。これは本能には「それにみあった状況の配置が組み込まれているのである。本能は決まった特性をもったイメージでつねに満たされている」。(23)本能がきわめて精緻に働くというのも、それがイメージに導かれ、パターンによって形成されるからである。イメージとパターンは本能の意味をなしている。論文のこの箇所で、ユングは基礎をなす精神的パターンである元型と本能とを結びつけている。本能は元型的イメージによって導かれ方向づけられる。しかし他方で、元型が本能のようにふるまうこともある。

元型は、意識内容の形成に介入してそれらを調整し、修正し、動機づけるという意味では、本能と同じように振舞う。それゆえこれらの動因〔元型〕が本能と関係していると仮定してみることができるし、また見たところこの集合的な形式原理を表わしている典型的な状況イメージがそもそも結局は本能の配置と、つまり振舞いのパターンと同一ではないのかと問うてみることができよう。(24)

元型的パターンと本能的動因とは緊密に関連している。だから、どちらかが優先するとして、一方を他方に還元したくなるところだ。フロイト的な選択もあったが、ユングはそれを生物学的還元主義として否定した。フロイトだったら、元型（彼はこの用語を使用しなかったが）とはエロスとタナトスという二つの基本的本能のイメージ的表現に他ならない、と主張するだろう。この見解によれば、元型とは本能のイメージであって、本能から派生したものとなる。ユングはこの主張をあっさり片づけることはできないと認めている。「私は今日まで、この可能性に反対する確固たる論拠をなんら見出していないことを認めざるをえない(25)」。元型と本能が同一ではないと明瞭に証明することはできない。生物学的還元主義は可能性としては残っている。しかしまた彼は以下のことを知っていた。

元型が浮上するときそれは、「魔術的」と言うよりも、まさに「霊的」と呼ばなければならないような、明らかにヌミノースな性格をもっている。この性格があるからこそ元型的現象が宗教心理学にとってこの上なく重要なのである。もちろんその効果は一義的なものではない。それは救済的なこともあれば破壊的なこともあるが、しかし中立的であることは決してなく、その性格は当然ある程度はっきりしていると仮定されている。この面はまさしく「霊的」と呼ぶにふさわしい。つまり、元型はよく夢や空想形象の中に霊として現われたり、幽霊のように振舞うことさえある。そのヌミノースな性質はしばしば神秘的であり、心情に対してもそれ相応の効果を及ぼす。元型はそうした弱気の発作とはおよそ縁のないと思い込んでいる人々に対してさえ、哲学的宗教的な確信を抱かせる。それはしばしば途方もない情熱と容赦ない徹底ぶりによって、自らの目標へとせき立てたり主体を呪縛したりする。主体は必死に抵抗してもこの呪縛を解くことができず、しまいにはもはや解こうともしなくなる。そうなるのは、その経験がそれまでありえないと思ってきた意味の充足をもたらすからである。(26)

元型的イメージとそこから派生した観念には、意識を圧倒する驚くべき力がある。それは本能とまったく同じくらい強い力だ。ユングはここから元型が本能だけに限定されないこと、霊を身体に、また心を脳に還元できないことを確信するようになったのである。

元型的イメージと出会うと、自我はそれに憑依され、圧倒され、抵抗する望みさえ捨ててしまうかもしれない。それはこの経験が非常に豊かで意味深く感じられるからだ。いわゆるインフレーション、そしてさらには精神病の本質は、ユングによれば元型的なイメージおよびエネルギーと同一化することなのである。たとえばカリスマ的指導者は、強力な言葉と刺激的な観念で人々を説得し、行動へと駆り立てる。すると突然、催眠術にかけられた弟子や真剣な信者たちにとって、これらの観念が人生において最も重要なものになってしまう。旗や十字架といったようなイメージのために、また民族主義、愛国主義、宗教や国に対する忠誠心といった観念のために生命が犠牲にされることすらある。十字軍やその他にも無数の非合理的で非現実的な努力がなされてきたというのも、参加者が「これが私の人生を意義深いものにする！　これこそ私の今までにしてきたことの中で最も重要なことだ」と感じたからだ。イメージと観念は強力に自我を動機づけ、価値や意味を生み出す。認知はしばしば本能を陵駕し、それを支配するのである。

心に対する本能の作用——身体的な欲求ないし要求によって駆り立てられていると感じるときの作用——とちがって、元型の影響は、大きな観念やヴィジョンによって捉えられるという状態を導く。どちらも力動的には自我に対し似たような仕方で作用する。すなわち自我は乗っ取られ、憑依され、駆り立てられるのである。

「本能と似ているにもかかわらず、あるいはもしかするとまさしく似ているからこそ、元型は霊本来の要素をもっている。しかしここでいう霊とは、人間の知性と同じではなく、むしろその霊的指導者(spiritus rector)のことである」[27]。霊と知性の区別は容易に混同されるので、ユングは、自分が思考機能についてではなく、むしろ霊的指導者について語っているのだということを明確にしようと努力している。霊的指導者とは、自我およびそのさまざまな機能を導くものなのだ。元型によって捉えられると、思考機能が元型的観念を合理化し、その現実化に向かわせるために使われるかもしれない。彼が神学者になることとさえありうる！　神学者が元型的観念に捉えられれば、彼らは元型にもとづくヴィジョンや観念を文化的コンテクストの中に組み入れるために、精緻な合理的論拠を作り出すだろう。しかし彼らを捉え、その努力を動機づけているのは、思考機能ではない。むしろヌースの中に元型的に基礎づけられたヴィジョンが、思考機能を導いているのだ。ユングは大胆にもこう言っている。「すべての神話、すべての宗教、すべての主義の本質的内容は元型的である」[28]と。

元型と本能の関係

本能と元型が「対応」[29]関係の中でいっしょになることは事実であるが、明らかにユングは元型が本能に、もしくは本能が元型に還元されると言うつもりはないのである。両者は対応物として密接な相互関係にあり、「私たちの中の心的エネルギー全体の根底に存在する対立の反映として、互いに同列の関係にある」[30]。心は、純粋な身体と超越的な精神の間、物質と霊の間の空間に存在しており、「心的過程は霊と本能の間のエネルギー調整と考えられる」[31]。心は中間的な現象であって、その過程は「いわば目盛盤のような働きをしており、意識はこれに沿ってスライドする。意識は本能過程に近づいてその影響下に入ることもあれば、他方の端に、つまり霊が優勢となって、対立する本能過程を同化吸収している部分に近づくこともある」[32]。下位部分と上位部分の間、心の本能的な極と元型的ないし霊的な極の間には永遠の往復運動がある。一方で意識は「本能領域の原始性と無意識性に呑み込まれることに恐れを感じ」[33]てつねに戦っているが、他方ではまた霊的な力による完全な憑依（すなわち精神病）にも抵抗する。しかし両者が協調させられると、元型は本能に形式と意味を与え、本能は元型的イメージに生の心的エネルギーを与えて、「すべての川が蛇行しつつ流れ込む海であり、英雄が龍との戦いによって手に入れる褒賞」[34]を達成することを助ける。

ユングは、心を光のスペクトルのようなものとして描いている。その一方の端、紫外線の部分には元型があり、反対側の末端、赤外線の部分に本能がある。「元型は本能の形式原理であるから、青の中に赤を含んでいる、すなわち紫色に見える。この喩えを非常に高い周波数レヴェルへの本能の更新《アポカタスタシス》であると解釈してもよいし、あるいは非常に大きな波長レヴェルにある潜在的な（つまり超越的な）元型から生まれたのが本能であると考えることもできよう(35)」。臨床実践や現実的経験においては、本能と元型はつねに混じりあった形で見出される。それぞれが純粋な形で現われることは決してない。心のスペクトルの元型的末端と本能的末端は、無意識の中でいっしょになる。無意識の中でそれらは戦い、混じりあい、結合してエネルギーと動機づけの単位を形成する。そして衝動、努力、観念、イメージとして意識の中に現われる。私たちが心の中で経験することは、まず無意識の中で心化され、それから単位にまとめられる《バッケージ》のである。

　心の中の空間を通ってその両端の霊と本能をつなぐ線を想像してみよう。この線の一端は元型に、もう一端は本能に結びつけられている。それは情報やデータを類心的領域を通じて集合的無意識および個人的無意識へと伝える。そこからこれらの内容が意識の中に入ってくる。本能的知覚や元型的表象は実際の心的経験のデータであって、本能および元型そのものではない。スペクトルの両端はどちらも心的ではなく、直接経験することはできないのだ。両端において心は物質と霊の内に消えてしまう。また元型イメージとして経験されるものは「きわめて多様な形であるが、そのすべては一つの本質的に『表象不可能』な基本形式から生じたものである(36)」。すべての元型的情報パターンは唯一の源泉からやってくる。それは人間の理解を超えた実体であり、ユングはこれを「自己」と呼ぶ。この基本形は「一定の形式要素と一定の根本的な意味によって特徴づけられるが、それらはただ近似的にしか把握されることができない[37]」。それはユングの神の用語である（自己は第7章で詳細に論じられる）。自己と自我意識をつなぐ元型的イメージは、中間領域を形成する。それはユングがアニマとアニムス、すなわち魂と呼ぶ領域だ（魂については第6章で扱う）。ユングの見解では、多神教の宗教はアニマとアニムスの領域に由来し、この領域を表わす。他方、一神教は自己の元型にもとづき、この元型を指し示している。

　ユングの地図では、心は純粋な物質と純粋な霊、人間の身体と超越的な精神、本能と元型との間の空間に位置している。心はスペクトル全体に広がっており、その両端は開いていて、そこから心に情報が入り込むことができる。心の末端には類心的領域があり、これは心身症とか超心理現象といった準心的な事象を生み出す。情報が類心的領域を通過するとき、それは心化され、心へと変容する。心の中で物質と精神が出会うのだ。これらの情報のまとまり《パッケージ》は、まず集合的無意識に入り、そこにすでに存在している他の内容と混じりあい、最終的には、直観、ヴィジョン、夢、本能的衝動の知覚、イメージ、情動、観念といった形で意識に入ってくる。自我は浮かび上がってくる無意識内容と対処せねばならない。その価値を判断し、ときにはそれに従って行動するか否かを決定せねばならない。これらの内的空間からの侵入と倫理的に対処する責任を担うのは自我意識だ。選択は自我意識にゆだねられているのである。

第5章　他者との関係において
示されたものと隠されたもの　ペルソナと影

ユングは早い時期から、心が多くの部分からできていて、意識の中心も多数あるということを観察しており、後にはこれを理論的命題へと発展させた。この内的宇宙には、ただ一つの惑星だけでなく、太陽系全体さらにそれ以上のものが存在している。人々について一つの人格を有しているように話すが、実際にそれは下位人格の群れから成り立っているのである。

ユングはこれらを詳しく論じている。自我コンプレックスがある。それから多くのより小さな個人的コンプレックスがある。その中で最も重要かつ強力なのが母親コンプレックスと父親コンプレックスだ。そして最後に多くの元型的イメージと布置が見出される。ある意味で、私たちは多くの潜在的に相異なった態度と方向づけからできており、これらは容易に互いに対立し、ときには神経症的人格スタイルを導く葛藤を生み出す。本章では、これらの異なった下位人格の対、すなわち影とペルソナについて述べよう。これらは相補的な構造であって、発達した人間の心のすべてに存在している。どちらも感覚経験の中の具体的な事物によって命名されている。影は、光に向かって歩くとき私たちの背後からひそかについてくる私たち自身のイメージだ。ペルソナはその反対で、役者の仮面を示すローマの言葉からとったものだが、私たちが自分をとりまく社会的世界に向かうとき身につける顔である。

人生の初め、人格は単一の未分化な統一である。そこには形もなく、現実的というより潜在的であり、そして全体的だ。発達が始まると、この全体性が分化し、さまざまな部分に分かれてゆく。自我意識が存在を始め、その成長につれて、全体的な自己の大部分が取り残され、いまや「無意識」となった領域の中に留まる。無意識は、イマーゴ、内面化、トラウマをとりまく素材の塊として構造化され、下位人格やコンプレックスを形成してゆく。コンプレックス（第2章で論じたように）は自律的であり、自らの意識性を示す。それはある程度の心的エネルギーを含んでおり、自分自身の意志を持っている。

自我の影

自我の統制できない無意識な心的要因の一つが影である。実際のところ、自我はふつう自分が影を投じていることにすら気づいていない。ユングが影という言葉を使うのは、ある種の心理学的現実を指し示すためだ。それは感覚的には容易に分かるのだが、臨床実践とか理論のレヴェルで把握するのは難しいものだ。彼がここで強調したいと思ったのは、多くの人々が示すあからさまな無意識性である。影を一つの実在として云々するより、むしろ「影のうち」にある（すなわち隠れた、背後にある、暗闇の中にある）、もしくは「薄暗い（shadowy）」心理的特徴ないし性質だと考えた方がよい。統合されれば通常は自我に属している人格部分が、認知的ないし情動的な不協和のために押さえつけられてきたとすると、それはどんなものでも影の中に落ち込んでしまう。個々の影の内容は、自我の態度やその防衛性の程度によって変わってくる。一般に影は背徳的あるいは少なくとも恥ずべき性質を持っており、その社会の慣習や道徳的因習と相容れない人格の性質を含んでいる。影は、意図とか意欲とか防衛といった自我の活動の無意識的な側面である。いわば、それは自我の裏面なのだ。

すべての自我は影を持つ。これは避けられないことだ。世の中に適応し対処するとき、自我はそれと気づくことなしに影を使っている。それは道徳的葛藤なしにはやれないような芳ばしくない活動を遂行するためである。そうした防衛的な、あるいは利己主義的な活動は暗闇の中で行なわれ、自我はそれを知らない。影の活動は国家の秘密諜報組織と非常によく似ている。国家元首はこの組織の活動をはっきりとは知らされていないので、自分には責任がないと言うことができる。内省によってもある程度はこれらの薄暗い自我の活動を意識にもたらすことができる。しかし影の認知に対する自我の防衛は、通例、非常に強力であって、そこに侵入するのはまず無理である。影の活動についての情報を集めようと思ったら、親しい友人や長年の配偶者に彼らの見ているところを正直に教えてくれるよう頼む方がずっと有効である。

自我の意志や選択や意図を十分に深いところまで追跡することができたとすれば、やがて暗く冷たい領域へと到達するだろう。そこでは自我が、その影においては極度に自己本位でわがままで冷酷で支配的になりうるということが明らかになるだろう。そこでは人は純粋に利己的であり、権力や快楽への欲望をいかなる犠牲を払っても充足させようとする。自我の中にあるこの暗い心は、神話や物語で描き出されているような正真正銘の人間的な邪悪さの化身である。(1) シェイクスピアの『オセロ』に出てくるイアーゴはその古典的な例である。影の内にはお馴染みの大罪が存在している。ユングはフロイトの「エス」概念と影を同じものとみなしていた。

影の特質がある程度意識化され、自我に統合されたとすれば、その人は平均的個人とはかなり違ってくるだろう。大多数の人々は、自分が実際のところひどく自己中心的で利己的だということに気づいていない。そして自分はそれほど利己的ではなく、欲望とか快楽を統制しているというふうに見せたがっており、こういう性質はなるべく隠しておきたいのだ。そして表面には、思い遣りがあって、思慮深くて、共感的で、思索的で、心暖かいといった人物像を見せておくようにする。この社会規範にも例外はある。それは「否定的アイデンティティ」を形成した人々だ――彼らは自分の貪欲や攻撃性を自慢し、こうした性質を人前で見せびらかす「黒い羊」である。ところが隠された影の面において彼らは繊細で感傷的なのである。もう一つの例外は、失うものが何もない者、とびきり凶悪な犯罪者、反社会的精神病質者だ。なかには非常に強大な権力を獲得して、想像可能なかぎり最大限に自分の邪悪な情念を満足させることができた人物もある。たとえばヒトラーやスターリンがそうだ。しかし大多数の人々は自分をまっとうだと考え、自分の社会集団において適切とされる基準にしたがって行動しており、ひょっとしたはずみとか、夢の中とか、あるいは極限状況におかれたとき以外には、影の要素を表に出さない。彼らにおいても影の側面は活動している。ただし無意識を通じてであり、ある種の意図と欲求が社会的に受け入れ可能な仕方で充足されるように、環境と心を操作しているのだ。とはいえ自我が影の中で望んでいることは、必ずしもそれ自体悪いことではない。影に直面してみると、想像するほど邪悪ではなかった、ということはよくあるのだ。

影は自我によって直接経験されない。それは無意識的なので、他者に投影される。たとえば利己的な人に対してひどく苛立ちを覚えたとすれば、その反応はふつう自分の無意識的な影の要素が投影されているというしるしである。もちろん相手にも影の投影を誘発する「鈎」はあるのだ。したがってこのような強力な情動反応には、知覚と投影が混じり合っているのである。心理学的に素朴であったり、あるいは非常に防衛が強い人は、その知覚の側面にもっぱら注目し、それを肯定しようとするが、投影の部分は無視するものだ。こうした防衛的な戦略は、この経験を利用して影を自覚し統合するというチャンスを封じ込めてしまう。この防衛的な自我は自分こそが正しいという感情にしがみつき、自分を無垢な犠牲者あるいはたんなる傍観者という役割におしこめる。相手は邪悪な怪物だが、自分は罪のない小羊だと感じる。このような力動から、身代わりの山羊《スケープゴート》が作り出されるのである。

影の形成

この影という内的構造を形成する特定の内容や性質は、自我の発達過程によって選択される。自我意識が拒否したものは影になり、自我意識が肯定的に受け入れ、協調し、吸収したものは自我の一部、またペルソナの一部となる。影を特徴づけるのは、意識的自我やペルソナとは相容れない特徴や性質である。影とペルソナはともに、自我ではない「人物」であって、私たちが自分だと思っている意識的人格とともに心の内部に存在している。ユングがペルソナと呼んだ公認《オフィシャル》で「社会向け《パブリック》の人物」がおり、これがほぼ自我意識と同一視されて、個人の心理社会的アイデンティティを形成している。それは社会的規範および慣習に適合しているので、自我はこれと一緒にいても気楽であるが、にもかかわらず、これもまた影と同じく自我とは異なるものである。影の人格は視界から隠れており、特別な機会にしか現われない。世間はほとんどこの人物に気づかない。ペルソナはずっと目につくものだ。それは、日々、公的な役割、社会的適応のための役割を演じている。影とペルソナはまるで兄弟（男性にとって）、姉妹（女性にとって）のようである。一人は公衆の前に出て、もう一人は引っ込んで隠れている。その対比はまさしく見物《みもの》である。一方が金髪なら、他方は黒髪。一方が論理的なら、他方は感情的。ナルシスとゴルトムント、ジキル博士とハイド氏、カインとアベル、エヴァとリリス、アフロディテとヘラ——これらの人物たちがその例である。一方が他方を補足する。あるいは——こちらの方がよくあるのだが——他方に対立する。ペルソナと影は、通常、正反対であるが、また双子のように身近でもある。

　ペルソナは、文化受容、教育、物質的および社会的環境に対する適応の結果として私たちがなるところの人物である。すでに述べたように、ユングはこの用語をローマの演劇から借りており、そこではペルソナとは役者の仮面を意味していた。仮面をつけることで、役者は劇の中で特定の役や個性を身につけ、彼の声は仮面の口を通して語られた。心理学的に考えれば、ペルソナとは一つの機能コンプレックスであり、個人の考えや感情を他者に対して隠し、かつ表明するものである。コンプレックスとしてのペルソナはかなりの自律性を有しており、自我はそれを完全に統制することができない。いったん役にはまると、役者は否応無く、またあまり意識せず自分の台詞を並べたてる。雨降りの朝、誰かが「御機嫌はいかが？（How are you?）」と尋ねると、私たちは即座に、一瞬のためらいもなく、「たいへんいいですよ。あなたは？（Just fine, how about you?）」と応える。ペルソナは、社交的な相互関係の進行を容易にし、ぎこちなくなったり、あるいは人間関係をもつれさせそうな角のある箇所も滑らかにする。

影はこれを補足する機能コンプレックスであり、一種の逆のペルソナだ。ペルソナの許容しないものを欲する下位人格、それが影だと考えてもよい。ゲーテの『ファウスト』の中のメフィストフェレスは影イメージの古典的な例である。ファウストは退屈した知識人である。すべてを見、重要な本をすべて読み、知りたいことはすべて学んだが、いまや彼の燃料は切れてしまい、生きる意志を失っている。抑鬱に陥り、自殺を考えていると、小さなプードル犬が突然彼の前に現われ、メフィストフェレスに変身する。メフィストフェレスは彼を誘惑する。書斎を出て、私といっしょに世間に出ていきましょう、あなたの別な側面、官能的な側面を経験しましょう、と。彼はファウストをその劣等機能である感覚と感情の世界に、そしてこれまで生きられなかった性的生活のスリルと興奮へと導く。これは教師、知識人としてのペルソナが許可しなかった生の側面だ。メフィストフェレスに導かれて、ファウストは、ユングの言うエナンティオドロミアを経験する。それは人格がそれまでと正反対の性格類型へと逆転する現象である。彼は影を抱擁し、実際しばらくの間そのエネルギーおよび性質と同一化するようになる。

ペルソナおよびその価値と性質に同一化した自我にとって、影は腐敗と邪悪の臭いがする。メフィストフェレスは悪の化身――純粋で、故意で、片意地な破壊性である。しかしまた影との遭遇にはファウストを変容させるという効果もあった。彼は新たなエネルギーを見出した。倦怠感は消え、彼は冒険に乗り出す。それは彼に充実した人生の経験を与えてくれるだろう。影の統合という問題はもっとも厄介な道徳的かつ心理学的な問題だ。影を完全に避けていれば、まっとうな生を送ることができるが、しかしそれはおそろしく不完全になるだろう。しかし影の経験に自らを開くなら、人は背徳によって汚されるが、生はもっと全体的になるだろう。まさに悪魔との契約である。それがファウストのジレンマであり、人間存在の核心的問題だ。ファウストの場合、最後に彼の魂は救われる。しかし彼が救われるのは神の恩寵によってのみなのである。

ペルソナ

公刊された著作の中でユングは影についてあまり詳しく論じてはいない。しかしペルソナについては興味深い詳細な叙述をしている。そこから私たちは、影と人格におけるその布置についても、いくらかの情報を引き出すことができる。以下では、ユングがペルソナについて、心におけるその位置とその形成について書いていることを、もう少し詳しく見てみることにしよう。

彼は一九二一年に出版された主著『心理学的類型』の中でこの用語の定義を与えている。この著作の最終章は「定義」という題の長い章であり、この中でユングは、自分の用語についてできるかぎり明確に説明しようと努力し、自分の分析的心理学のために造った用語だけでなく、精神分析から翻案したもの、さらには心理学一般から借りたものについても取り上げている。一般心理学と精神分析に関するかぎり、ペルソナという用語はユングだけの知的専売特許である。この章でいちばん長い項の一つ、第四八項は「魂」に充てられており、そこでペルソナが論じられている。ユングはここで二つの相補的な構造であるペルソナとアニマについて考察する。後者については次章で取り上げよう。

今日ペルソナという用語は、心理学や現代文化の語彙の中にある程度受け入れられている。それは一般の会話や、新聞や、文学理論の中で頻繁に使用されている。それは人物――現実にあるがままの人物ではなく、周囲に提示された人物――を意味する。ペルソナは特定の目的のために採用された心理社会的な構成物である。ユングはそれが社会における役割演技とかかわっているので、仮面を表わすこの言葉を心理学理論の中で採用したのである。人々はどうして自分自身のユニークなあり方にしたがって生きないのだろう。どうして特定の役割を演じ、因習的な集合的態度をとり、そして社会的・文化的なステレオタイプを示すようになってしまうのか。ユングはそこに関心を持ったのだ。たしかに、これはよく知られた人間の特徴である。それは一種の擬態だ。ユングはこれに名前を与え、それを心についての自分の理論の中に組み込んだのである。

ペルソナの定義においてユングはまず、多くの精神医学および心理学の研究が人格の複合性を示してきたということを指摘する。人格は単一のものではなく複合的であり、それはある種の条件下では分裂し断片に分かれ、そして正常な人間の心にも多くの下位人格があるのだ。しかし「言うまでもなく、正常人の場合、こうした複数の人格が現われることは絶対にありえない(2)」。言い換えれば、臨床的な意味でわれわれみんなが「多重人格」なのではなく、ただ誰もが「性格分裂の兆候(3)」を示すということである。正常な個人とは、病理において誇張されるものの、穏やかな形にすぎない。「たとえばある人をさまざまな状況において詳しく観察してみれば、彼の人格がある環境から別の環境へ移るさいに著しく変化するのがわかるだろう。……『町では天使、家では悪魔』である(4)」。このような人物は公には、にこやかに微笑み、極めて愛想がよく、大げさな歓待をし、外向型で、のんきで、楽天的で、いつも冗談を飛ばしている。しかし家庭では反対に、不機嫌で気難しく、自分の子供と話さず、むっつりして新聞の陰に隠れ、言葉によってあるいは他の方法で家族を虐待するかもしれない。性格は状況によって変化するのだ。ジキルとハイドの物語はその極端な形を示している。同じ主題を扱ったもう一つの小説に『ドリアン・グレイの肖像』がある。その主人公は屋根裏部屋に自画像を保存している。彼が年をとるにつれて、肖像画は老いてゆき、彼の真の姿を明かしている。しかし他の人々の前に現われる彼には皺ひとつない――若々しく、洗練され、そして陽気な人物だ。

ユングは、人々が社会や社会的環境に対して示す感受性という興味深い主題をさらに続けて論じている。人々はふつう他の人々の期待に対して敏感である。ユングは、家族、学校、職場といった特定の環境が人に特定の態度を取るよう要求することを指摘する。ユングの言う「態度」とは「意識内に示されるか否かに関わらず、ある規定されたものに対する先験的適応[5]」のことである。ある態度は潜在的また無意識でありえるが、人がある状況もしくは社会に適応するようつねに作用している。さらに、ある態度は「あちらこちらの定められた方向に行動を限定する……心的要素や内容の組み合わせ[6]」である。それゆえ態度は性格の特徴なのだ。態度が長く持続すればするほど、そして社会の要求に応じるよう頻繁に呼び出されれば呼び出されるほど、それはますます習慣的となる。行動主義者なら、ある行動なり態度なりが環境によって強化されればされるほど、それはますます強力かつ堅固なものになる、と言うところだ。人々はある環境に対して特定の態度を発達させ、そうして固有の仕方で応えるように訓練されうるのである。信号や合図に対して、訓練されたとおりに反応するわけだ。いったん一つの態度が完全にできあがると、行動を活性化するのに必要なのは、適当な手がかりもしくは引き金だけである。ユングがこの見解を述べたのは一九二〇年で、これは北アメリカでブローダス・ワトソンに率いられた行動主義が勢力を伸ばしつつあった時期だ。ワトソンの最初の重要な著作が出たのは一九一三年である。

田舎あるいは自然の中の地域で暮らし働いている人々の生活環境は比較的一様である。しかし、多くの教育を受けた都市住民はこれと対照的に、家庭と公的世界という完全に異なった二つの社会の中を動いている。ユングの時代のヨーロッパでは、これは女性にとってより男性にとって言えることだった。ユングが生きた時代と文化の中の男性は、働く環境と家庭生活とはまったく別の環境であり、彼らは、それぞれ異なった一連の合図を与える二つの異なった社会に反応せねばならなかったのだ。「これら二つの完全に異なった環境は、二つの完全に異なった態度を要求し、それは自我がそれぞれの態度に同一化する度合に応じて二重性格を形成する」(7)。

私の友人の一人は、政府機関で中級管理職についており、そのため自分の部局の雇用者に対するときは公的領域における価値や行動様式に調子をあわせねばならない。その機関は一つの社会であり、彼は他の情報源から正しい価値はどのようなものかを判断し、部下たちには人種差別撤廃、性差別、そして積極行動といった問題には十分注意せねばならないと教える。職場ではこの役割をなんなく演じている、と彼は私に語ったが、その彼が自宅でテレビを見ているときには、その反応はぜんぜん違っている。超保守主義者になるのだ。職場ではリベラルで啓蒙主義的な近代人だ。しかし彼の自我はこの環境の態度に強く同一化していない。彼は機能的なペルソナ、つまりそれと同一化することなく簡単に着けたり外したりできるペルソナを持っているのである。私の友人は自分が職場のペルソナと同一ではないことを明瞭に自覚している。

しかし自我とペルソナとの同一化は頻繁に起こる。「同一化」という心理学用語は、外的な対象や態度や人物を吸収し、それと一つになる自我の能力を指している。これはだいたい無意識的な過程である。そうするつもりがないのに、自分が誰かの真似をしてしまうのだ。おそらく本人は気づいていないのだが、他人からはそれがよく見える。原理上は自我とペルソナはまったく別物だと言えるが、現実の生活では、しばしばそうはならない。自我は生活上演じている役割と同一化する傾向があるからである。「家庭的生活の方は一般にのんびりとくつろぎたいという主体の要求にそって形成されることが多く、そのため公的生活においてきわめて精力的で大胆で頑固で強情で容赦のない人々が家に戻って家族の中に入ると、善良で優しくて寛大で気弱に見えるものである。さてそれではこのどちらが本当の性格であり、真の人格なのであろうか。この問いにはなかなか答えられないのである」(8)。

とはいえ、自我がペルソナとの同一化だけになってしまうということは決してない。ペルソナはせいぜい社交的世界を前にした自我を包み込むものを形成するにすぎない。ペルソナに包まれてはいても、やはり役割と真の内的アイデンティティとの違いは認められるだろう。自我の核は個体的かつ個人的であると同時にまた元型的でもある。どんなときでも自我はやはり「私」の中心、反省作用の小さな焦点である。自我の核の元型的な面は純粋な「私は存在する」であり、それは自己の顕現なのだ。それは端的に「私が存在するということ(I-am-ness)」なのである(第1章を見よ)。

しかし個人的な面では、自我は外的な力の影響を受ける。このような影響は自我の内部に侵入して、自我が新たな内容と同一化するにつれて、この純粋な「私であること(I-ness)」を押し退ける。これが「学習」する自我である。私たちは自分の名前を学習する。そうすると私たちは自分の名前になる。その音の響きと同一化するわけである。自我がペルソナと同一化するとき、自我は自分がそれと同一だと感じるのである。こうして私は私の名前で「ある」、私は父母の息子で姉の弟で「ある」、ということになる。いったんこの同一化がなされると、私はもはや単純に「私は私があるところのもの」ではない。私はマレイ・スタインであり、何年何月何日に生まれ、この特定の個人的な歴史をもっている。これが今の私である。私は私のさまざまな記憶、自分の生活史、私の性格のあるものなどと同一化している。このようにして、純粋な「私であること」――元型の一片――は見えにくくなる。あるいは意識から完全に消え去ってしまうこともある。だから人は、自分の価値と帰属は言うまでもなく、自分のアイデンティティ全体および現実感覚という点でも、ペルソナに大きく依存しているのである。

もちろん、いつも必ずそうだというわけではない。ときには、特定の何ものとも同一化せず、純粋な「私は在る」状態にあることもできる。また、何らかの内容もしくは性質と密に同一化し、ペルソナ・イメージの方に重心が大きく移動するということもある。T・S・エリオットは、猫には三つの名前があると言った。誰もが知っている名前、ごく少数の者しか知らない名前、そしてただ当の猫だけが知っている名前、と！　最初のものと二番目のものがペルソナであり、三番目は自我の元型的な核を指すのである。

ペルソナの二つの源泉

ユングはペルソナの二つの源泉を見出した。「社会的性格は、一方では社会の期待と要請によって、他方では個人の社会的意図や願望によって方向づけられる」(9)。前者の、環境の期待と要請というのは、一定の種類の人物であること、集団の社会的慣習に従って適切に行動すること、またしばしば現実についてのいくつかの命題を信じること（宗教的教義を承認するなど）といった要求も含んでいる。後者の源泉には個人の社会的野心も含まれる。

社会が人の態度や行為に影響を与えることができるためには、人が社会に属したいと望まなくてはならない。自我は社会が必要とし提供する役割やペルソナの特徴を受け入れるよう動機づけられねばならないのだ。さもなければそれらはたんに回避されるだけだろう。同一化はぜんぜん存在しない。ペルソナ形成がしっかりしたものになるには、個人と社会の間の合意がなければならない。さもないと個人は文化の周辺で孤立した人生を送ることになるだろう。大人の世界の中で、いつまでも一種の落ち着かない青年期の生を続けることになる。これはわが道を行き、社会的規範を無視する英雄的な反逆者とはちがう。こちらは別のペルソナであり、どんな社会や集団もこのペルソナを知っている。演じるべき役割というのは多数あるのだ。

一般的に言って、役割の威信が高ければ高いほど、それと同一化する傾向は強くなる。人々は通常、ゴミ収集人とか、用務員といった下層階級のペルソナ役割には同一化しない。あるいは支配人とか監督者といった中間層階級の役割にさえ同一化しない。もし同一化するとしても、しばしば非常にユーモラスな仕方でなされる。これらの仕事にもそれ自体の価値や尊厳はあるが、社会で誇らしげに身につけるような役割とは思われておらず、それと強く同一化するような誘惑はあまりない。役割同一化を動機づけるのは、一般に、野心とか出世欲である。たとえばアメリカの上院議員に選ばれた人は、高い集合的価値と巨大な威信を持つ役割を獲得する。それによって名声、名誉、高い社会的知名度を得て、上院議員となった人はこの役割と融合する傾向がある。親しい友人にも敬意を示してもらいたいと望むまでにいたる。ジョン・F・ケネディがアメリカの大統領に選ばれた後では、ごく身近の家族たちでさえ彼を大統領と呼んでいたと伝えられている。

イングマール・ベルイマンの自伝的映画『ファニーとアレクサンデル』の中で幼い少年が冷たく酷薄で虐待的な司教のもとに送られ、そこで彼と暮らすという話が出てくる。この司教は宗教的ペルソナと深く同一化しており、感情とはほとんど縁のない人物だ。その映画の中に、司教が夢を見ている場面がある。夢の中で、彼は仮面を剝がそうともがいているが、外すことができず、とうとう仮面といっしょに自分の顔を剝ぎ取ってしまう。司教の自我は司教というペルソナと完全に融合しているのだ。それは役割が人生における彼の野望を保証しているからである。司教は疑いなく上流階級の人物である。同様に医者、軍人、王族も強力に同一化を招くこと保証つきのペルソナである。だが悪夢の中で、司教は彼の顔から仮面を取り去ろうとする。なぜなのか。

自我とペルソナの関係は単純ではない。というのも、この二つの機能コンプレックスの目的は互いに矛盾しているからだ。自我は根本的には分離と個体化の方向へ、何よりもまず無意識の外の立場を確保すること、そしてまた家族の環境からもいくらか外側にある立場を確保することを目指している。自我には自律への強力な運動がある。それは独立して機能できる「私であること」に向かって動く。ところが同時に自我のもう一つの部分、ペルソナが根差している部分は、反対の方向に進もうとする。それは物質的世界に関係し適応しようとするのである。これらは自我の中の二つの矛盾した傾向――一方は分離と独立への要求、他方は関係性と帰属への要求――である。自我の根源的な分離／独立の欲求はしばしば影に根差している。というのも、それは集団生活と個人いずれの安寧にとっても大きな脅威だからである。客観的に言って、私たちは誰でも、物質的および心理的に生存するために他人を必要としている。現在の環境との結びつきや適応へ向かう自我の動き、生存の保証を求める動きは、ペルソナが確立する機会を提供する。そしてこれが世界に対する人の自己表現となるのである。

ペルソナの発達

個体化／分離と社会適合の間の自我の葛藤は、自我の中にかなりの基本的不安を生み出す。他人に受け入れられ好まれ、また彼らの要求や願いに同調しつつ、しかも自由な、ユニークな、個体的な者であることが、どうしてできるのだろうか。明らかに自我とペルソナの発達の間に根本的な葛藤の源泉が存在するのだ。成人期の初め頃までに、自我とペルソナがともに十分に発達していることが望まれる。そうして独立と関係という自我の二重の要求が満たされ、かつまた自我が現実世界で生きることができるようにペルソナが十分うまく適応をしていることが期待されるのだ。ただしワーグナー、ベートーヴェン、ピカソのような著名な天才においてはそのかぎりではない。その才能のおかげで、彼らは並外れて個体的であることが許されている。彼らが補償として世界に提供するもののおかげで、彼らの逸脱は許容される。

自我は意図的にある特定のペルソナを選ぶわけではない。人々はたまたまある環境にいる自分を見出し、そこでやっていくために最善を尽くすだけだ。出生順位、またジェンダーも重要な要素である。幼い少女や少年は、他の子供がしていることを観察しそれを真似る。幼い少女は母親の服を試着し、母親の態度を真似てみる。時に男の子も母親の服を着てみるが、そうすると両親が心配そうな様子を見せる。衣服はペルソナを表わしている。幼い少年は父親か兄弟の方をもっと頻繁に真似る。彼らが帽子を被っていれば彼もそうするし、他の者がしていれば、彼も威張り散らしたり唾を吐いたりする。たしかにジェンダーは早期から自分を分類する方法であり、これらの特徴はペルソナに取り込まれる。子供は、自分のふるまいが礼儀正しく、ジェンダー的に適切な仕方で応じれば、ある種の仕方で歓待されることを悟る。これが個々の子供にきわめて自然に生じることもあれば、そうならないこともある。ときにペルソナは本人にぴったりだったり、あるいはうまく合わなかったりする。最後には、ジェンダーと関連した魅力を強化するとまではいかなくても、そこそこ受容できるような態度が形成される（ジェンダーとジェンダー同一化については、さらに深い問題があるが、これは次章で論じる）。

ペルソナの発達には二つの潜在的な落とし穴がある。一つはペルソナとの過度の同一化だ。個人は社交的世界に適応したりその要求を満たすことにのめり込むあまり、この構成されたイメージが人格全体だと信じるようになる。もう一つの問題は、外的な物質世界に十分な注意を払わず、もっぱら内的世界のみに巻き込まれてしまうことだ（ユングがアニマやアニムスの憑依として述べている状況）。このような人は衝動、願望、欲望、空想にのみ関心を向け、この世界に熱中し、それと同一化してしまい、他の人々に十分な注意を払わない。その結果、配慮がなく、盲目的で、他人と関係しない傾向があり、運命の過酷な打撃によって強いられないかぎり、このような性質を放棄することがないのである。

一般的に言って、ペルソナの発達は青年期および成人期初期に重要となる問題だ。この時代には、内的世界が非常に活発になっており、衝動、空想、夢、欲望、イデオロギー、理想主義のような多数のものが渦巻いている一方で、また仲間からは同調への強い圧力がかかってくる。外の社会に対する関係はきわめて原始的で集合的にみえることもある。一種の原始集団の心性、仲間集団とその集合的価値との同一化によって均衡が失われている。このような仲間集団との同一化は、若者が両親から自由になる手助けをする。それは成熟へ向かうために必要な一つの段階なのだ。同時にティーンエイジャーは向こう見ずで、実際、ほとんど客観的世界に気づいておらず、自分は無敵だという空想の中で生きている。大人は内的世界の肥大と外的現実への不適応のこの組み合わせにインフレーションだとか誇大といった言葉をあてはめたがる傾向がある。他方、大人の価値や期待に過度の注意を払う青年たちもいる。ワイシャツを着て書類鞄を持ち、十五歳で法人組織の弁護士になる将来の計画について語る。彼らは家族や文化の期待にあまりにも順応しているので、個人的アイデンティティはあまり発達していない。彼らは文化的諸形式のたんなるステレオタイプ、早熟すぎるペルソナ適応の犠牲者への道を歩むのである。

内向型も外向型もともにペルソナを発達させる。どちらの態度の類型であっても客観の世界に関係しないわけにはいかないからだ。しかしペルソナの発達は、内向型よりも外向型の方が単純な過程となる。外に向けられたリビドーは対象へと向かい、そこに滞留する。外向型は客体に気づき、さほど大騒ぎも混乱もなしにそれと関係を結ぶ。内向型の場合、注意および心的エネルギーが対象に注がれるが、それはふたたび主体へと環流して、対象との関係を複雑なものにしてしまう。対象はたんに心の外にある何かではなく、内向型にとっては根本的に心の内側にもあるものなのだ。そこに愛着を持つことはより困難になる。そういうわけで外向型の方が容易に適当なペルソナを見つける。彼らは対象の世界の中でくつろぐことができる。それは彼を内面から脅かしたりしない。内向型のペルソナはもっと曖昧で、控えめで、不確かであって、状況によってさまざまに変化する。

とはいえ誰にとっても、ペルソナは対象と関係し、かつ主体を保護せねばならない。これがその二重の機能だ。内向型は少数の人々となら大いに積極的にふるまえるが、大きなグループの中では、小さくなって、いるかいないか分からなくなる。とりわけ見知らぬ人々といっしょだとか、特定の役割を占めていないという状況では、そのペルソナはしばしば不十分に感じられる。内向型にとってカクテルパーティーは拷問となるが、舞台で役を演じることは純粋な喜びと楽しみでもありうる。多くの有名な俳優たちは極度に内向的である。私生活では内気なのだが、公的役割を与えられると、保護され安全であると感じて、想像しうるかぎり最も外向的なタイプといっても通用するほど自由闊達にふるまえることもあるのである。

ペルソナは、強力な心理的発達という脈絡の中で創造的に使用されるとき、人格の幾つかの側面を隠すだけでなく表現する機能も果たす。適切なペルソナは、人格の社会に受容されうる面を表現するだけでなく、また本当のその人らしさを表現できるほど幅広いものでもありうる。個人がさして損害を被ることなしに、ペルソナと同一化し、それが人格の真の表現となることもある。もちろんこれは年とともに変化しうるのであって、個人が人生の新たな段階に入れば新たなペルソナが現われる。社会的外向型は、たとえば、五十代、六十代になれば、より内向的になることがある。人生後期にはまた、ペルソナが真実で、誠実、本物であると一方で感じることと、他方で完全に無意識にそれと同一化することの間に違いがあるのを理解するようになる。

ペルソナとは自我と世界の間の心理的な皮膚であり、その本質においては、たんに対象との相互作用の所産というだけでなく、これらの対象への個人の投影もまた含んでいる。私たちは、他の人々がどのようであるか、また何を望んでいるかについて私たちが知覚したところのものに対して適応するのである。本当のところ他の人がそれらを見ている仕方、彼ら自身が自分を見ている仕方は、ひょっとすると全然違っているかもしれない。ペルソナという織物につつまれて、コンプレックス——たとえば両親コンプレックス——に由来する投影が存在している。この投影は投入過程を通じて主体へと戻ってきて、ペルソナの中に入り込む。幼年時代の初期経験が成人のペルソナにきわめて深い影響を残す理由もそこにある。とうの昔に親離れした後になっても、それらはペルソナに影響し続ける。なぜなら、それらは両親コンプレックスから世界へと投影され、たえず個人のペルソナによって採用されているからだ。私たちは、そんな必要がなくなってずいぶんたつのに、いまだに良い子であり続ける。あるコンテクストから別なコンテクストにペルソナをたずさえたまま移動すると、問題が生じる。適応しようと努力するとき、もともとのコンテクストが新しい、全然異なった状況へと投影されてしまうからだ。フロイトは「感情転移」をこのように捉えた。幼年期のコンテクストが、医者・患者関係という新たな状況に移される。環境が全然ちがっているということを理解するまでは、新しい環境に対して、あたかもそれが昔の家族環境であるかのように反応し、古い習慣的行動を保存し続けるのである。

ペルソナの変容

自我の元型的な核は時を経ても変わらないが、ペルソナは自我の環境変化の認知やその相互作用能力に応じて、人生の流れの中で幾度も修正できるし、また修正される。大きな変化があるのは、幼年期から青年期への移行段階、青年期から成人期への移行段階、さらに成人してからも、その初期から中年期への移行期、そしてもう一つが老年への移行期である。有能な自我は、自己概念およびペルソナの自己表現に適切な修正を加え、これらの適応の課題に対処する。人々は、自分の年齢とか、未婚か既婚か、経済的・社会的階層、そして仲間集団の好みにしたがって、自分についての考えを変え、違った衣服、違った髪型、違った種類の車や家を買う。そのすべてはペルソナの変化に反映される。

人が生涯において担うさまざまな役割には、もちろん集合的な――そしてある程度は元型的な――基盤がある。ペルソナにも、他のすべての機能的コンプレックスと同じく、元型的な核がある。どのような人間集団にも、充足されるべき典型的な役割がある。たとえば、「小さな大人」という長子、中年ないし老年になっても依然として下らないジョークを飛ばす茶目っ気のあるトリックスター・キッド、そして魅惑的な宿命の女。彼女はごく幼い頃から戯れの恋と誘惑とによって人生を歩んでゆく。家族は子供にも大人にも典型的な仕方でその役割を割り当てる。子供の出生順序は、しばしば彼らが受け入れるペルソナに大きな影響を与える。初子は小さな集団の責任者であり、次男は仲裁者、末っ子は創造的な赤ん坊である。厄介者（黒い羊）の役割は、身代わりの山羊のように、いつでもどこにでも見出される。家族やグループ内の無意識的力学により、人々はこのような役割を担わされる。子供時代にそれを受け入れると、しばしば一生の間ずっと同じ役割をたずさえてゆくこともある。
ペルソナがこれほど執拗に人々に付いて離れなくなるのはどうしてなのだろうか。まず同一化したものに馴染んでしまうということがある。ペルソナと人格とが同一視される。それは心理社会的アイデンティティを提供してくれる。しかし恥もまたペルソナの基本的な動機である。ペルソナは恥から人を保護してくれるのだ。恥を回避することは、おそらくペルソナを発達させ、維持させる最も強力な動機だろう。恥の文化と罪の文化に関するルース・ベネディクトの著作は、西洋の国々の特徴が罪の文化にあり、東洋の国々はこれと対照的に恥の文化であることを示した。恥の文化は罪の文化よりずっとペルソナを強調する。面目を失うよりは、死んだ方がましなのだ。面目を失うことは最悪の危機なのである。罪の文化はこれとまったく違う。そこでは罪は和らげられ矯正することができる。罪を犯した人も代償を払い、共同体に復帰することができる。

　罪は行為について慎重にふるまうことを含意するが、恥は自分の価値についての感覚を一挙に消し去ってしまう。恥はより原始的で、潜在的には罪より破壊的な種類の情動だ。私たちは自分が採用したペルソナと合致しない事柄について罪悪感を持つか、あるいは深く恥入る傾向がある。これは人格の中の影の認識だ。影は恥を引き起こす。自分には価値がない、自分は不潔だ、汚れている、誰からも望まれていないという感覚を引き起こす。よく訓練されていることは誇らしいことであり、自らを汚すことは不面目である。自然はトイレット・トレーニングを受けた自我によって征服されたのだ。このような恥の経験には、よい人間、正しい人間になるため、また適応し、受容されるために私たちが受けた訓練に適合しないものすべてが含まれる。私たちのような清教徒的文化の中では、「良い人」のペルソナに合わないような種類の性的空想や行動は、容易に恥の感覚をもたらす。影のもう一つの属性は攻撃性だ。攻撃的になること、憎しみを抱くこと、嫉妬を覚えることは、恥ずかしい感情である。

これらの正常な人間的反応は隠される傾向がある。私たちが自分の中に認める身体的ないし性格的欠陥を恥じるのと同様、私たちはそうした反応に困惑する。ペルソナは私たちが身につける顔である。他者の顔と出会い、彼らに好かれ、彼らと同じようであるための顔だ。私たちは自分が他者とあまり異なっていることを望まない。なぜなら、私たちが他者と異なっているところ、そこでペルソナが終わり影が始まるところは、私たちを恥じ入らせるからである。

ペルソナと影の統合

影とペルソナは、古典的な対立物の対であり、自我の両極として心の中に存在している。心理的発達の課題（これが「個体化」で、それは第8章で議論される）を総体としてみれば、それは統合ということであり、全体性はそのすべてに関わる最高の価値である。だから、ここで少なくともその準備という意味も込めて、「ペルソナと影を統合するとは、どういう意味なのか」と問うてみる必要がある。この章の主題に沿った文脈でみれば、統合の鍵は自分自身の受容にある。通常、私たちの理想のイメージ、あるいは少なくとも文化的規範のイメージであるペルソナ・イメージには属さないような、自分自身の部分を完全に受け入れるということだ。私たちが恥じる個人的な側面は、しばしば根源的に邪悪だと感じられる。たしかに真に邪悪で破壊的なものもあるが、影の素材そのものは必ずしも邪悪とはかぎらない。

それがペルソナと一致せず、そこに恥が付着しているために、そう感じられるだけなのだ。

誰かがペルソナと影の統合にある程度成功したなら、どのようになるのだろう。ユングは昔の患者から来た手紙の一節を引用している。彼女は分析のために彼に会った後も、時々手紙を書いていたのだ。

悪いものの中から、多くの善いものが私にやって来ました。じっと静かにしていること、何ひとつ抑圧しないこと、注意深くしていること、それと同時に現実を、私がそうあって欲しいと望むようにではなく、あるがままに――受けいれること、こういった態度がすぐれた認識と、以前だったら思いもかけなかったような異常な力を私にもたらしてくれました。以前私は、いったん物事を受けいれてしまえば、それが何らかの形で私を圧倒してしまう、といつも思っていました。今は全くちがいます。人間は物事を受けいれることによってこそ、態度を決めることができるのです。ですから今の私は、人生という遊戯を遊ぶつもりでおりますし、この一日と生活とがその時その時に私にもたらしてくれるもの、善いものも悪いものも、たえず交替している日光と陰とをそのまま受けいれています。そしてそれとともに、よい面もわるい面もそなえた私自身の本質をそのまま受け入れています。以前の私は何と馬鹿だったのでしょう！　あらゆるものを、自分の頭で考えた通りに従わせようとしてあくせくしていたのですから。(10)

この女性はペルソナから、またペルソナと影を対立物の対へと分離することから身を引いた。彼女は今やただ観察し、反省し、心の中で起こることをあるがままに受け入れ、それから、それを分類し、どんなものかを見、そして選択をする。彼女は自我コンプレックスとペルソナの間、そしてまた自我と影の間に心理学的な距離を創造したのだ。彼女はもはやスペクトルのどちらの両端にも取り憑かれていない。

ユングは、対立物が「第三のもの」の介入を通して心の中で結合されると考えている。対立物——たとえばペルソナと影——の葛藤は、個体化における危機《クライシス》、統合を通じて成長する好機とみなすことができる。ペルソナ側の集合的価値は、個体に生得的な本能的素質（フロイトのエス）に属する自我の影の側面との葛藤に陥る。それはまた元型と無意識的コンプレックスから派生するある種のものとも葛藤に陥る。影の内容はペルソナにとって受容不可能であるために、葛藤は熾烈なものになりうる。だがここでユングは主張する——二つの極が緊張状態に留めおかれ、自我がそのどちらからも離れて、その中で無意識が新しい象徴という形で創造的な解決を提供できるような内的真空状態を創造することができたとすれば、この葛藤の解決が現われてくるだろう、と。この象徴は、前進への一つの選択肢を提示するだろう。そこにはいずれの側のものも含んでいるが、しかしたんなる妥協ではなく、自我の側の新しい態度と世界に対する新しい関係を要求する一つの融合物である。人々が心理療法において、あるいは人生経験を通して成長するとき——成長を通じて葛藤を乗り越え、新しいペルソナを身につけ、そして以前は受容できなかった自己の部分を統合するとき——そこにこの過程を認めることができる。

人々は実際、心理療法を通じ、また人生における発達過程を通じて変化することができる。適応の道具としてペルソナは大きく変化することが可能なのだ。自我が古いパターンを修正しようという気がありさえすれば、それは非常に柔軟になることができる。『ジキル博士とハイド氏』のような物語は、ペルソナと影の完全な分裂を描いている。こうした物語の中に統合は見出されない。ただ対立物間の振り子のような振動があるだけだ。影の役割と衝動は行動化されるが、対立物の統合をもたらす超越機能が現われることはない。現実生活でこうした対立物を統合できない人々がいる。彼らをどうすればいいのだろう。ときには暗い側面があまりに極端で、あまりに強いエネルギーが負荷されているために、社会的に受容しうるペルソナへの統合が不可能だという場合もある。今のところ、この問題に対する唯一の解決策は向精神薬である。これを用いると無意識に対して強力なブレーキをかけ、影の動力源を抑制することができる。また、自我があまりにも不安定で弱いために、超越機能の布置が可能な状況を作り出せるところまで、衝動性を抑えておくことができないという場合もある。

第6章　深い内界への道

アニマとアニムス

『自伝』の中でユングはアニマの発見にまつわる話を述べている。[1] 一九一三年にフロイトと別れた後の数年間、彼は激しい内的作業に従事していたが、そのとき自分が何をしているのか、それにどんな価値があるのかが分からなくなる時期があった。彼は「これは科学なのだろうか？ それとも芸術なのだろうか、と自問した。彼は、自分の夢を記録し、それらを解釈し、ときにはそれらを絵に描き、自然に沸き上がってくる空想の意味を理解しようと努力していたのだった。ある時、彼は「それは芸術です」と言う女性の「声」を聞いた。彼は驚いてこの女性と対話を始め、やがて彼女が患者の一人に似ていることに気づいた。したがって彼女はある人物が内在化されてできた形象なのだが、しかしまた彼女はユング自身の無意識的思考や価値についての考えを語ってもいたのだ。自我とペルソナにおいてユングは自分を芸術家ではなく科学者とみなしていた。しかしこの声はもう一つの視点を表明したのである。意識的自我の立場を維持しつつ、彼はこの人物と話し合い、彼女について研究し始めた。彼女には、患者の内在化されたイメージというより以上のものがあった。この対話を通じて次第に彼女は形成され、より完全な人格性を帯びるようになった。「私は少々彼女に畏れを抱いていた。それは部屋にいる不可視の存在に対する感覚のようだった[2]」と彼は述べている。

ユングにとって、これはアニマについての重要な内的経験であった。またそれは分析心理学の集合的記憶において、アニマの示現について語られるときには必ず引き合いに出される箇所となった。ユング以降、能動的想像に従事した多くの人々がこれと類似した内的な形象を見出してきた。通常、男性にとってアニマは女性であり、女性においてこれに相当する内的な人物形象――これはアニムスと呼ばれる――は男性である。アニマとアニムスは、影よりもっと深い無意識のレヴェルを代表する内的人格だ。善かれ悪しかれ、彼らは魂の諸特徴を示し、集合的無意識の領域への導き手である。

本章全体を通じて私はこの内的実体をアニマ／アニムスと呼ぼう。それは影と同じく心の内にある人格で、ペルソナに表わされている自己保存と自己アイデンティティとは合致しない。しかし、それが同じような仕方で自我に属していないという点では、影とは異なっている。それは影よりさらに「他者」なのだ。ペルソナと影の区別が「善対悪」――自我の観点からするところのプラスの様相とマイナスの様相、肯定的な様相と否定的な様相――であるとすれば、自我とアニマ／アニムスとの区別は、男－女という極性である。それはカインとアベルの違いではなく、ソロモンとシバの女王の違いなのだ。

アニマとアニムスの定義

ユング理論のさまざまな側面の中でも、本章の話題はいちばん論議を呼ぶものだろう。なぜなら、それは根深いジェンダー問題を提起し、男性と女性の心理の間に本質的な違いがあるということを示唆しているからだ。ユングの時代なら、この主題もとくに紛糾の種となるようなものではないとみえたかもしれないが、今日それは蜂の巣をつついたような騒ぎを起こしている。一部の現代人にとって、ユングは時代に先駆けていた人物であり、フェミニズムを先取りし、それを擁護したと映る。ところが、別な人々にとって、彼は男女の違いについての伝統的ステレオタイプの代弁者にみえるのだ。実際のところ、彼はどちらの要素もいくらか持っていたのだと私は思う。

後期の著作においてユングはアニマとアニムスを元型的イメージとして扱っている。したがって、それらは本質的に、家族や社会や文化や伝統といったような、個人の意識を鋳型に入れる力の影響の外側にあるものだ。元型は文化から派生するのではなく、（ユング理論では）文化の諸形式が元型から派生するのである。それゆえアニマ／アニムスを元型とするこの定義は、その最も深い本質が完全に心の外側、非個人的な霊的諸形式と諸力の領域にあるものとしている。アニマとアニムスは生の基本的な形であり、他の諸々の影響力に加えて、それらもまた個人と社会を形作る。第4章で見たように元型は「物自体」（カント）であり、したがって人間の知覚の範囲外にある。私たちはその現われを観察することを通じて、間接的にしか認知することができないのだ。

アニマ／アニムスは、厳格に言えば、存在しているが直接観察できない「何か」についての科学的仮説である。それは周辺の重力作用の測定によってのみ位置や大きさが知られている未知の星のようなものだ。しかし、実際のところ、ユングが記述しているアニマとアニムスの現われは伝統的な男性や女性が具現化する、周知の文化的イメージに非常によく似た姿をとることが多い。そこで以下の問いが出てくる。ユングは自分の文化的バイアスの犠牲になっていたのではないか。それと知らずに文化的ステレオタイプの代弁者になってしまったのではないか。言い換えれば「元型」とは実際のところ社会的構成物なのではないか。それとも、ユングはさらに深い構造を探究していたのか。彼が探究していたのは、これらの文化パターンに埋め込まれているが、しかしそれらを超越した、人間の心理学的特徴と行動の普遍的形式であるようなものであるのか。私は本章でこの問題にはっきり答えようとは思わないが、多くの批判者が考える以上に問題は錯綜しており、ユングの考えも複雑だということを示したいと考えている。さしあたりは、彼の思想をできるだけ明確に紹介することに努めよう。

この領域には慎重に足を踏み入れ、これらの捉えがたい用語でユングが何を言いたかったのかを摑もうと試みよう。これまでに検討してきた心の地図上の地点は比較的明確でよく規定されているようにみえるが、アニマとアニムスの領域はそうはいかない。それはときとして文明から遠く離れた、錯綜した未開の地のような印象を与える。しかし、それも当然のことなのだろう。なぜなら、私たちはここで無意識のより深い層に入り込むのだから。それは集合的無意識、元型的イメージの領域であり、そこでは境界は曖昧になってしまうのだ。

これらの用語とかかわるジェンダーの問題を取り上げる前に、私はアニマとアニムスについては、ジェンダーとは全然関わらない説明をすることもできるということを指摘しておきたい。ジェンダーはアニマ／アニムスの特徴としては副次的なものと考えることもできる。それはちょうどある事物の本質がその色、青とかピンクだということでは定義されないのと同じである。アニマ／アニムスを抽象的かつ構造的に理解するやり方もあるのだ。これをジェンダーとは無関係に抽象的な構造として語ることもできる。そこで本章全体を通じて「アニマ／アニムス」という言葉を使うことにしよう。「アニマ／アニムス」という言葉を使った場合、それは男性にも女性にも共通の心的構造を指している。「アニマ」

あるいは「アニムス」と使い分ける場合には、この内的客体のジェンダーに関わる特徴を指している。抽象的に言うと、アニマ／アニムスは、(1)ペルソナを補足し、(2)自我を心の最も深い層、つまり自己のイメージおよび経験につなぐところの心的構造である。

前章で論じたように、ペルソナは自我が世界と出会うために採用する習慣的態度だ。それは公的人格であり、物質的で（主として）社会的な現実の要求に対する適応を容易にする。一九二一年の著作『心理学的類型』の定義にあるユングの言葉を使うと、それは「機能的コンプレックス」である。それは体の皮膚のように作用し、自我と外界の保護的な境界となる。アニマ／アニムスも同様に機能的コンプレックスだが、こちらは内的世界への適応に関わっている。「アニムス（アニマについても同様）の自然な機能は個人的意識と集合的無意識の中間に留まっていることである。ちょうどペルソナが自我意識と外的世界の事物の間の一種の層であるのと同じだ。ペルソナが世界への一種の橋となるべきものであるように、アニムスとアニマは集合的無意識のイメージに導く橋あるいは扉のように機能すべきなのである」[3]。言い換えれば、アニマ／アニムスは自我が心の深みに入り込み、それを経験することを可能にするのである。

一九二一年、いまやフロイトへの依存関係から自由になり、深層心理に関する自分自身の見解を公表する準備ができたユングは『心理学的類型』を出版し、その時点までの彼の新理論をまとめた。この本には多くの新しい用語が現われている。それらは心の性質や構造に関する彼の修正主義的な見解を明確にするために用いられた。その修正は非常に大きなものであり、彼は（第5章で指摘したように）、この著作の最終章全体を定義にあてる必要を感じたほどだった。それは非常に詳細な定義集であって、初期の分析心理学の一種の教科書として読める。その「魂」と「魂のイメージ」の項目において彼はアニマとアニムスの概念に多くの紙面を与えている。これらの定義は、幾分機械的で単純化しすぎの嫌いはあるものの、少なくとも当時の彼が使用していた意味の輪郭を与え、それを明確にする助けになる。

アニマ／アニムスの定義に取り組むために、彼はまずそれをペルソナと対比させる。「ペルソナはもっぱら客体との関係に従事する」[4]が、他方アニマ／アニムスは自我の主体との関係に従事する。「主体という言葉によって私が意味するのは、なによりもまず曖昧模糊とした心の動き、感情内容、思考内容、感覚のことであり、これらは客体を連続して意識的に体験する結果われわれにはっきりと湧き上がってくるものではなく、むしろ暗い内面から、すなわち意識の基底や背景から、妨げ阻むものとして・また時には促すものとして・浮かび上がる」[5]。ここでの「主体」はまずもって無意識の世界であり、自我ではない。これは心の主観的側面、その土台、その内的空間である。その中にあるのはいわば「内的客体」、ときにユングが「イマーゴ」、あるいは単純に「イメージ」とか「内容」と呼ぶものだ。「主体」という用語は、少なくともこの限定された文脈においては無意識と関係している。したがってそこから論理的に「外的客体に対する関係、外的な態度（すなわちペルソナ）が存在するように、内的客体に対する関係、内的な態度も存在する」[6]ことが帰結される。

それがすぐに見て取れるものでないことはユングも認めている。「この内的な態度はずっと奥深くにあって、外からは近づきにくいものであるから、誰にでもすぐさま見て取れる外的な態度にくらべればそれと見分けることがずっと困難なのも理解できる」[7]。人が他人を扱う仕方はいとも容易に観察できるが、人々が自分自身をどう扱うかを見分けるのには、これよりはるかに繊細さを必要とする。内的世界に対する彼らの態度はどのようなものか。それは（ペルソナがそうであるかもしれないように）受容的で暖かいのか、それとも厳しく過度に批判的なのか。多くの寛容な人々は、内的には自らの最悪の敵——自分自身に対するもっとも意地の悪い裁判官、過酷な批評家——なのだが、それは魅力的で愛想のよいペルソナの背後に隠されている。あるいは他人に対しては極度に厳しいけれど、自分自身の内的生活は感傷的に甘やかしているかもしれない。人々が内面において自分自身を実際にどのように扱っているかは、ちょっとみただけでは分からない。それには彼らを十分に知らねばならない。彼らは自分自身を真剣に扱っているだろうか。自分自身を子供のように扱っているのだろうか。彼らが自分自身の深い内的な自己を実際にどのように感じているかということ、それが彼らのアニマあるいはアニムスの態度を特徴づけるのである。

ユングはこの一節で、さらに続けて言う。「ある人は自らの内的過程にいささかも悩まされることがない……他の人は内的過程に完全に支配されている……漠然とした不快感によってどこか病気ではないかという思いがちらちらしたり、……夢によって陰鬱な気分が尾を引いたりする。……それを生理的なものとみなす人もあれば、身近な人の態度のせいにする人もあり、その中に宗教的啓示を見出す人もいる(8)」。こうしてユングは「内的な態度は外的な態度と同様に特定の機能コンプレックスに対応する。外的客体や現実的な事実をつねに無視するような人にも、あるタイプの外的な態度がそなわっているように、内的な心的過程をまったく無視しているように見えるような人にも、あるタイプの内的な態度が必ず備わっている(9)」と結論する。

この一節は一九二一年の『心理学的類型』でユングが提示したアニマ／アニムスの構造的定義を要約

している。アニマ／アニムスは、内面の無意識世界へのある人の関係――想像、主観的印象、観念、気分、情動――を支配する態度なのだ。ここまでだとその構造の内容やジェンダーについては何も語られていない。アニマとアニムスの簡略的定義としてふつう言われるのは、アニマが男性にとって内的女性であり、アニムスは女性にとっての内的男性だということである。しかしたんに、これらを自我との関係上特定の目的に使用される機能的構造として語ることもできるのだ。心的構造としてアニマ／アニムスは、男性と女性が自らの心理的本性の深い部分に入り込み、それに適応するための手段である。ペルソナが社会的世界に直面して、必要な外的適応の手助けをするように、アニマ／アニムスは心の内的世界へ向かい、自我の前に現われてくる直観的思考、感情、イメージ、情動の要求や必要に対する適応を助けるのである。

たとえば、しばしば憂鬱な気分に陥る人々は、「アニマ問題」があると言われる。「彼は今日アニマの中にいるんだ」と友人に言ったりするわけである。彼のアニマは、情動を扱う手助けをするかわりに、自我意識の中にガスのように浸透し、いわば大量の生《なま》の未分化な情動を空気中に充満させるのである。それは、控え目に言っても、自我機能を妨げることで知られている。その男性の自我はアニマ人格と同一化してしまい、その結果起こるのは、過度の繊細さとべとべとした情動過多の状態である。彼のアニマはあまり発達しておらず、圧倒的な気分に対処する手伝いをする代わりに、彼をその深みに引き込んでしまう。強い憂鬱にたびたび捕えられる人は、人格のこの――ふつうは劣等的な――部分との関係があまりにも密接なのである。もちろん彼がリルケのような詩人だったら、この関係を創造的に使用することができる。リルケは第一級のアニマ問題を抱えていた。しかしふつうは、ただ並外れて情動的で、些細な迷惑とか侮辱とかに過剰に反応し、そのため心理的にうまくいかないというだけのことになる。そういう人の情動反応は強すぎて自分で対処することができず、そのために彼の人間関係は葛藤だらけになってしまうのが一般である。アニマは彼を助けるよりむしろ圧倒してしまうのだ。

同様に「アニムス問題」を持っている女性も、自分の無意識によって圧倒されてしまう。典型的な形は、強烈な情動が負荷された思考や意見が現われ、彼女がそれを支配するのではなく、それによって支配されるというものだ。アニマに取り憑かれた男とあまり大きな違いはないが、ただ女性の場合には知的な面に強調がおかれやすい。これらの自律的な観念や見解は、暴れ者のような情動的エネルギーをもって表出されるので、世界に対する彼女の適応を妨害する結果となる。しばしばそれらは彼女の人間関係をめちゃめちゃにしてしまう。というのも、身近の人々は彼女といっしょにいるときには自分を守る防壁を築かねばならなくなるからだ。彼女のそばにいると自分が防御側にいると感じ、不快になってしまうのである。受容的で親しみのある人物でありたいといかに望んだとしても、彼女の自我が奔出してくるエネルギーに隷属しているために、それができない。彼女は親切で優しい人物でありたいと願っているが、このエネルギーのためにそれとはおよそ縁遠いものに変えられてしまう。しょっちゅう人と摩擦を起こし、力と支配を求める無意識的な渇望が彼女を摑んでいる。これはユングがアニムス憑依と呼んだものである。アニムスは強力な人格であり、自我や望ましいペルソナとは調和しない。それは「他者」なのだ。

アニマに捕えられている男性は、感情を傷つけられて引きこもってしまう傾向があり、アニムスに捕えられている女性は攻撃的になる傾向がある。これは因習的なジェンダーによる区別であり、もちろん最近の文化的な発達に照らして修正される可能性がある。しかしどちらの場合も、たとえ「憑依」の内容が何であれ、無意識の内的世界を十分に抑えておくことはできず、その情動的で非合理的な要求が、他の人々と、また生活全般における正常な関係を攪乱し歪めるのである。アニマ／アニムスの憑依は無意識の門戸を大きく開き、浮かび上がるに十分なエネルギーを持つものすべてを意識の中に入れる。気分や気紛れが忍び込んできて、人を夢中にする。衝動の統制は最小限にしかなされない。思考と情動は抑制されない。これはもちろん自我の問題でもありうる――意識に浮かんでくること自体は正常だが、言葉や行動に移す前にはじっくり考えねばならないような内容を抑えておけず、すぐに行動に移してしまうというのは未熟な自我の特徴である。しかしそこにはまたアニマ／アニムスの未発達という問題もある。未発達のアニマ／アニムスは、発達していない筋肉のようなものだ。あまりにひ弱で力がないために、必要なときに必要な仕事をすることができないのだ。そういうときはたいてい、男性は自分の情動の処理を助けてくれる女性を探し求め、女性は自分の霊感的思考を受容して、それをどうにか処理できる男性を見つけるものだ。このようにして他者が自我とアニマ／アニムス関係のゲームに入ってくる。

議論のために、「理想的」な心理的発達を述べることを許していただきたい（理論だけのことで、実際にそうなることはまずないだろうが）。そこでは心的システムにおける意識と無意識の部分が均衡を保ち調和のとれた相互作用の中でいっしょに働いている。この相互作用の一部分は、アニマ／アニムスとペルソナの間で起こる。ここでは自我は外部あるいは内部からの素材によって氾濫するのではなく、むしろこれらの構造によって保護され、それらとの対処が促進される。そして生のエネルギー――リビドー――は、生の課題と要求への適応に向かって前進的に流れる。これは健康で、高度に機能している人格のイメージだ。それは内的な資源にアクセスし、しかも外の世界との調節のスキルもそなえている。外的世界に対する態度は釣り合いがとれており、またそれは内的世界に対する態度によって補完されている。どちらの態度も調子はずれではなく、未発達でもない。ペルソナは生の要求に適応することができて、周囲の社会や物質的世界との安定した関係を管理することができる。内的には、エネルギーの源泉と創造的霊感へのよく管理された着実なアクセスがある。外的および内的適応は十分になされており、生の要求を満たすことができる。

なぜ生はこのようではないのだろう。実際のところ、多くの人々は生涯のうちの折々にこれと似たようなことを経験している。仕事や愛にとって良い時期というのはある。だが多くの場合、これらは葛藤に満ちた流れの中の短い間奏曲のようなものである。その大きな理由の一つは、私たちの発達が不均衡だというところにある。そして私たちの現代文化では、真の内的発達――これをユングは、集合的(ペルソナにもとづく)文化と対比して「個体的文化」と呼んだ――にはごくわずかの注意しか払われない。私たちの大多数は内面においてはひどく原始的なのだ。内的発達の必要性が焦眉の急となり、真剣に受け取られるのは、ただペルソナが剝ぎ取られ、アニマ/アニムスが無意識のより深い層への扉を開いたときだけである。たとえば中年期に自我がペルソナとアニマ/アニムスの葛藤によって引き裂かれるといったときがそうだ。これは神経症の発病のようにみえるが、またさらなる個体化への呼び声、内面の深みへの旅に出て個体的発達を目指すことを求める声でもありうるのだ。

ジェンダーとアニマとアニムス

さてアニマとアニムスについての見解のうち、直接にジェンダーを含意するものに目を向けよう。まず注目すべきことは、それらがラテン語からとられた用語であることだ。当時の高い教養をそなえたヨーロッパ人の例にもれず、ユングは古典言語が堪能であり、彼にとって心的な形象や構造を名づけるのに古典語を用いるのはごく自然で具合のよいことだったのだ。アニマはラテン語で「魂」、アニムスは「霊」を意味する（これはドイツ語の Seele と Geist に対応する）。ある観点からすれば、実際上、この二つのラテン語の間にはたいした意味の違いはない。ギリシャ人やローマ人は、臨終の際に魂（アニマ）が肉体を離れると考えたのだが、これを霊（アニムス）が去ったと言っても同じことだ。霊はしばしば息や空気として表わされ、それが肉体を去るときにその息を捕えるというのは、その魂を捕えることを意味する。このように霊と魂という用語はほぼ同じように用いられる。またどちらの単語も人の内的世界、魂と霊に関わるものを指している。私たちが自分自身のアニマとアニムスについて問うべきことは次のようなものだ。私はどのような種類の魂を持っているのだろうか。私はどのような種類の霊を持っているのだろうか、と。

もちろんユングがアニマという用語を使うとき、彼が語っているのは魂の宗教的意味についてではない。伝統的な著述家のように、アニマという語で人間の不死の部分を指しているのではない。彼はこれを心理学用語として取り上げたのであり、それは男性の人格の内面の隠れた側面を指しているのである。同様にアニムスという言葉は、何か形而上学的かつ超越的なもの——たとえば聖霊——ではなく、女性の人格の内面の隠れた側面を指すのである。

これらの単語の語尾はジェンダーの相違を含意している。アニマの語尾（anim-a）は女性形、アニムスの語尾（anim-us）は男性形である（ドイツ語の Seele と Geist も同様に女性名詞と男性名詞である）。ユングの理論は男女それぞれに別の用語を割り当てており、それによって両性の間に根本的な（すなわち元型的な）違いがあることを示している。彼はしばしば、人類はすべて同じ元型を共有すると言うが、この場合には、男性と女性とは違う元型を持つと言っているのだ。もしユングにそういうつもりがなかったら、男女ともに同じ言葉を使うこともできただろう。あるいは、「アニメ」といった中性の用語を作ってもよかったはずだ。しかし彼はそうしなかったのであり、そこには深い意味がある。男性と女性の本質的かつ内的なありかたの間にはどのような違いがあるのだろうか、そしてそれはなぜなのだろうか。

ユングは男女どちらも両性の構成要素および性質をそなえていると主張する。著作の中のいくつかの箇所で、彼はこのことを男女がともに両性の遺伝的な素質を持つという事実に関連させている。男女間に経験的に見られる違いは、たんに程度問題にすぎない。それを強調した点において、彼はフェミニストの先駆者だ。ユングは人類を男と女という、互いにほとんど共通点のない截然と異なる二つのグループに分割することを避けているようにみえる。彼の理論では男性と女性のどちらも男性的でありかつ女性的でもある。しかし、これらの性質の配分のされ方は異なっている。この違いは元型的であって、社会的もしくは文化的なものではない。言い換えれば、それは社会政策を変えて消去することができるような違いではない。この点でユングはフェミニストと対立する。少なくとも男性と女性の間に本質的な心理的違いはほとんど、あるいはまったく存在しないと主張する現代のフェミニストとは相容れない。男性は外面において男性的、内面において女性的であり、女性はその反対だ、とユングは言うのだ。女性は自我やペルソナにおいては関係的で受容的であるが、人格の別の面は厳しく侵入的である。男性は外面においてタフで攻撃的だが、内面ではソフトで関係的だ。成人した男女のペルソナを取り去ってみればよい、そうすればジェンダーの知覚は逆転してしまうだろう。女性は男性より非情で、支配的であり、男性はより養育者的で関係的となるだろう。

個人差はあるだろうが、少なくとも統計的には、ユングの定義は実際にあてはまるように思われる。もし政治が個人的なレヴェルでの知覚――これはおおむね人々が世論調査員に対して示すものだが――で決まってくるものだとすれば、賢い議員候補者の選挙運動の方針はこうなるだろう。女性票を獲得するためには、同情と情緒性、そして一致と寛容への欲求を示すべきであり、男性票を得るには論理性、強い競争心、タフネス、そして道徳的な判断力を誇示すべきだ、と。(10) 他方、ユングによると、男性と女性の内的世界――彼らの隠された人格、無意識的なもう一つの自分――はその正反対なのである。言い換えれば、人類は公的な外見とか世論調査が示しているものよりずっと複雑なのである。女性が自らの内面を覗き込むとき、彼女は論理性、強い競争心、タフネス、そして道徳的判断に出会うだろう(これはまた彼女と親密な人々には明かされる)。同様に、男性は内面において、同情、情緒性、一致と寛容への欲求を示す。一つには、アニマとアニムスの理論によってユングが整理しようと試みたのは、人間のこうした複雑さなのである。

一九二一年におけるアニマとアニムスの定義で、ユングは自分の観察や経験から得られた一般的な見解のいくつかを提示している。これらは、彼が後の著作の多くで焦点を当て、強調することになるものを先取している。「アニマの性質に関して私が経験したところによれば、アニマはペルソナと完全に補完し合う関係にあるという一般法則が成り立つ。アニマは経験によると人間に普遍的な属性のうち意識的な態度に欠けているものすべてを含んでいる[11]」。彼はこの時点ではまだ影の概念をはっきりと位置づけていなかった。影とアニマ／アニムスとがきちんと区別されるのは後のことであり、影はペルソナを補完するが、ペルソナ像と両立できないために意識的なアイデンティティから排除された内容の多くを含むとされるようになる。この箇所でユングが考えているのは、外的そして内的客体に対する補充的態度というよりは、むしろ後に影が表現することになる反ペルソナの型である。「アニマは経験によると人間に普遍的な属性のうち意識的な態度に欠けているものすべてを含んでいる。その典型的な例は、暴君が悪夢や暗い予感やひそかな不安にさいなまれている場合である。……彼のアニマは、彼のペルソナにはまったく見られない、人類共通の欠点が含まれているのである。ペルソナが知的である場合には、アニマは決まって感傷的である[12]」。このような特徴は後になって影に割り当てられるが、ジェンダー的な問題に導くのはこの思考の線である。「またアニマの補完的性格は男性・女性それぞれの性格に関係しており、このことは私が何度となく見てみたことで間違いない。非常に女らしい女性は男性的な魂を持ち、非常に男らしい男性は女性的な魂を持っているのである[13]」。ここではジェンダー的特徴がアニマ／アニムスの構造に含まれるのは、ただその構造がペルソナの補完として見られるからにすぎない。男性のペルソナが、特定の文化において男性性と結びつけられる共通の性質と特徴を含んでいるとすれば、このイメージに適合しない人格特徴は抑えられ、補完的な無意識的構造であるアニマの中にそのすべてが集められる。そうなるとアニマはこの文化における典型的に女性的なものとみなされるような特徴を含むことになる。そしてペルソナにおいて非常に男性的な男性は、アニマにおいては同じくらい女性的となるのである。

しかしペルソナがあまり女性的ではない女性、あるいはペルソナが男性的ではない男性はどうなのだろう。あまり女性的ではない女性はあまり男性的ではないアニムスを、あまり男性的ではない男性はあまり女性的ではないアニマを持つのだろうか。ユングの前提からすれば、このような結論に到達せざるをえない。女性的特徴と男性的特徴の間がそれほど内的に両極化していないような人々もいるだろう。ここ数十年の両性具有的なスタイルは、明らかにマッチョ的男性と受動的な女性という古典的なジェンダーの両極化から移行してきた。女性の服装と行動は、かつての世代よりずっと男性的だし、多くの男性もまた、祖父たちの時代に比べれば、ペルソナにおいてもっと女性的になっている。これはアニマやアニムスのイメージにどのような影響を与えているのだろうか。男と女の正しい服装と行動についての支配的な集合的イメージが変化するにつれて、アニマとアニムスの内的なイメージもまたこれに応じて移行してゆくだろう。規則によれば、ある個人を支配する文化に対する意識的適応から排除されたものはすべて無意識に追放され、ユングがアニマ／アニムスと名づけた構造のまわりに集められる。極端に女性的な男性において、内的態度（アニマ）の性質は男性的になるだろう。というのも、それこそペルソナの適応から排除されたものだからだ。

だとすれば、内的態度としてのアニマとアニムスの本性と性質の定義における、こうしたジェンダー的な諸性質は実際のところ何を意味しているのだろうか。ほとんど普遍的に、男性性は活動的、非情、侵入的、論理的、自己主張的、支配的といった形容詞で定義される。女性性は一般に、受容的、柔和、献身的、養育的、関係的、情緒的、共感的といった形容詞によって定義されてきた。それが宿るのが男女どちらの身体であっても、この属性のカテゴリーは安定したままであるように思われる。論争が起きるのは、これらのカテゴリーがジェンダーと関連させられるべきか否かという点だ。ペルソナにおいて女性的というより男性的であるような女性もいれば、男性的というより女性的な男性もいる。しかし、これは生物学的な女と男としての彼らのジェンダーを変えないのだ。これらの属性を指す、より適切で中立的な言葉として、中国語の陰と陽という言葉が提案されてきた。男性と女性という言葉の代わりにこちらが使われてもよいだろう。どちらの言葉を用いるにしても、語られているのは同じ性質群なのだ。ここから出発したとすれば、ユングは次のように語るだろう。内的態度はペルソナから除外された性質を示す。もしある人物のペルソナが陽であれば、彼もしくは彼女はアニマ／アニムス構造においては陰となる、と。しかし内的態度は、無意識的であるために、ペルソナほど洗練・分化しておらず、自我に統制されていない。かくて、それは、陰が支配するペルソナにおける劣等的な陽であり、また、陽に支配された意識において、無防備な瞬間に出現する劣等的な陰なのである。

かくして、非常に女性的な女性は男性的な魂を持つのだが、それはあまり洗練されたものではないわけだ。世界に対する関係において、彼女は優れた、きわだって女性的な態度を保持する。私たちはそれを受容的で、暖かく、養育的で、包容的だと認め、そのように記述する。この人物の中には、著しく異なる内的態度が存在する。非情で、批判的で、攻撃的で、支配的な態度だ。この非常に女性的に見える人の内なる顔は鋼鉄でできた人格を示すのだ。同様に、非常に男性的にみえる男性、非情かつ精力的、冷徹かつ攻撃的な男性が、感傷的で、過敏で、傷つきやすく、無防備な内的人格を持っている。マッチョの男性もまた自分の母を愛し、自分の娘を愛し、自分の馬を愛する。だが彼はそれを（自分自身にすら）認めようとしない。人前ではこうした感情には近寄らないようにするだろう。しかしプライヴェートでときどきそれに屈したり、ビールに酔って泣いたりするのだ。「こうした対立状況が生じるのは、たとえば男性は何事においても完全に男性的であるわけではなく、女性的な特徴も幾分か持っているのが普通だからである。彼の外的な態度が男性的であればあるほど、その中から女性的な特徴が拭い去られ、その結果無意識の中に姿を現わすようになる。非常に男らしい男性の方がかえって独特の弱さに翻弄されるということも以上の事情によって説明される。彼らは無意識的な心の動きに対して女性のように左右されやすく影響されやすいのである。これとは反対にきわめて女らしい女性の方がかえって一定の内的な事柄に対して、男性の外的な態度にしか見られないような強烈な独善性、頑固、わがままといった属性を示すことがある。これらは男性的な種類の特徴が女らしい外的な態度から排除されて魂の属性になったものである(14)」。ここでユングが語っているのが、最も高度な、また最も発達した形の内的男性性と女性性ではなく、むしろ個々の人格の未発達な部分にもとづく男性性と女性性の戯画だということは明らかだろう。

アニマ／アニムスの発達

しかし、心のさらなる発達への大きな潜在力をアニマ／アニムスに与えるのは、まさにこのような未発達性と劣等性である。ペルソナは集合的な価値や特色――ある文化の、ある一定の時期に男性または女性の行動と態度において、たまたま「流行って」いるものすべて――にもとづいている。それゆえ、独自の個体になるための潜在力はペルソナにではなく、心の中の別なところに宿っている。人の自我意識がペルソナと同一化し、それと一体だと感じているかぎり、集合的なイメージを離れるような人格の諸性質および個体性の表現のための余地はない。個体であろうとする衝動は、「適合する」ため、適応する目的で抑えられる（もしくは完全に抑圧される）。個々の場合に、その個体的な性質がどのようなものかはペルソナを吟味したところで分からない。それらがペルソナの表現に何らかの形で含まれていることもあるが、ほとんど完全に排除されていることもある。「これは私の経験が再三確認している基本法則だが……。個体的な性質については、それら（ペルソナ）からは何も推論できない。……確実に言えるのは、ある人が自らのペルソナと同一化しているときには、個体的な性質が魂と結びついているということだけである(15)」。

灰色のフランネルのスーツの男、毎朝通勤電車に乗り、集合的な役割とあまりに緊密に同一化しており、もはやその枠組み以外の人格を持っていない男。彼本来の独自性はアニマの中に現われるだろう。彼は（おそらく密かに）極度に因習から外れた女性たちに魅了されるだろう。なぜなら彼女たちは彼にとってアニマの投影を含んでおり、彼の魂を表現して、彼の冒険と大胆さの精神を捕えるからだ。これとまったく同じことが女性にも言える。そのペルソナ表現が集合的かつ因習的であるとき、彼女たちはひそかに内なる恋人（しばしば彼女たち自身も気づいていないが）を心に抱いている。それは彼女たちの因習的な伴侶の肖像とはおよそ異なった恋人だ。彼が現われるとき、彼女たちは彼によって催眠術にかけられ、何もかも忘れてしまうだろう。心のこの根本的法則は生活の中でも働いていることが認められるし、無数の小説、オペラ、映画の中にも表現されている。アニマあるいはアニムスの投影の担い手と実際に出会ったとき、その結びつきから、「英雄の誕生という根源的イメージにもとづいて、心的な受胎という象徴がしばしば夢の中に現われる。この場合生まれるべき子供はまだ意識化されていない個体を意味している」(16)。因習的男性ときわめて非因習的な彼のアニマ女性との情事、その本当の心的な目的は、象徴的な子供の産出である。その子供は彼の人格の中の対立物の結合を表わしており、それゆえ自己を象徴しているのである。

ユングが心的発達の潜在力に富むと考えたのは、こうしたアニマやアニムスと自我の遭遇なのだ。アニマ/アニムスとの出会いは、影との出会いよりさらに深い無意識とのつながりを表わしている。影の場合、それは心全体の中の軽視され拒絶されてきた断片、劣等で望まれなかった性質との出会いである。しかし、アニマ/アニムスの場合、それは自我に到達しうる最も深くかつ最も高い(いずれにせよ最も遠い)ところにまで導く可能性を持った心のレヴェルとの接触なのだ。

しかしこの直観をさらに追究するためには、ユングは進路を変更し、アニマ/アニムスの本質をあらためて定義しなおさねばならなかった。影を通じて絶対悪との遭遇にまで導かれるときを除けば、影は通常ペルソナによって拒否された部分より以上には人を導かない。他方、アニマ/アニムス構造はそれよりずっと彼方にまで、自己にまでつながる可能性を持っている。したがってアニマ/アニムス構造は単純にペルソナの反対物、時代の集合的態度の一種の陰画などではありえない。それはもっと深い集合的無意識の中、元型や元型的イメージの諸構造の中に投錨しているにちがいない。その根は影よりはるかに遠く、またはるかに深くまで伸びている。一九二一年、ユングはまさにこれらの跡を辿って集合的無意識の奥地へ入り込もうとしていた。彼は来るべきもののヒントを与えている。「ペルソナが環境への適応を表わすものであって一般に環境に強く影響されたり形成されたりするように、アニマも無意識とその諸性質によって強く形成される」[17]。ここでアニマ概念はわずかに変化しているが、それは非常に意味深い変化だ。いまやアニマは、たんにペルソナの補完物、ペルソナの中にあるものによって批判的に形成され彩られるものというに留まらず、無意識とその性質によって形成されるとみなされている。後にユングは、アニマ／アニムスを、心的スペクトル（第4章参照）における霊的な末端からその形を与えられている元型的イメージとして考えるようになった。そしてアニマ／アニムスが時代の集合的合意によるより、むしろ元型によって形成されるという結論に達した。アニマとアニムスは、恒常的な心の形式となる。それは心によって作られるとともに、心を作る力とみなされるようになる。それは文化的形式を破り、自我に自分自身の行動計画を押しつけてくるのだ。自我は不意を打たれ、しばしばそれを歓迎しない。

「男性はすべて、自らの内に永遠の女性像を持っている。この、もしくはあの特定の女性像ではなく、決定的な女性像である」[18]と一九二五年、ユングは結婚に関する小論文で書いている。これは分析心理学におけるアニマのほぼ標準的な定義となっている。ここでユングはアニマ／アニムスの元型的性質を指摘しており、この内的態度がペルソナを補完するということには触れていない。続いて彼は、これが「原初の根源からの遺伝的要因」であり、女性のあるがままのイメージではなく、男性にそう見えているようなイメージを提供する、と言う。同様に、アニムスは女性の内的な男性人格のイメージである。

男性と女性の間のあらゆる混乱や当惑の背後には、これらの内的構造によって産出されるイメージや思考や想定がひそんでいる。誤解が生じるのは、彼らがしばしば現実の異性ではなく、むしろそのイメージと関係するからなのである。これらの内的構造がどのようにして現実を歪め、別の状況でならかなり理性的で善意ある個人の間に誤解を生じさせるかは明らかだ。それぞれのジェンダーの無意識に宿る男女のイメージは原初的なものであり、歴史的および文化的環境によってそれほど変化しない。それらは世代が変わっても個々の人間の心の中で繰り返し現われてくる、永続的に安定したイメージとよく似ている。女性に関してプラトンとソクラテスを困惑させたものは、現代の男性に罠を仕掛けるアニマ・イメージと同じものだ。そしてマグダラのマリアの胸を満たした期待と憧憬は、広大な文化的・社会的なへだたりにもかかわらず、現代においても依然として女性の意識に侵入し続けている。アニマ／アニムスは偉大なる幻の創造者であり、疲弊し切った者に含み笑いを、無邪気な者に悲嘆を与えるのだ。

「投影を形づくる要素は、アニマないしアニマによって代表される無意識である[19]」と、ユングは『アイオーン』の中で書いている。それは一九五〇年、老齢に至って見通しのきく立場にある彼の言葉だ。この著作で彼はふたたび捉え難いこの内的要因を定義しようと試みている。投影は自我ではなく無意識によって創造されるとユングは常に主張していた。私たちは自分の投影に責任はない。しかし、それらに気づき、それを引き戻す、あるいは分析する責任はある。投影は自然発生的に生起し、吟味された現実の知覚というより、むしろ無意識的なイメージと構造にもとづく世界と現実の像を作り出す。いまやユングはすべての投影の起源がアニマ／アニムスの中にあるとみなし、それによってこの心的要因の力動的かつ能動的な特質を強調するのである。

もちろん私たちは絶えず投影をしている。そして人生や他者や世界が構成されている仕方についての私たちの見解は、そのかなりの部分が、環境に投影された無意識内容によって形成されている。だが、私たちはそれを絶対的な真理とみなし、そこに固執するのである。アニマ／アニムスは――とユングはこの箇所で言う――幻の世界を創造するインドの女神マーヤーのようなものであり、つまるところ自我は広範な投影にもとづく世界に住んでいるわけだ。もともとユングはこのことを東洋の宗教からではなく、分析家・精神科医としての彼自身の直接体験から学んだのだ。人の見る世界が実際どれほど歪められうるかはまさに驚くに値する。そしてまた私たちのみんなが、自分の見方に深刻な欠陥を見出すときでさえ、自分の見方を絶対的なものと信じ込んでいるということもまた同じように驚くべきことである。私たちは自分の根本的前提を疑うということをめったにしないのである。

アニマ／アニムスによって意識を高めること

心の基底をなす元型的構造にもとづくアニマ／アニムスのイメージは、心的システムを通じて濾過され、自我意識に認知されることによって、特定の形をとる。影のイメージが恐怖と不安を掻き立てるとすれば、アニマ／アニムスのイメージは、通常、興奮を引き起こし、結合への欲求を刺激する。それは惹きつける力を生み出す。私たちは、アニマ／アニムスのあるところにおもむき、その一部となり、それと一つになりたいと欲する――私たちがあまりに内気であったり、その冒険をするにはあまりに臆病でないとすれば。偉大な演説家が聴衆を魅了するとき、聴衆を捉えるそのカリスマ的な電荷はアニマ／

アニムスを引き込み、そこにアニマ／アニムスが布置される。聴衆は信じることを欲し、個々人は彼らを行動へと駆り立てるトランペットの響きに従う。現実の一つの知覚が創り出され、アニマ／アニムスの強力な情動的命令が確信を生み出す。それゆえアニマ／アニムスが変容をもたらすのである。

しかし心理的発達および意識の増大という目的からすると、自我がなすべきことはただちにアニマ／アニムスの呼び掛けに行動をもって応えることではなく、対話的過程の中でアニマ／アニムスと関わることである。この対話と対決の過程を、ユングはAuseinandersetzung（折衝）と呼ぶ。これは、字義通りには「あるものを部分に分解すること」を意味するドイツ語であるが、実際には、二人の人がなんらかの問題について、どちらも葛藤から逃げることなく、真剣に対話ないし交渉に関わるときに生起する過程を意味する。二人が正面から向き合い、物理的あるいは言語的にそれを考え抜くとき、最初は漠然とした全体にすぎなかったものが、しだいに分節され、分化されてくる。線が引かれ、区別がなされ、最後には明確なものが得られる。激しい情動的対決として始まったものが、二人のまったく異なる人格の間の意識的な関係に変わる。そしておそらく合意にいたり、契約が作られ、署名されるのである。

自我とアニマ／アニムスの関わりとはこのようなものである。これは意識を高めるという仕事だ。投影に気づき、私たちの最もロマンチックで注意深く保護された幻想に挑戦するという仕事である。アニマ／アニムスとの折衝とは、無意識的ファンタジーの錯覚世界を解体することなのだ。それはまた私たちに自分自身の精神的宇宙の高みと深み、無意識的な前提の数々を最も徹底的に経験することを可能にする。そうした無意識的な前提のために、もうすでに食べ過ぎているのに、まだ食べ物を欲しがってよだれを流し、すでに満足しているはずなのに、いつまでも欲望を感じ続け、そうして刺激‐反応系列の鋼鉄の鎖の中で情動がたっぷり負荷されたパターンを果てしなく繰り返すように駆り立てられる。地下牢《ダンジョン》や竜、神話やおとぎ話、大仰なロマン主義や冷笑的な批判といったことはすべて、アニマ／アニムスによって私たちの心の内面に織り出された世界の一部なのだ。私たちにできるのはせいぜいのところ、それを放棄するふりをするだけで、本当のところはますます私たちの最も貴重な自己欺瞞と錯覚に固執しているのかもしれない。「意識の側から進んでいった場合、それらの二つの要因（アニマ／アニムス）について私たちが発見しうるものは、ほとんど目につかないくらいかすかであろう。人生を複雑にするこれらの二つの要因によってもたらされる影響がどれほど巨大なものかが明らかになるのは、心の暗い深部に照明を当て、人間の命運の奇妙に曲がりくねった小径を探究してゆくことによってのみである[20]」。おそらくこれは、性格を運命とみなしたフロイトに対する一つの答えであろう。ユングの視点からすれば、アニマ／アニムスこそが運命なのだ。意識的な意志や知識をはるかに超えた元型的力のイメージによって、私たちは自らの運命へと導かれるのである。

『アイオーン』はユングの著作の中でも、アニマ／アニムスについて書かれた最も重要なテクストと言ってよいが、その中で彼はまた、私たちの心の中の隠された領域を意識化する過程における、人間関係の重要性をも認めている。「私は強調しておきたいが」とユングは書いている。「……影というものは相手に対する関係を通してはじめてそれと認められるものである。同様に、アニマ／アニムスも異性に対する関係を通じてしかそれと認められない。なぜなら、アニマ／アニムスの投影は、異性との関係においてしか力を発揮しないからだ[21]」。前述したように、ジェンダー・アイデンティティが現代では変化していることを考慮し、この点については修正が必要になるかもしれない。現代では、ときにはアニマ／アニムス・イメージが同性の者によって担われることもあるからだ。しかし肝心な点は、これらの意識の発展が可能になるのは感情的関係においてだということである。意識化は孤立の中で遂行される企てではない。たしかにそれを完全に開花させるには相当量の内省が要求される。しかし、洞察の前に経験がなければならない。影は、個人的無意識の性質を持つ他者への投影において経験される。同様にアニマ／アニムスもまたその特性とか特徴をかなりの程度持つような人物による投影の中で捉えられる。それは、この部分からの無意識の反応を喚起する人物だ。このことが起こると、心的布置は三人の人物形象が関わるようなものになる、とユングは続ける。「アニマを認めることによって、男性の場合には次のような三つ組が成立する。その三者のうち一つは超越的である。すなわち、主体の男性、相手の女性、そして超越的アニマである。これが女性の場合は、逆の関係となる」[22]。これは注目に値すべき意識の度合を想定している。なぜなら一般に投影の担い手と投影は融合され、アニマ／アニムスと他の主体は一つになっているからだ。しかし、ここでユングはある程度の分離を想定する。(1)個人的な主観性をそなえた意識的な自我、(2)意識的自我とその個人的主観性をそなえた他者、そして(3)アニマ／アニムスのイメージ。この三つ組は、四つ目の形象によって全体になる、とユングは言う。それは男においては老賢者、女においては大地的な母である。アニマ／アニムスおよび知恵の形象は、本質的に無意識に属しており、霊の領域に起源を持つという意味において超越的であるが、他方、自我やパートナーは意識的人格であって、この布置を刺激した情動的関係に巻き込まれている。この四位一体において私たちは一つの関係としての自己のヌミノース的な経験を見出す。もし愛と魅力のこの状況の中に人間的形象と元型的形象の間の違いを見抜くにたるほどに十分な意識性があったとすれば、そこには自己（第7章参照）を完全に経験するための機会がある。

　事態を複雑にするのは、「投影の内にあるアニマ／アニムス」の経験が、心理的成熟のさまざまな段階で生じるということである。もしそれがたんに魅惑あるいは恋愛というだけの問題だとしても、幼年期に親子の間でも起こる。そしてふたたび（古典的かつ激烈な形で）青年期に起こる。さらに幸いにして成人期に移行してもそれはやはり起こり続ける。老年においてさえ、それは続く（伝えられているところによれば、ゲーテは、七十代でもまだ若い女性を恋することができることを感謝する祈りを囁いたという）。アニマ／アニムスはいつまでも心的生の中で活動しており、それが欠如することは抑欝状態に他ならない。それは身体のセクシュアリティの彼方にある心のセクシュアリティである。それは身体が性的経験の準備ができる以前に始まり、難しい性的行為をするための身体的な能力がなくなっても、いきいきと活動し続ける。しかしアニマ／アニムスの経験を十分に心理的に役立てるためには、かなり高い意識性の水準に到達していなければならない。投影と投影の担い手、ファンタジーと現実を区別する能力は、まことに稀である。だからユングが語っていることの現実化――この布置に含まれた四位一体と経験された超越的形象の現実化――は、クンダリニーの師やそれに類する人々が持つような、ある種の微妙な心的識別能力を備えた少数の人々にかぎられている。他の人々にとって、アニマ／アニムスはマーヤー、幻想の創造者、韜晦者、トリックスター、永遠の恋人といったつねに彼方にある蜃気楼だ。そこに活動している超越的形象を認識することなしにアニマ／アニムスの錯覚のゲームを見抜くことは、シニシズムと絶望への道だ。アニマは実際「無慈悲な美女《ラ・ベル・ダーム・サン・メルシ》」なのである。

セクシュアリティと関係性

多くの人々はアニマ／アニムスの経験に近寄ることを避けるが、それにはもっともな理由がある。自我に生得的な防衛が、この誘惑を遠ざけておくのである。少年はあまりに強力で魅惑的な少女から逃げ出す。彼らは本能的に自分がこの挑戦に応えられないことを知っているのだ。成人でもときには賢明にもそこから逃げ出す。なぜなら、アニマは因習的結婚生活とキャリアの破壊者だからだ。女性もまたディオニューソス的なアニムスの呼び声に対して抵抗する。それは彼女たちを恍惚と成就の約束、恋に身をゆだねることによる成就の約束へと引き寄せるものだ。というのも、ここにもまた解体と狂気の危険が潜んでいるからだ。耐えうる力を超えた誘惑に会わせないでください、と祈る人々が多いのには理由のないことではない。ユングのお気に入りの、アニマの力を描いた例の一つは、ライダー・ハガードの『彼女』〔邦訳『洞窟の女王』〕である。それは未開のアフリカにおける不死の「運命の女」、その命令には従わねばならないという男性を描いた二流の小説だ。（「従わねばならない彼女」というのは、たんにランボールの横柄な妻に対するユーモラスな呼称ではない。この句はハガードの小説からきているのだ）。彼女は永遠に死んでは復活する女神であり、男性を情熱の炎の中へ、そして最後には破滅へと導く。しかしまた情動と情念の焔に耐えることができれば、人は変容しうるともユングは考えていた。元型の経験、集合的無意識やその力の体験は、新たな意識の状態に導きうる。そこでは心の現実性が自我にとって、物質的世界の感覚に対する現実性と同じように説得的なものとなる状態だ。かつて超越的なものと経験され、マーヤーとして認識されていたアニマ／アニムスがいまや、まったく新しい世界認識のための懸け橋となる。アニマ／アニムスの経験は自己への王道《ウィア・レギア》なのである。

ユングのアニマ／アニムス理論は、セクシュアリティをリビドーの中心的源泉とするフロイトの古い主題のヴァリエーション、非常に想像的なヴァリエーションのように見えるかもしれない。しかし人間のセクシュアリティについて、ユングは、発情期になって緊張解除もしくは快楽追求をしようとする動物よりもずっと多くのものを見ている。そこには心的に魅惑するものが関与しており、それらが付随する生物学的活動と区別されるとき、イメージが出現してくる。このイメージは心的な事実であり、その源泉は心的スペクトルの元型的な極に見出される。それは性的本能と結びついており、この組み合わせがアニマ／アニムスに身体的な推進力を与える。

人間のセクシュアリティは元型イメージに導かれるが、イメージは衝動に還元できない。私たちは一定の人々に惹きつけられる。なぜ人は魂の伴侶《ソウルメイト》として別の人ではなく、この人物を選ぶのだろうか。それは投影されたイメージによって支配されるのだ。典型的に「アニムスは主として『精神的』権威の持ち主やその他『英雄』（テノール歌手、「芸術家」、スポーツの大選手を含む）に投影される。アニマは女性のなかにある無意識的なもの、虚無感、冷淡さ、頼りなさ、よるべなさ、暗さ、曖昧さを好んで身につけている」[23]。なぜこんなに難しい女性がかくもしばしば、そしてかくも容易に男性たちを惹きつけるのか。どうして強い女性が男性を惹きつけないのか。ユングは、この弱さと無力さへの偏愛はアニマ投影にもとづいていると示唆する。アニマは強く男に同一化した人物の無意識においては未分化で劣等的なのだ。昔からの格言は女性たちに言っている。男性を魅惑したいなら「弱々しくしなさい！」と。アニマは、男性の未発達な面を象徴しており、そこで彼は無意識的であり、頼りなく途方に暮れており、暗く曖昧なのである。彼はそれによって魅惑されるのだ。同様に、強い女性はしばしば弱い男性に惹かれる。それはときには宿命的でさえあり、アルコール中毒や何か他の問題から彼らを救うといった空想に満たされる。ここでもまた彼女たちは自らの失われた部分、アニムスを求めているのであり、それが劣等的な男性に投影されて現われるのである。あるいは、彼女が弱くて無力な女性であれば、彼女の無意識は、男性的能力のイメージによって補償され、彼女は自分がどうしようもなく英雄的なアニムス投影の担い手に惹きつけられることに気づくかもしれない。

二人が出会い、ある程度の時間をいっしょに過ごすと、そこから生まれる関係はある種の典型的なアニマ／アニムス的性格を示し始める。親密な関係において、二つの心の混合に入ってくるのは、二人の自我だけではない。無意識的部分もまたそこに混入しており、とりわけ重要なものはアニマ／アニムスである。アニマ／アニムスは最初からずっといて、男女のどちらに対しても魅力の要因として作用してきた。しかしそれはいまや、求婚期間に見えていたのとは驚くほど異なった姿を示すようになる。ここで心理的リアリストのユングはこの状況を次のように語っている。「どんな男性でも、たかだか五分ばかりアニムスを相手にするとたちまち自分のアニマの虜になってしまう。その場合でも、なおまだ客観的に会話に耳を傾ける余裕のあるユーモア感覚の持ち主であったら、おそらくその会話を聴いてひどく驚くのではあるまいか。そこに繰り広げられる会話に大手を振って出てくるのは、手垢のついた常套句であり、見当外れの決まり文句であり、新聞記事や小説の一部からの借用であり、店ざらし同然の古ぼけた話題であり、下品な悪口であり、傍若無人な没論理であるからである。その会話たるや、それに参加する人のいかんを問わず、世界のあらゆる言語によって数限りなく繰り返されており、本質的にはつねに変わることのない会話なのである」(24)。男性の側でアニマは短気、過敏、情動的になり、女性の側ではアニムスは虐待的で、権力に囚われ、独断的になる。これはあまり素敵な絵柄ではない。たしかに歌や物語に描かれたロマンティックな結合の神秘《ミステリウム・コニウンクチオーニス》の絵とは著しく対照的である。カップルの一方が、アニムス――権力衝動に動機づけられた意見の未分化な集合体――に憑依され、他方が、愛情を求める欲求に駆り立てられた未分化な気分に引きこもってしまう。一方は教義的で、他方は引きこもるかあるいは情動的になり、あたりの物を投げはじめる。それは典型的なアニマ対アニムスの闘い、猫と犬の喧嘩だ。

もしこの葛藤の情動性と罵り合い、熱と火花が多少とも収まるなら、このカップルの間には何か大切な対話がなされたという可能性がある。ひとたび自我が正常な場所に戻ってくると、彼らは何か超越的なことが起こったことに気づきさえするかもしれない。そこで語られたことは、たぶん、それほど個人的なことではなかったのだ。それはもっと一般的、集合的であり、たぶん元型的で普遍的でさえあったのだ。おそらく、この男女のそれぞれから噴き出してきた暗い塊の中には叡智の萌芽が隠されているのである。今や去ってしまった嵐のおかげで、いくつかの解明や洞察を得ることができるだろう。情動性のレヴェルを超えたところまで上昇し、洞察と共感に到達すること、それは意識の仕事となるだろう。少なくとも、人は自分自身と相手の心の深みを覗き込んだのだ。それはふつうは社会化され適応したペルソナの背後に隠されていた情動的な領域のはるかな奥地である。

ユングにとってアニマ像が持った意味をより深く知るために、彼自身の生涯を見てみることは有益だろう。しかし、それは本書の範囲を超えている。私は彼の『自伝』から幾つかの箇所を利用したし、彼の伝記的研究も出版されていて、彼と女性たちとの深い関係を詳しく叙述したいくつかの著作も刊行が予定されている。かつてユングはあらゆる心理学理論は私的な告白でもあると言ったが、これはとりわけ、影、アニマ／アニムス、自己といった心の内的形象や人格が問題になるこの領域にあてはまる。これらの概念や抽象的理論は、具体的な心理的経験にもとづいており、その多くはたんなる孤立した私的な経験というより、対人関係に関わるものである。アニマについて言えば、彼女はユングにとって生きた内的現実、第一級の真の内的形象であったが、また同時に彼が投影や人間関係において強力に経験したものでもあった。人生の初期における子守女に始まり、エンマ・ラウシェンバッハへのロマンチックな求愛と結婚、深く長期にわたったトーニ・ヴォルフとの関係を通して展開していったアニマは、つねにユングの内的および外的な生の伴侶だった。彼にとってアニマは運命の導き手に見えた。そしてユングにとって、最も深い自己（これについては次章で述べる）の経験は男女の結合において、アニマとアニムスがその結合における案内者であるときに現われてきたのである。

第7章　心の超越的中心と全体性　自己

私は本書を自己についての章で始めたいという誘惑を覚えた。なぜならそれこそユングのヴィジョン全体の最も根本的な特徴だからだ。それは彼の心理学理論の鍵であり、またある意味で、彼を他の深層心理学および精神分析とは別格の存在にしているものでもある。精神分析理論はこの半世紀の間にユングの方向に大きく動いてきたが、しかしユングの自己の理論ほど大胆な結論に達した精神分析の理論家はほとんどいないということは述べておく価値がある。現代の著作家はその臨床研究において「自己」という術語を用いるが、ユングが包摂しようとしたのと同じ領域を考えている者は誰もいない。とはいえ、ユングの自己理論から始めることは歴史的にも概念的にも誤解を招くことになろう。それは彼の理論の最も根本的な特徴であるだけではなく、その到達点でもある。それゆえ、その領域全体とその重要性を把握するには準備が必要なのである。

ユングにとって、自己は超越的である。すなわち、心的領域に限定ないし含まれるのではなく、それを超えている。そして、ここが重要なのだが、むしろ自己が心的領域を規定するのである。ユングの理論が、コフートのような自己の理論家と決定的に異なるのは、自己の超越性というこの点においてなのだ。ユングにとって、逆説的にも、自己は自分自身ではないのである。それは人の主観性以上のもので、その本質は主観の領域の彼方にある。自己は主観性と世界すなわち存在の諸構造との共通性の基礎を形成する。自己において、主観と客観、自我と他者が、構造とエネルギーの共通領域の中で結合する。これこそ、本章で以下に述べることによって、いちばん明確になってほしいと願っている点である。「自己（self）」という英語の通例の用語法は、ユングがその理論で表現しようとしていることを見えにくくしている。日常会話では、自己（self）は自我（ego）と同じように使われる。誰かが自己本位（selfish）だというのと、自我中心的（egotistical）とかナルシスティックだというのとはあまり違いがない。ところがユングの語彙で言う自己の意味はこれと正反対なのだ。ある人が自己を中心としている（self-centered）というときは、その人が自我中心的でナルシスティックではないということ、むしろ哲学的で、広い視野を持っており、僻みっぽかったり、容易に精神のバランスを崩したりしないということを意味するのである。自我が自己と十分に結びついているとき、人は超越的な中心との関係にあり、近視眼的な目標や目先の利益にナルシスティックに「リビドーを」充当しない。このような人は自我にとらわれない。あたかも彼らはたんに実際的、合理的、また自我意識に特有の個人的な事柄よりも深く大きな現実を考慮に入れているかのようである。

ユングの自己体験

ユングが自己の理論を展開した主要な著作は『アイオーン』だが、それを取り上げる前に、自己の存在を考えるようユングを導いた原体験についてある程度知っておくことは読者にとって有益だろう。後の理論化は経験から生まれてきたのである。

ユング自身の説明によると、彼が初めて重要な自己の経験をしたのは、一九一六年から一九一八年にかけてである。この生涯の中でも困難な時期に、彼は次のような主要な発見をした。すなわち、心の根底には基礎構造があり、そしてこの構造は、人の精神的安定や情動的平衡を破壊しそうな衝撃に耐えられるという発見である。それは、心理学的統一と全体性の、深くそして広い無意識的なパターンの発見であった。

ユングにとって、自己――あらゆる元型の中で最も非個人的なもの――の経験は非常に劇的なものだった。それは彼の内的な闘いと混乱から生じ、しばしば心の荒野で道に迷ったのではないかと彼に思わせた人生の一時期の頂点をなしていた。情動、観念、記憶、イメージのこみいったジャングルを手探りで進むとき、彼には参考にする地図がなかった。『自伝』において彼はこれを「無意識との対決」[1]の時期と呼んでいる。彼の重大な発見の時期、ユングはすでに中年の危機に入り込んでいた。四十一歳であり、五年ほど前にフロイトと絶縁し、その後に情動的な方向喪失と仕事の上での不安定に苦しみ、そこから徐々に回復しつつあった。彼は自分の中年期の前半（一九一三―一九一六）を、内的世界、アニマ、そして多くの無意識的イメージや空想を発見した時期だと述べている。これらの内的探究の年月を通して、ユングは自分の夢や空想その他の重要な経験を丹念に記録し、それに挿絵を添えた。その文書は後に「赤の書」と呼ばれた。無意識から奔出してきたイメージと情動を整理すべく奮闘しつつ、ユングはまたそれらの間にどのような関係があるのか、何を意味しているのかを理解しようとしていた。自分の情動的平衡を保つためにヨガの呼吸法といった訓練を使っていた。情動が自分の心的平衡と正気を危うくしそうなときには、精神を落ち着けるために、瞑想、遊戯療法、能動的空想、デッサンなどを利用した。自分自身のセラピストとしてユングは、無意識から来た材料のこの大洪水の真っただ中で、自我意識を安定した状態に保つための技法をいろいろと考案した（後にそれらを患者に使用した）。

今や彼は自分の内的経験を観察し、耳を傾け、記録し続け、それにつれて彼は心的連続体の元型的な終端と、その先の霊的な世界へとますます開かれていった。「アニマ・レヴェル」で数年を過ごした後、彼は自己の元型が現われる領域に入った。自己とは、心の全体性と秩序の最も根源的な建築家である。この自己の発見の次第は自伝に詳しく述べられており、数年以上にもわたっている。

最初、ドアの呼び鈴が鳴るという奇妙な出来事があった。一九一六年のある日曜日の午後、キュスナハトのゼーシュトラッセの自宅の居間に座っていたとき、彼は家の中に重苦しい雰囲気を感じた。家族もみな緊張していらいらしているように見えた。理由は分からないが、目に見えない人々の存在によって空気が張り詰めているようだった。突然ドアの呼び鈴が鳴った。彼はドアのところにいったが、そこには誰もいなかった。だがノッカーは明らかに動いていた。彼は間違いなくそれを見たと証言している。それは勝手に動いていたのだ！　メイドが「呼び鈴を鳴らしたのは誰ですか」と尋ねた。「分からない、玄関には誰もいなかった」とユングは答えた。ふたたび呼び鈴が鳴った。今度はメイドもノッカーが動いているのを見た。それは幻覚ではなかった。それからユングの心に次のような言葉が浮かんできた。

死者たちはエルサレムから戻って来た。そこに彼らは自分たちの求めていたものを見出さなかった。彼らは私に入れてくれるよう祈り、私の言葉を請うた。こうして私は教え始めた……。[2]

彼はこれらの言葉を書き留めることにした。すると、さらに言葉がやってきた。

聴け。私は無から始める。無は充満に等しい。無限性において、充満は空にすぎない。無は空でも充満でもある。無についてはどんなことでも言える。たとえばそれは白い、それは黒い、あるいはそれは存在する、それは存在しない等々。この無もしくは充満を我々はプレーローマと名づける。(3)

次の二、三日の間、ユングはまるで口述されているかのように「死者に対する七つの説教」と題されたグノーシス的文書を書いた。昔のグノーシスの教師、バシレイデスの言葉に託して伝えられたこの教えは、心の元型の領域からユングの元にやって来たメッセージである。(4)

もちろん、この訪問に先立って、ユングがグノーシス主義に非常に興味を持っていたことや、昔のグノーシス的な文章の断片を多く読んでいたことは知られている。だから彼の居間におけるヴィジョン体験と彼の読書の間に多くの関連があったことは疑いない。しかし、壮厳な宗教的文書の形を取っているとはいえ、それは想像力に富む創造的な新しい著作であり、ユング自身の心の深みから自然にやって来たものだった。それは記憶から引用されたものではない――また古代のグノーシス文書のどこにもこのようなテクストは見当たらないから、潜在記憶で説明することもできない。また彼は故意にグノーシスのスタイルで書こうとしたわけでもない。この文書は非意図的なものである。ふりかえって見れば、およそ三日で完成されたこの著作は、ユングがこれ以降の数十年間に、より論理的、知的、そして科学的な言葉で理論化することになる多くの概念の種子を含んでいる。

無意識との対決の数年間にユングは多くの異常な心的経験をしており、これはその一つだった。より現世的なレヴェルでは、ユングは生活や自分の仕事を続けていた。この時期はほぼ正確に第一次世界大戦と一致し、その間、中立国スイスはヨーロッパから、またより広い世界から孤立していた。旅行は不可能であった。すべてのスイスの成人男性と同様、ユングは軍隊に属しており――彼は軍医だった――、フランス語圏のシャトー・ドエの戦争捕虜収容所の指揮官に任じられていた。それはいささか退屈な行政的な仕事だったにちがいない。それで彼は毎朝、円を描き、気の向くままにそれらを念入りに仕上げることを始めた。これをした後、彼は気分がすっきりして、一日のための準備ができたと感じるのだった。『自伝』の中でユングは、この活動が彼を集中させたと述べている。(5)

これらの描画のいくつかは、非常に精緻な絵にまで仕上げられた。ユングは後にこれらをチベットの仏教徒がマンダラと呼ぶものと比較した。マンダラとは世界《コスモス》、すなわち仏教修行者の霊的宇宙《ユニヴァース》を表わすイメージである(二十数年後にインドを旅行したとき、ユングは、人々がこれらの伝統的なイメージを家とか寺院の壁面に描いていることを知り、大きな関心を寄せた。それらは宇宙の霊的な力とのつながりを維持し、あるいは悪の力や影響を払い除けるためのものである。マンダラには保護と祈りという二つの機能があるのである)。ユングは自分が描いているものが、ある普遍的なパターンの表現であること、それは秩序を作り出すことにかかわる根源的な元型パターンだということに気づき始めた。この経験は彼を最終的に次の結論に導いた、もし自発的に展開してゆく心的な過程がその論理的帰結にまで辿られ、そして自らを十分に表現することを許されるなら、この過程の目的が充足されるだろう、すなわち秩序と統一の普遍的なイメージが現われるだろう、と。マンダラは秩序づけられた全体性の直観を表現する宇宙的な象徴なのだ。この目的とこのパターンを作り出すべく心の中で作用している元型的要因を名づけるため、ユングは「自己」という用語を選んだ。これはインドのウパニシャッドがより高い人格をアートマンと呼んだことにならったものである。マンダラを描き念入りに仕上げるというこの経験は、自己の中心的経験としていつまでもユングの心に残るだろう。それは徐々に、経験の中で、そして自発的に意識へと現われ出てくる自己の経験であった。

最後に、彼は一九二八年に一つの夢を記録した。それは彼にとって、自己の実現の完成を表わすものだった（激しい中年期の危機は一九二〇年頃までに終わっていたが、その余波はユングが五十二歳となる一九二八年まで続いた）。五十歳代を通して、ユングは一種の心理学的な境界領域あるいは辺土《リンボ》の中で生きていた。それは最初は激しく深く、徐々に穏やかになっていった。この時期の終わりに、彼は英国の町リヴァプールにいるという夢を見た。雨が降る夜、彼はスイスの友人たちと通りに沿って歩いていた。やがて車輪の形をした交差点のところにやってきた。そこから数本の通りが放射状に伸びており、交差点の中心には正方形の広場があった。周囲は薄暗かったが、中心の島だけは明るく照らされていた。その上に一本の木、やや赤みを帯びた花をいっぱいつけたモクレンが生えていた。彼の連れは美しい木が見えないようだったが、ユングはその美しさに圧倒された。後に彼はこの夢を、自分は中心のヴィジョンを与えられたのだと解釈した。その中心とは自己であり、「生の貯水池（リヴァプール）」にある地上のものではない美のイメージだ。この夢の経験から、彼は「私の個人的神話の最初の暗示が浮かび上がった(6)」と書いている。この鍵となる箇所で、ユングは自己が彼の個人的な神話の中心であることを言明したのだ。後に彼はそれを最高位の元型（第一者）として考える。窮極的には、そこから他のすべての元型や元型的イメージが由来するのである。自己は、ユングの心理学的宇宙の中心、磁力の中心であり、それは自我の羅針盤の針を真北へと引き寄せるのである。

ユングによる自己の定義

さて、ユング自身の個人的な自己の体験から、その理論の方に目を向けることにしよう。そのさい若干の前置きは、この主題に関する鍵となるテクストである『アイオーン』への道を均してくれるだろう。ユングは一九二五年（ユングが五十歳の誕生日を迎えた年）以降の著作や論文のあちこちで自己について語っているが、その中でもこの主題にもっとも焦点を当てているのは『アイオーン』である。この著作は一九五一年に出版されたもので、全集の編集者によれば「自己の元型に関する長いモノグラフ」である。副題は「自己の現象学の研究」であり、これも同じ点を指している。この著作の表題は、ミトラス教という古代宗教から取られたものであり、そこではアイオーンとは占星暦を支配し、それゆえ時間そのものを支配する神の名前である。それゆえこの表題は、自我意識を支配する時空間の連続体を超越した要因を暗示しているのである。

『アイオーン』の最初の四章は、ユング心理学の簡単な入門の役割を果たしており、自我、影、アニマ／アニムスの概念を扱い、自己の理論への橋渡しをしている。そこから、彼は自己の多くの象徴的表現を論じる。まずは聖書の伝承、次いでそれに関連したグノーシス主義や錬金術といった「異端」における表現だ。この著作は「自己の構造と力学」と題された最終章における壮大な理論的総括で終わる。ユングは占星術、グノーシス主義、錬金術、神学、またさまざまな伝統的象徴体系の中を縫うように進む。そのため彼の議論についていくのはしばしば困難だ。しかし彼が言いたいことは、この超越的な心的要因――私たちがいま自己と呼んでいる要因――が過去の時代の多くの人々によって研究され経験されてきたということ、そして象徴的用語によるこうした説明はその本性やエネルギーを把握するのに役立つということなのである。

自己についての導入的な章は、以下のように始まる。「自己は……個人の手の届く範囲外にあり、そもそも姿を現わすにしても、宗教的な神話素としてしか現われない。しかも自己を表わす象徴は、最高から最低まで実に多種多様にわたっている。……物事を知性的にばかりではなく感情価値にも見合うように認識してゆこうという困難な課題を達成したいという人は、よくも悪くもアニマやアニムスと正面きって対決しなければならないのであって、そうすることによりはじめて、より高次の結合、対立物の統一を軌道にのせることができるのである。この結合こそは、全体性にとって不可欠な前提条件にほかならない(7)」。ここでユングは「全体性」という用語を導入する。これは自己と等価の言葉である。実践上、自己が意識の中で実現されたときに、全体性がもたらされる。実際、これを完全に達成することはできない。なぜなら、自己に内在する両極性や対立はたえず統合すべき新しい素材を産出するからだ。それにもかかわらず、日常的に全体性を実践することが、自己への道であり、ユング流のタオ（道）の生き方なのだ。「この『全体性』という概念も、はじめは（アニマ／アニムスに似て）一抽象概念以外の何ものでもないように見えるかもしれない。ところがこの全体性という概念は、心の中に自発的ないし自律的な諸象徴という形で先取りされるのであり、そのかぎりにおいてこれは経験的概念なのである。四位一体象徴やマンダラ象徴がそうであって、これらの象徴は、これについて見も聞きもしないという現代人の夢の中に姿を表わすが、そればかりではない。多くの時代や多くの民族の歴史遺跡にも幅広く見出されるのである」(8)。

自己の象徴が『アイオーン』の焦点を定めている。ユングの見解によれば、それらは遍在しかつ自生的(つまり生得的で自然発生的)であり、またそれらは元型そのものから元型的な類心的領域を通して心に伝えられる。超越的かつ非心理的な存在としての自己は心的システムに作用して、しばしば四位一体、あるいはマンダラ(四角と円)イメージといった全体性の象徴を生み出す。「一にして全なるものの象徴としてのこれらの象徴の重要性は、歴史的にも経験心理学的にも、十分に裏づけられている。つまり、一見したところ抽象的概念と私たちには思われるものが、実際には経験可能な存在なのであり、自発的にそれが先験的に現存していることを明示しているのである。したがって全体性は、主体に対し自立的に相対立する客観的要因だということになる」(9)。

それに続けて、ユングは心における諸要因の階層を記述している。アニマもしくはアニムスが「階層において影より高い位置」を持っているように、「全体性にはシュジュギイより高い地位と価値を認められてしかるべきである」(10)。自我に最も近いレヴェルにあるのは影で、それを超えたところに、より優越した権威ないし力としてアニマ/アニムス——シュジュギイ——がある。心の政府全体を宰領しているのは自己である。それは窮極の権威にして最高の価値である。「一にして全なるものは、客観的な価値等級の最高位に位置する。なぜならその象徴は、神の似姿ともはや区別がつかないからである」(11)。ユングは、私たちの誰もが自分自身の内に神のイメージ——自己の刻印——を担っていると言うのだ。私たちは元型の印を担っている。テュポスとは硬貨に押された刻印を意味し、アルケーとは写しの原型、原板を意味する。各々の人間は自己の元型の刻印を帯びている。これは生得的であり、与えられたものである。

私たちはみんな人間であることによって神の像《イマーゴ・ディ》を刻印されているゆえに、また「客観的な価値等級の最高位に位置する一にして全なるもの」とも接触している。危急のとき、この直観的知識が私たちを援助するためにやってくる。「経験の示すところでは、個人的なマンダラは秩序を表わす象徴であり、それゆえにマンダラは患者が主として心的に行きづまっている時や新規まき直しを図っているときに現われる[12]」。人々が自発的にマンダラを描いたり、夢を見たりするとき、これは意識内に心的危機があることを治療者に暗示しているのだ。自己象徴の出現は、心が統一される必要があることを意味する。これはユング自身の経験であった。最も深い方向喪失に陥っていた時期、彼は自発的にマンダラを描き始めていた。全体性の補償的象徴は、心的システムが断片化の危機にあるとき、自己によって生み出される。ここにおいて自己の元型が心を統一しようとして介入してくるのである。

心的システムの中に統一の象徴や統合の動きが浮上してくることは、自己元型が働いているしるしである。自己の仕事は心的システムをまとめ、均衡を保つことにあるように思われる。その目標は統一だ。この統一は個体化に関する次の章で見るように、静的なものではなく動的な統一である。心的システムはより均衡され、相互に関係し、統合されることによって統一されるのである。全体としての心に及ぼす自己の影響は、意識に及ぼす自我の影響に反映される。自己と同様、自我もまた集中させ、秩序づけ、統一する機能を持っており、その目標は、コンプレックスや防衛が存在していても、可能なかぎり機能の均衡をとり、統合することにある。第一章で、意識の中心、意志の座としての自我について論じた。それは「私」「私がある」または「私は考える」「私は欲する」と言う能力を持っている。また別の段階で、それは自己意識的な心的実体となり、「私は存在できる」と言えるだけでなく、「私は私が存在することを知っている」と言うことができる。自己もまた自分が存在することを知っているということも——確言することはできないが——ありうる。元型は自己認識を持つのだろうか。それは自分が存在することを知っているのだろうか。ユングは、元型の中に一種の意識のように考えられるものを発見した。たとえば、元型的イメージが自我を侵略し、それに取り憑くとき、それは一つの声、一つのアイデンティティ、一つの観点、そして一組の価値を持っている。しかし元型という単位そのものに自意識はあるのだろうか。一つの神話はそのような自意識の存在を強く示唆している。モーゼが燃えている藪の中に存する神と直面し、「あなたはどなたですか」と尋ねたとき、元型的な声が「私はありてあるものである (I am that I am)」と答えた。神学的には何を意味するにせよ、それは元型の中の自己反省的意識を立証するようにみえる。

ユングは自我と自己の間に特権的な関係が存在すると考えていた。自己は自己意識の最高の形式を持っていて、自我はこれを分有しており、自我はこの特性を心的世界という比較的身近な領域において最も強く示すということなのかもしれない。自我と自己とのこの親密なつながりのゆえに、自己は実際に自我のイメージ、一種の超自我ないし自我理想であると主張できるかもしれない。しかしユングはこう主張する、すなわち自分は類心的な何か——心と似てはいるが、厳密には心的ではないもの——を発見したと主張する、それは心そのものの領域の彼方に存在し、イメージ、精神的内容、神話的観念、そしてモーゼが燃える藪を見たとか、シナイ山で律法を授かったといった啓示的経験を通じて心的システムに影響を及ぼすが、しかし自我や社会的構成物の所産ではないようなものである。

自己の象徴

『アイオーン』という著作全体が自己を論じたものだが、その中の二つの章が特にこの主題に焦点を当てている。そのうちの最初、第四章は導入部であり、いましがた考察した。もう一つはこの本の最終章であり、おそらくユングが自己について書いたもっとも洗練され完成された陳述であろう。そこにはまた過去二千年の西洋における文化の顕れを縫うように流れてきたグノーシス主義、占星術、錬金術といった象徴をめぐる議論が絡み合っている。

この章は、自己を自我意識の根底にある元型として論じることから始まる。自我意識は個人の意志、自覚、自己主張の要点である。その機能は個人の面倒をみること、そして彼または彼女を活かすことである。自我は——第一章で述べたように——は、トラウマと元型（自己）という二つの中心の周囲に組織された一つのコンプレックスである。自己について語るために、ここでユングはそれを表わしうる多数のイメージを挙げている。(13) 夢やファンタジーの中に出現するものもあれば、世界との関係や相互作用に現われるものもある。円や四角や星形といった幾何学的構造はいたるところにみられ、頻繁に生じる。こうしたものが、とくに注意を引くこともなく夢に現われることもある。たとえば、丸い机の周りに座っている人々、四角い部屋に配置された四つの物、都市計画図、家などだ。数、とりわけ四や四の倍数は、四位一体の構造を指し示す。(ユングは数の三をあまり好まない。彼はそれを自己の部分的表現とみなしている。三は「不完全な四位一体、あるいは四位一体への過渡的状態とみなすことができよう」[14]。彼は他の箇所では三や三位一体についてもっと肯定的だが、主としてそれを全体性にとって必要な具体性や大地に根付いていることを排除する全体性の理論的な近似とみなしている)。

その他の自己イメージとしては、宝石、ダイヤモンドやサファイヤのように高価で稀な価値を表わす石だ。さらにその他の自己の表現には、城、教会、容器やコンテナ、そしてもちろん車輪などを含む。とくに車輪は、中心を持ち、外に放射状に広がるスポークをつけ、外輪で終わる。両親、叔父、王、女王、王子、王女といった、自我人格より優れた人間像も、自己の表現となりうる。自己を象徴する動物イメージもある。象、馬、雄牛、熊、魚、蛇といったものだ。これらは氏族や民族を表わすトーテムの動物である。集合的なものは自我人格より偉大なのである。

自己は木や花といった有機体によって、また山や湖といった非有機体によって表わされることもある。ユングは自己の象徴としてファルスも挙げている。「セクシュアリティの過小評価が見受けられる場合には、自己はファルスという形で象徴化される。過小評価は通常の抑圧だとか、明白な価値の引き下げということによって表現されることもありうる。ある種の繊細な人々にあっては、セクシュアリティについての純粋に生物学的な捉え方や評価も価値の引き下げとして作用する」[15]。ユングは、フロイトのセクシュアリティを過度に強調する極端な合理主義的態度を非難している。これがユングにこの本能に対する神秘的態度をとらせたのだ。

自己は対立を含み、「逆説的な、二律背反的［道徳とは無関係な］性格を持つ。自己は男性的にして女性的であり、老人にして幼児であり、強大にして非力であり、偉大にして卑小である［ここで善悪を加えてもよかったろう］」。一見逆説にしかみえないものが、意識のとる、全体にとってはときには有利、ときには不利である基本態度のエナンティオドロミア的諸変化の反映以外の何ものでもない、ということは大いに考えられうる[16]」。言い換えれば、自己が表現される形態は、その人の自己に対する意識的態度に左右されるのである。意識的態度が変われば、自己象徴のありようが変化するかもしれない。

まとめに向かって動きつつ、ユングは自己の図式を描き始める。それによって彼は自分の見解を明確にしようとするのだ。『アイオーン』の段落三九〇と三九一にある図式は、膨大な量の資料を要約しようとした試みである。ユングが自分の思考を図式化するのは、いくらか異例のことであるが、ここで彼は人間の把握を限界を超えているかもしれない複雑で謎めいた領域を理解しようと手を伸ばしているのである。最初の図は、自己の中の諸水準の断面図とでも言うべきものを示している（二二三頁）。

それぞれの水準は四位一体からなっており、その各々はその水準における複合性と全体性を表わしている。四つの四位一体のイメージ、連続体の上の物質的な極から霊的な極へと上昇していく順序で積み重ねられた四位一体のイメージは、総体性と全体性を表現する。

一つの視点からは四位一体として見えているものも、別の角度から見ると、三次元の八面体（六つの点を持ち、それぞれの点が共につながっている形象）となる（二二五、二二七頁）。

これら三次元の二重ピラミッドの各々は、それ自体上下のピラミッドと共有点を持っている。四つの二重ピラミッドが積み重ねられたものとして、そこにはそれらを半分に分ける線――キリスト―悪魔《ディアボルス》

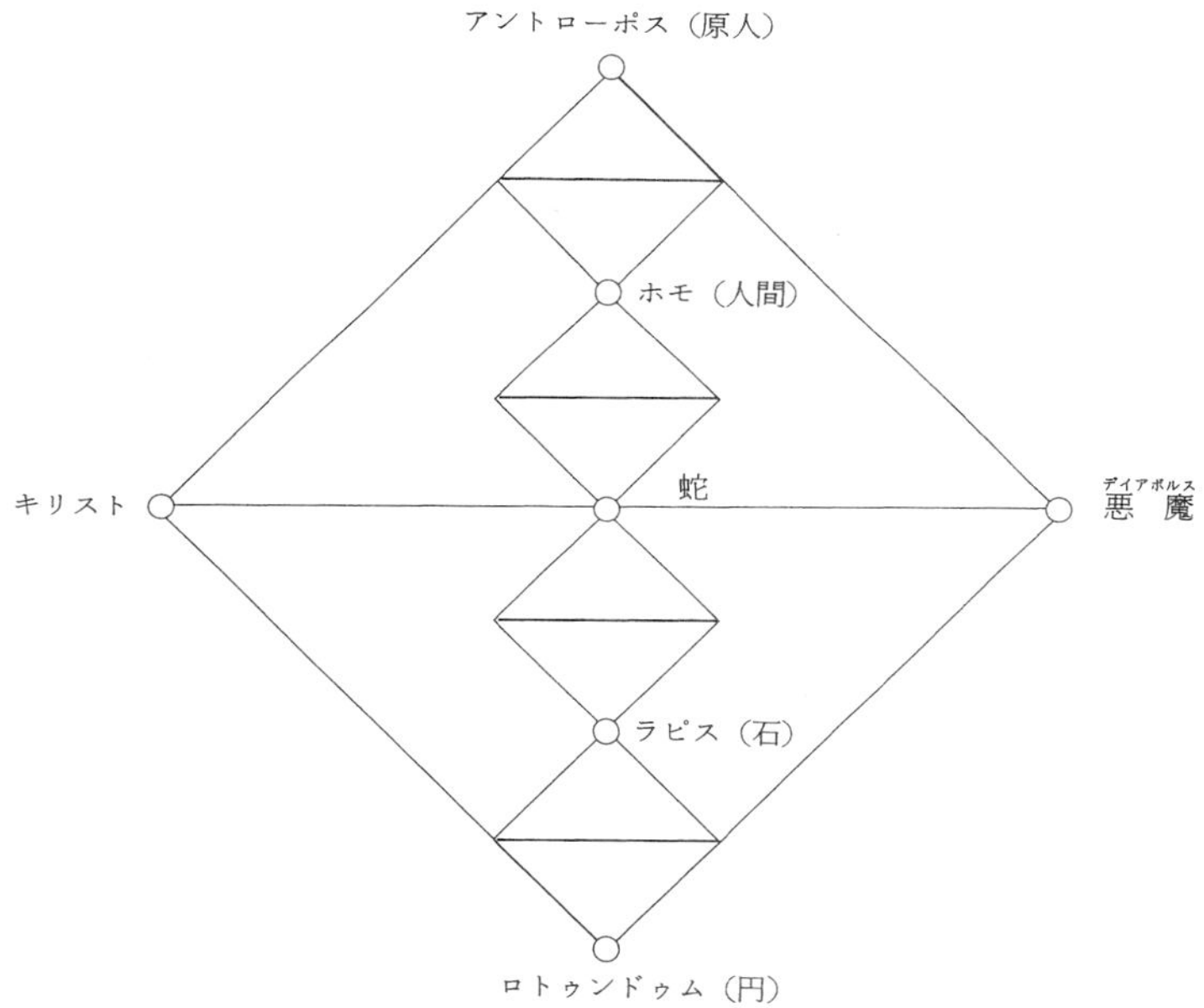
アントローポス（原人）
ホモ（人間）
蛇
キリスト
悪魔《ディアボルス》
ラピス（石）
ロトゥンドゥム（円）

の線――があり、その上はホモ（人間）の四位一体とアントローポス（原人）の四位一体、その下にはラピス（石）の四位一体とロトゥンドゥム（円）の四位一体がある。ホモの位置にある円は、自我意識の位置を示している。そのすぐ上にアントローポスの四位一体があり、これは霊的水準における理想的全体性の表現である。これは、グノーシス的アントローポスすなわち上方のアダム、一つの理想像によって象徴されている。ユングは、この二千年からなる現在の歴史的時代が、この霊的な四位一体への強調から始まったと述べている。人間は霊的な存在とみなされた。それはナザレのイエスという歴史的人物の上に投影されたキリスト教の霊的理想のイメージにかたどられていた。イエスのキリストへの変容は、人々が自分自身の霊的な、より高い（アントローポスの）自己をこの像に投影した結果であった。

ホモの円（自我意識）の下の四位一体は、その上のものの影を表わしている。それは蛇の円の上にある。この「下方の自己」はその上の「上方の自己」を鏡映しているが、それは暗い鏡像だ。影の形象は、四位一体の四つの点（下方のイエトロに対する上方のイエトロなど）をそれぞれ占めている。それは上のアントローポスの四位一体と一対一に対応しており、同じ全体性の理想化されない表現を示す。影から軌道が下方へと続いている――霊から本能に達し、さらに物質そのものにまで続くのだ。蛇の点は影の基底を意味し、それを物質世界と結びつけている。

影は劣等的人格であって、その最も低い水準は動物の本能性と区別できない。これは私たちの理想の霊的全体性を生物学的な動物的性質と結びつける。意識においてこの四位一体との結びつきを欠いた人は頭だけで生きている。知性や霊的理想の領域の中で生きるのであり、日常生活あるいは生活の生物学的な層との関係をほとんど持っていない。他方、主として影の四位一体と同一化し、それにもとづいて

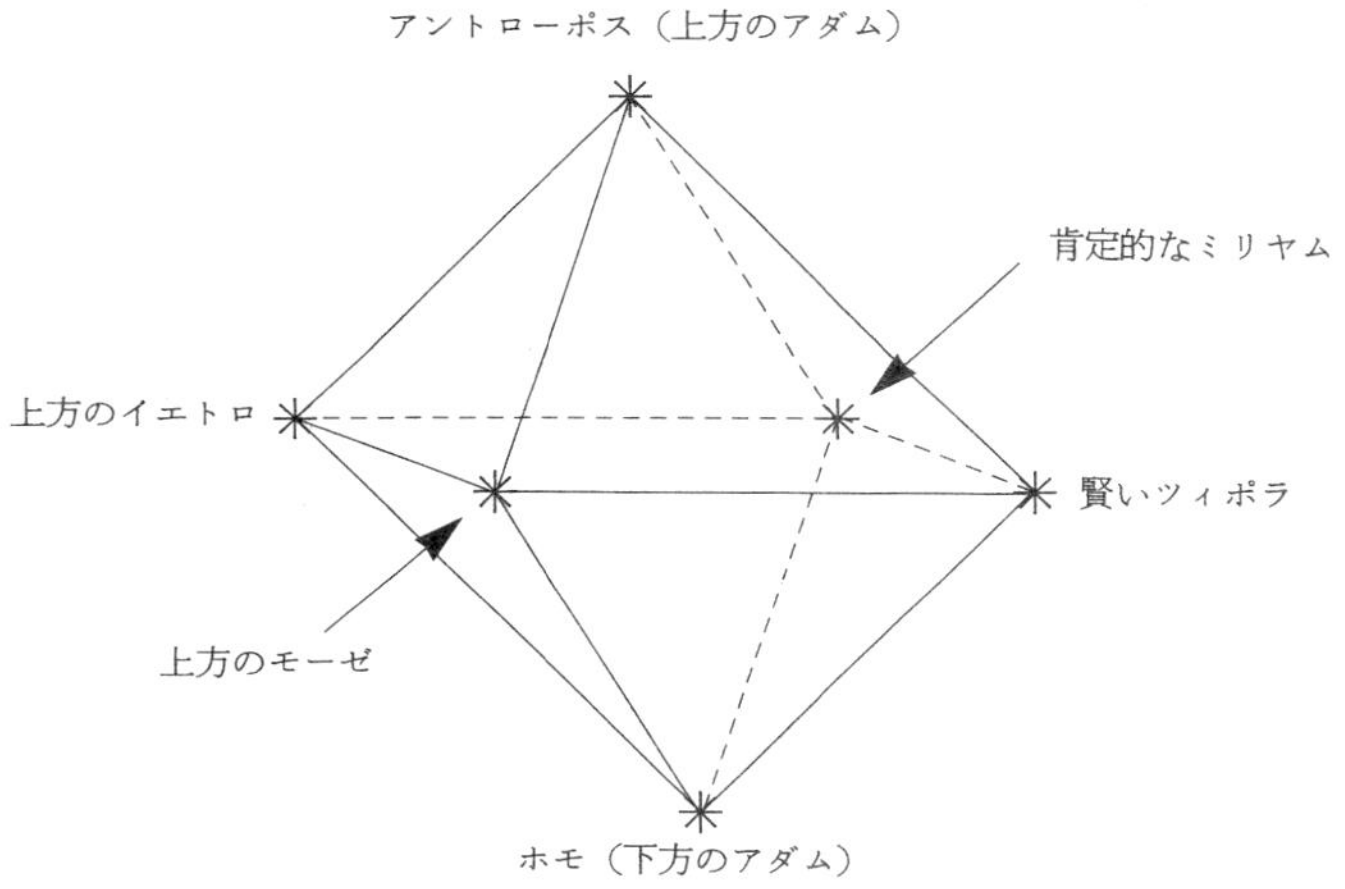

A：アントローポスの四位一体

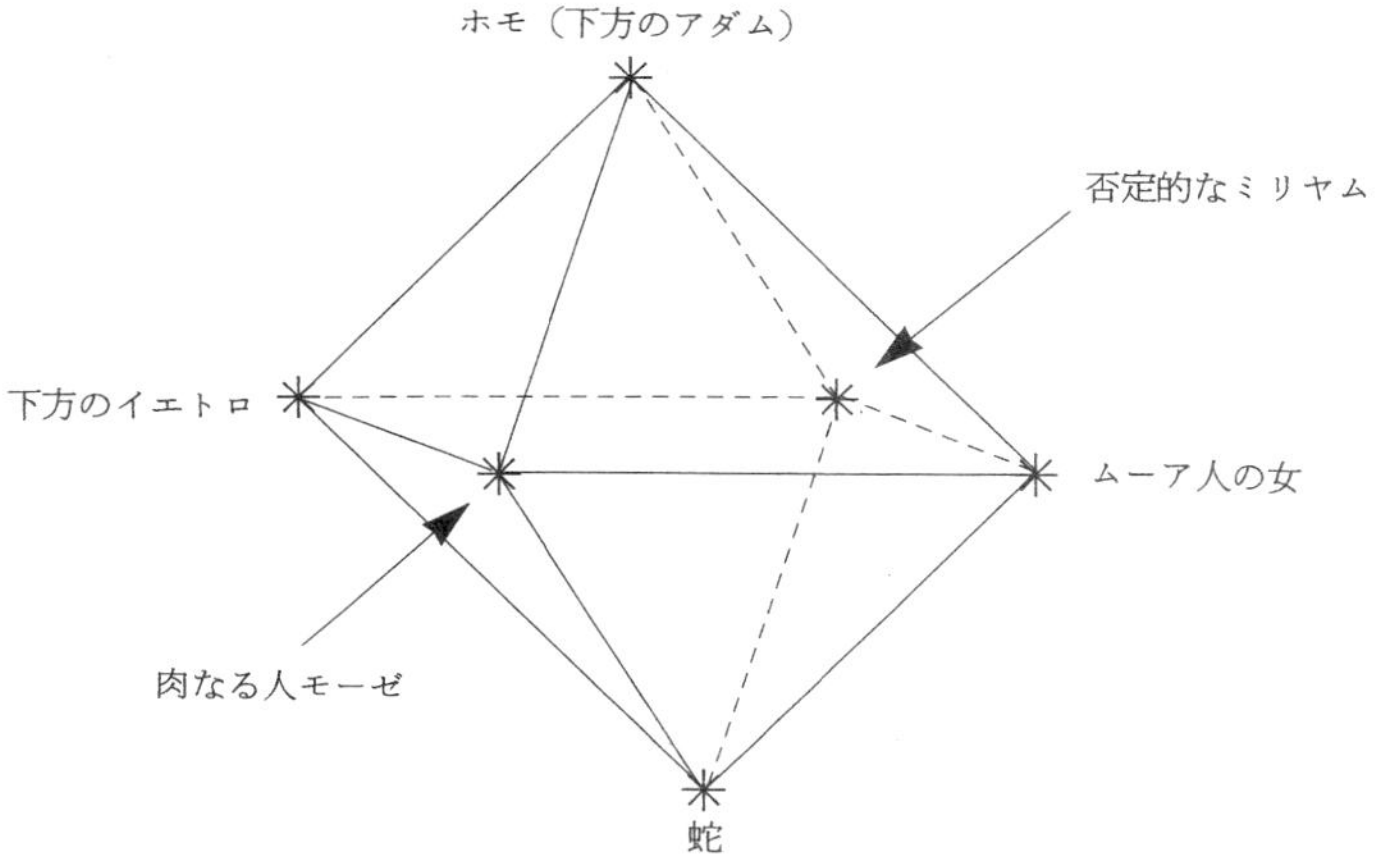

B：影の四位一体

生きている人の意識は動物的生存のそれに限定されている。個体の生存（栄養摂取）と種の存続（セクシュアリティ）の生活であり、霊的および道徳的に未発達である。

蛇は自己を最もきわだった逆説性において象徴する。一方では蛇は人間の性質の中の「蛇的な」もののすべて、無情な生存本能、縄張り的習性、冷血な存続本能、低次の身体性を表わす。他方、それは身体や本能の中の知恵――身体的な気づき、内臓的直観（gut intuitions）、本能的知識を象徴する。蛇は伝統的に逆説的な象徴であり、知恵と悪（もしくは悪を為すことへの誘惑）の双方を指してきた。それゆえ蛇は、自己の中の対立物の間の極度の緊張を象徴しているのである。

さらに下方に続く楽園の四位一体は、有機的な物質過程への下降を表わす。それは人間が動物だけでなく植物とも共有する水準だ。これは有機的な生命が炭素原子の性質およびその特性にもとづいて構成されているという物理的事実に関わっている。有機化学は人間存在のこの水準を系統的に研究する科学の分野である。そしてこの下方にはラピスの四位一体がある。それは存在の絶対的な物理的基底だ。この水準では、化学的要素や原子がある種のまとまりと組織を作り上げ、安定した生き物、有機的、心的および霊的な水準での生命にとって十分な物理的均衡を維持できるような生き物を生み出すような仕方で相互作用しているにちがいない。

心と有機的な身体の根底にあるこの水準は、非有機的な領域へと移行してゆく、実際、ずっと下降して分子の水準にまで至る。自己の構造がロトゥンドゥムに至るころには、それは原子の水準をすぎ、それを越えて素粒子の水準に入り、純粋なエネルギーの水準にまで到達する。ロトゥンドゥムは、抽象的な超越的観念、すなわちエネルギーの観念だ、とユングは言う。

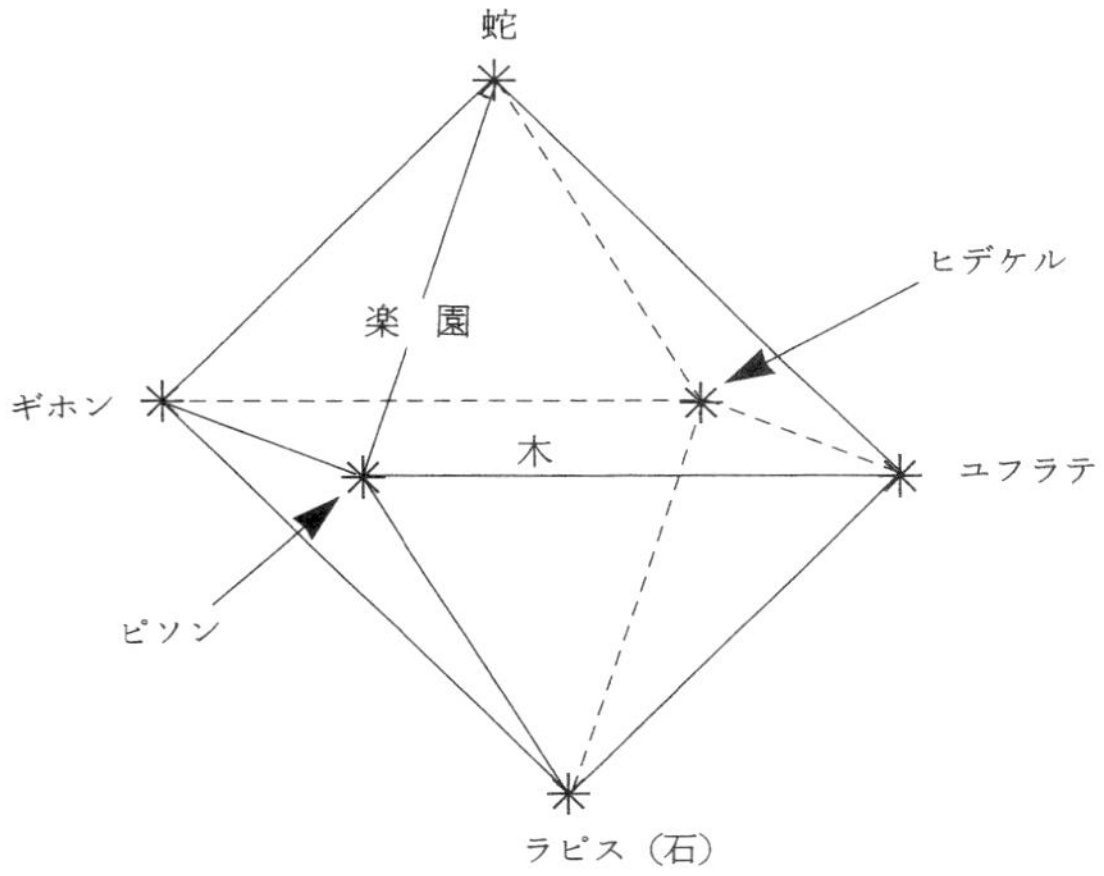

C：楽園の四位一体

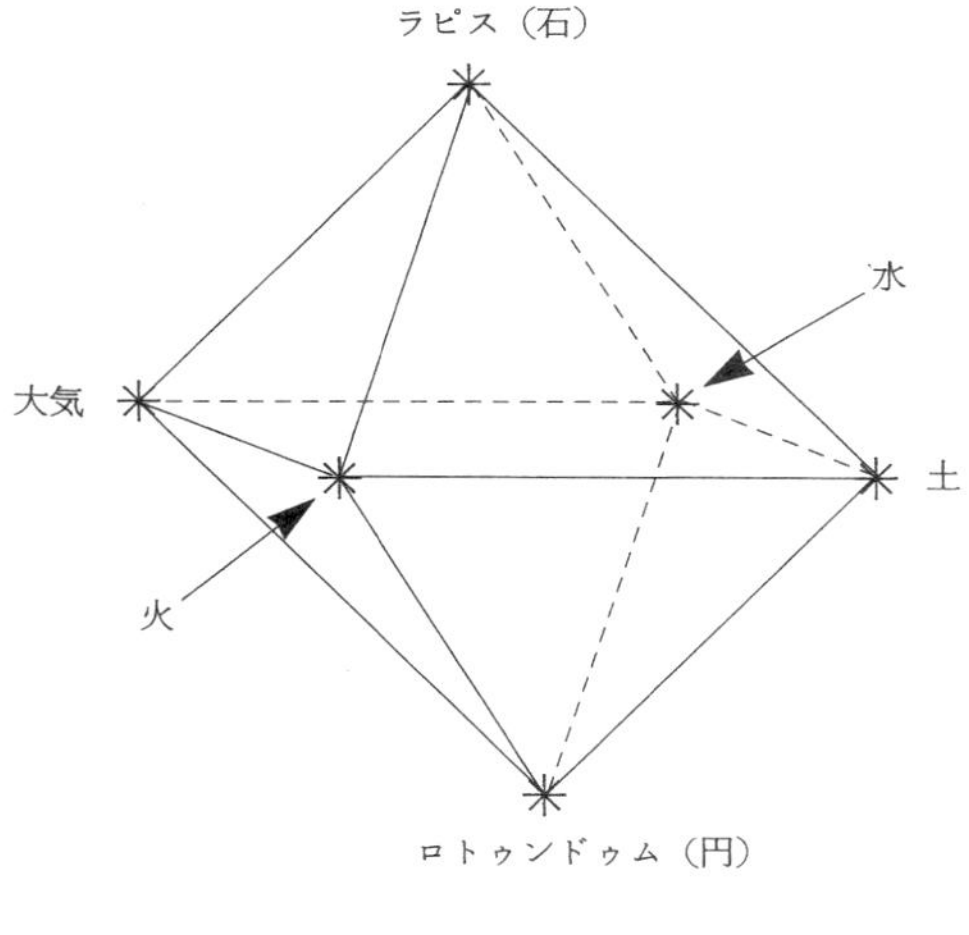

D：ラピスの四位一体

本来の心的なものは、蛇の四位一体のところのキリスト——悪魔の線で終わる。この線は、心と物質が混じりあう類心的な境界線に等しい。蛇はいくらか心的、あるいは準心的であるが、それは無情（冷血）であり、自我意識や個人の意志とは遠いエネルギーを表わしている。それは動き、ある種の意識を示すが、それは人間の自我意識からはるかに離れた意識である。蛇は自律神経系を表わす。身体には知恵がそなわっているが、その意識は閃光のような気づき、自我が読み取り、解釈しうるかもしれないような気づきのみから構成されている。他方、身体がある種の夢を引き起こすこともありうる。象徴としての蛇の両義性は、それに対する自我の両面価値——私たちはより高いアントローポスの水準、理想にへ結びつけられており、それゆえ身体の本能との葛藤に陥る——に由来するか、あるいは、それが意識の高い水準との接触の喪失の恐怖をかきたてうる能力に由来する。蛇の水準は意識の創造者であり、この点において、心化の過程を表わすのである。

非有機的水準に入り込むことは、現代物理学もまた発見した純粋なエネルギーの領域に導く。これがもたらされるのは、物質の深みへとさらに進んでゆき、ついには純粋なエネルギーの中に消えてしまうような地点に到達することによってである。だがエネルギーはまったく感覚できない。事実、それは観念、抽象であり、その効果によって測定できるが、直接観察することのできない何かを記述するために用いられる概念である。第3章で見たように、ユングにとって心的エネルギーは生命力であり、自分の計画にもたらす活力、生活や他者に対して私たちが抱く関心である。それは無視できない力だ。それはかつて臨床的抑鬱においてその欠如に苦しんだ人々があまりによく知っているところである。それは山をも動かしうるが、しかし捉えどころがなく、その深さをはかることはできない。それゆえ心の諸層、

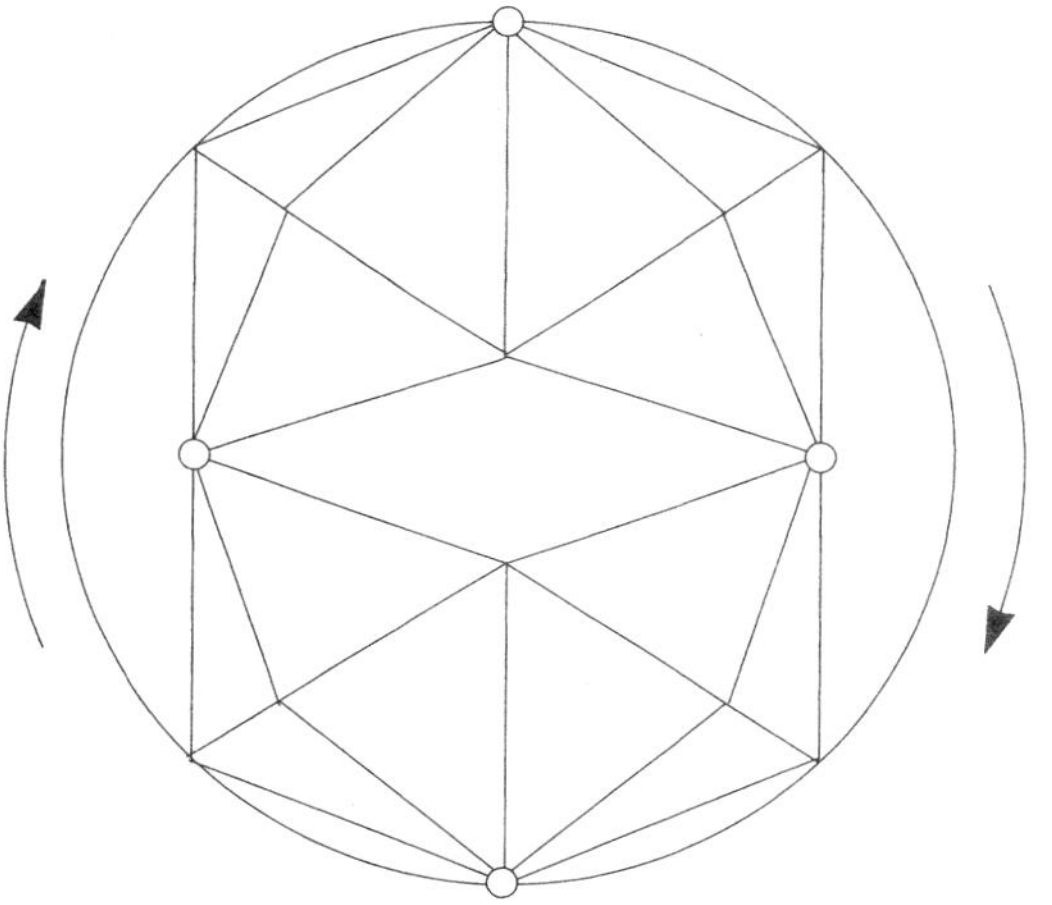

観念と理想とイメージの最高の水準から、自我の生活の具体性、身体の現実をへて、私たちの物理的存在の化学的かつ分子的な構成に導く下降は、ついには純粋なエネルギーに到達し、そして観念の領域、ヌースすなわち精神、霊の世界へと戻るのだ。このように四位一体は、最大の対立の極において、霊と物質という両極において触れ合う。ユングはこれをダイナミックな循環として描いた。矢印は円状に動き、最後にはアントローポスとロトゥンドゥムは頂上でふたたび出会うのである。

心の中心的神秘としての自己

ユングの著作から、彼にとって統一（unity）と総体性（totality）が最高の価値であり、自我が彼の個人的神話を形成していたということは明らかだ。しかしそれは彼が証拠にもとづいて立証し、理論化しようとした神話である。より正確に言えば、自己の理論――心の外部にあって、心の全体を包み込むような超越的中心があり、それが心を統治しているという概念――は、次のような基本的な心理学的現象を説明するためにユングが用いた手段なのだ。すなわち、円ないしマンダラの自然発生的な出現、彼が「補償」と呼ぶ心の自己規制的機能、彼が「個体化」と呼ぶ生涯を通じて漸進的に進む意識の発達、そして明らかに数多くの極性が存在しておりながら、それらが整合的な構造を形成し、エネルギーを生み出すといった心理学的現象だ。保守的な神学者はユングが自己を神概念に変容させ、それを自らの作った神殿で崇拝している、と批判してきた。ユングはこのような非難に対してはこう答えようとした、すなわち、自分は経験的な科学者であって、たんに事実を観察し、その存在と相互の間の関係を説明しようと試みているだけなのだ、と。彼にとって自己概念は、心の中心をなす神秘――心のほとんど奇跡的にさえみえる創造性、中心を持つ力動性、秩序と一貫性をそなえた深層の構造――に対して与えうる最良の解釈を提供していたのである。

全体としての心的システムは多くの部分からできている。スペクトルの一端には思考や元型的イメージがあり、もう一方の端には、衝動や本能の表象があって、その中間には忘却された記憶、想起された記憶、そしてすべてのコンプレックスといった莫大な量の個人的素材がある。このシステム全体を秩序づけ一つにまとめる要因が、自己と呼ばれる不可視の執行者《エージェント》なのだ。これは、さまざまな他の要因の間に調和をもたらし、それらを結びつけて機能する一つのまとまりを作り出すものである。自己は中心であり、部分を統合する。しかしその作用はかなり離れた距離をおいてなされる。太陽が惑星の軌道に影響を与えるようなものだ。その本質は心の境界の彼方に存在している。それは類心的なものであり、人間の経験や認識を越えた領域に延びている。この意味で、ユングは自己が無限であると言う。少なくともその限界がどこにあるかを経験的な証拠にもとづいて言うことはできない。『自伝』で述べているように、ユングはその先には行こうとしなかった。しかし、これだけでも彼がかなりの距離を進んだということは確実である。

第8章　自己の出現　個体化

いまやユングの魂の地図の諸要素は然るべき位置に配置された。これで私たちは、この領域において生涯にわたって続く心理的な旅路を正面から取り上げて考察する準備ができた。これまでも心理的成長という主題にはいくども触れてきたが、いまやその理論の全体をふまえて、ユングの言う「個体化過程」の全行程について語ることができる。人間は死ぬまでさまざまな仕方で成長を続け、そして多くの水準でさまざまな変化をとげる。一生を通じての全体性《ホールネス》の経験――心理的構造および意識における自己の出現――のすべてをユングは個体化として概念化したのである。

ユングの個体化という概念は、部分的には、人間が生きている間――現代の西洋ではだいたい七十、八十年だ――ずっと成長し発達してゆくという一般的な観察にもとづいている。身体的に見れば、人間は乳幼児として生まれ、数年後には幼年期に移行し、次いで青年期や成人期初期に入る。一般的に身体的成長が頂点に達するのは、青年後期か成人期初期であり、身体的発達はほぼ二十歳頃には完成する。その時期、健康な身体は活力に満ちており、生物学的生殖の能力をそなえ、また物質的な世界に対処するために要求される努力と忍耐という英雄的な業のための準備もできている。その後も引き続き筋肉を鍛え、運動的技能を鍛錬することはできるが、身体はこの時点でできあがってしまう。三十歳代半ばをすぎると、肉体機能の減退、衰弱が徐々に目立ちはじめる。人は自分の肉体をいたわらねばならなくなり、回復不可能な損傷を引き起こすほどのストレスをかけないよう配慮するようになる。人生の半ば、中年期以降に起こってくる身体的変化や発達は、たいていあまり好ましくないものであり、ときには少なからぬ不安を引き起こすこともある。皺、腹や胸の弛み、関節のうずきや痛み――そのすべてが、日々、人間が死すべき者だということを想起させる。成人期、中年期の後には不可避的に老年期が来る。老年期は長く引き延ばされることもあるし、短期間で終わってしまうこともある。今日では老年期のはじまりはだいたい七十歳頃だと考えられている。次の世紀には、おそらく人々が百歳、いや百二十歳まで生きることがごく普通になっているだろう。この人生の終わりの時期になると、肉体の衰退は加速される。物理的な身体は、人生全体の流れの中で、成長し、成熟し、老い、衰弱してゆく。身体の成長と衰微の主要な部分は遺伝的プログラムによって支配されるが、ユングの心の理論によれば、これは元型的パターンによって私たちに仲介される。人生における各々の段階は、心理的態度、行動、動機づけを形成する一連の元型的イメージに支えられ維持されている。たとえば、幼児は、微笑んだり、しゃぶったりという一般に可愛らしいとされるふるまいをする準備が整った状態でこの世にやってくるのであり、それが自分を世話してくれる人に適切な養育的態度と行動を布置するのだ。同時に(すべてが順調にいっていれば)母親は、自分の赤ん坊を養い育てる役割を担う準備ができている。母と子の対は人間のファンタジーと相互作用の元型的パターンを描き出しており、このパターンは原初的なものであり、生存にとって重要な価値を持つものなのだ。人生の各々の段階にこのような本能と元型の布置があり、それが行動、感情、そして精神作用のパターンを描き出すのである。

心理的ライフサイクル

ユングはいわゆる心理的ライフサイクル理論家の先駆者である。一昔前の心理学では、心理的および性格的な発達は乳幼児期および幼児期の初めに起こり、その後とくに重要なことは何も起こらないとされていたものだが、ユングは人間がずっと発達を続けると考え、中年や老年を含めたあらゆる年代に心理的発達の機会があるとしたのである。といっても彼が初期の発達を軽視したというわけではない。彼が遺伝された性質や人格傾向に大きな関心を払ったことはたしかだが、人格が全面的に現われ展開するには生涯全体を要するのである。ユングやエリク・エリクソンなどの理論家が記述した多くの発達段階を通じて自己は少しずつ現われ出るのである。

心的発達はある程度まで身体的発達に従うとユングは考えた。それは人生の前半と後半に分けられる。「人生の段階」という短いが重要な意義を持つ論文で、ユングは太陽のイメージを用いてこの発達の経過を叙述している。太陽は朝に昇り、正午に絶頂に達し、そして午後には下降して、最後には日没に至る(1)。これはだいたい身体の発達のパターンに対応している。しかし、とりわけ人生の後半では、そこに重要な違いがある、とユングは付け加える。最初、幼児的な自我が無意識の水の中から浮かび上がるとき、意識は夜明けのように昇ってくる。そしてその成長と拡大、複合性と力の増大は、それを宿す物理的な身体の成長および発達と一致する。身体が成長し、脳が成熟して学習能力が発達・拡大すると、自我もまたその強さと能力を発達させる。最初の一歩は、個人の身体と周囲の世界の対象を区別することだ。これは内なる無意識の母胎からの分離と並行している。世界はより現実的で具体的になり、もはやたんに大まかな投影を受ける容器ではない。区別し観察することが始まる。人は独立した実体として活動する能力を急速に獲得してゆく。彼らは個体として行動し始める。かなりの程度まで自分自身と環境とを制御する能力を持ち、情動と思考の流れを行動の社会的標準に求められるように抑制する能力を持つ。自我はごく自然かつ自発的に環境を制御することを学習する。それは周囲の文化の中で生き延び、個人的な利益を得るためだ。自我はペルソナを発達させる。健全な子供および若者の自我は、自分が生まれた環境の中で自らを信頼し自立することによって自分自身の世界を構築するために忙しく学習を続ける。適応の基礎は、母子一体の状態、それから後に来る分離と征服という英雄のパターンといった元型的イメージにもとづいている。だが現実にはどのような適応も環境との関係において生起する。すべてが順調にいけば、人は最終的には自分が生まれた家族への依存関係から自由になることができる。子供を作り、自ら構築した環境の中で自分の子供たちを育て、自分が属する社会の中の大人の世界で一定の役割を演じることができる。内面においては、元型的可能性と類型的傾向にもとづいて自我構造およびペルソナが形成される。人生前半における発達の主要な目的は、自我とペルソナが発達し、個体として生存し、文化的に適応し、子供の養育という大人の責任を果たすことができるようになることだ。

これがどのように達成されるか、またそれが具体的にどういう形をとるかということは、その人が生まれた家族や、社会階層や、文化や、歴史的時代によって大きく変わってくる。現実の発達はこれらの要因によって影響され、形成されるのであって、これに応じて、男と女、貧乏人と金持ち、東洋人と西洋人では発達の様相は違ってくる。これらの同じ要因は、また個人がいつごろ諸々の役割と責任をになうべきかということを規定している。しかし普遍的なこと、それゆえ元型的なことは、どのような文化も若者に自我の発達と適応の達成を期待し要求するということである。あらゆる文化において、英雄および女主人公《ヒロイン》のイメージが理想としてかかげられる。英雄は、自我発達をなしとげた者の理想的イメージであり、男性はこれを模倣し賞賛すべしとされる。女主人公《ヒロイン》は、同じく女性たちに見習うべきパターンを提供するイメージだ。自我とペルソナの発達が、青年に達する時期までに事実上できあがってしまうような社会もあれば、（ほとんど果てしない教育を要求する近代社会のように）中年間近になるまでそれが完了しないような社会もある。

個体化

ユングが個体化という言葉を使ったのは心理的な発達について語るためであり、彼はそれを、統一されているがしかし独自の人格、個体すなわち分割されず統合された人格になることと定義した。個体化は人生前半で達成するのが理想とされること、すなわち自我とペルソナの発達だけで尽くされるものではない。それが達成されると、別の課題が出現する。というのも、自我とペルソナが理想的に発達したとしても、大量の心理的素材が意識の領域の外に残されているからだ。影は統合されておらず、アニマ／アニムスは無意識のままだ。たしかに自己は舞台の裏で活動していたが、その姿が直接見られることはほとんどなかった。しかし今や「どのようにして人はより広い意味での心理的統一、人格の意識的な面と無意識的な面を結合する統一を達成できるのか」という問題が現われてくる。個体化の課題に失敗する可能性はある。人は分割され、統合されず、老いてなお内的には複数の要素に分裂したままで、しかも社会的および集合的には、表面的ではあるが、成功した生活を送るということがある。意識的レヴェルで深い内的統一を達成するのは稀なことなのだ。とはいえ、それは疑いもなく非常に強力な内的衝動に支えられている。ユングは個体化衝動について述べている。それは主に生物学的な欲求というよりは、むしろ心理的欲求である。この機制についてはすぐ後で説明しよう。

ここで、ユングを他の心理学理論家と比較したい読者のために、注意すべき点を述べておきたい。他の心理学理論でも個体化という言葉は使うが、これをユングの個体化概念と混同しないように気をつけねばならないのだ。その事情はユングの自己概念と他の心理学者たちのそれとを比較する場合と似ている。たとえばマーガレット・マーラーの仕事では「分離／個体化」の過程について語られ、彼女はそれを非常に重視する。子供は二歳の初め頃に「ノー」と言うことによって母親から分離する。それは個体の心理の中に組み込まれた運動であり、自発的に生じて、自我の発達を促進する。それは元型的に基礎づけられており、英雄という元型的パターンの早期の表われ、その最初の接近と関連させることができる。ユングにとって、これは個体化の一面であろうが、生涯にわたる個体化のすべてでないことは確実だ。分離に向かうこの動きの目的は、後に意識化の歩をさらに進め、最終的には人格全体の統合と単一化を目指すことができるような心理的状況を作り出すところにある。マーラーにとっては分離ということ自体が目的なのではない。それは発達途上の中間駅にすぎない。しかしユングにとっては個体化そのものが一つの目的なのである。

人生の前半であれ後半であれ、個体化をもたらす心的機制は、ユングが「補償」と呼んだものである。

意識と無意識の根本的な関係は補償的なのだ。無意識からの自我の成長は、周囲の環境に効果的に適応するために自分を取り巻く世界から分離しようとする強力な本能によって駆り立てられ、その結果として自我意識とそれが由来する無意識的基盤とが分離してゆく。自我は一面的になりがちだ。つまり過度に自立的になってしまう傾向がある。すでに見たように、これは英雄の元型的パターンに由来する。そうなると無意識がこの一面性を補償し始める。典型的なものは夢における補償である。補償の役割は心的システムの中に均衡をもたらすことだ。こうした補償そのものは現在の瞬間に調節されており、そのタイミングはまさに意識がしていることとしていないことによって、現在の自我意識の一面性と発達のあり方によって決まってくる。しかし時の経過とともに、これらの数多くの小さな日常的な補償がパターンを形成し、そのパターンが全体性に向かう螺旋状の発達、ユングが個体化と名づけた発達の基礎を敷設するのだ。ユングはそれが一連の夢の長い系列の中にとりわけ明瞭に現われていることを見出した。「これらの見たところばらばらな補償作用は一種のプランの中に配置されている。すなわちこれらの作用はたがいに結びついており、またより深い意味である共通の目的に従っているようにも思われる。……私はこの、長い夢の系列のシンボリズムの中でみずからを自発的に表現していく無意識の過程を個体化過程と呼んでいる」(2)。またこれと同じ原則を、心理発達一般に当てはめることもできる。無意識は全生涯にわたってさまざまな仕方で自我意識を補償する——言い間違い、忘れっぽさ、奇蹟的な啓示によって、また事故、災害、恋愛、突然の授かり物といったことを仕組むことによって、あるいは霊感的な思いつき、惨事にいたる軽はずみな観念を生み出すことによって。ユングの言う個体化の生涯にわたる展開において、その駆動力となるのは自己であり、個人の意識的な生の中にそれを出現させる機構は補償である。これは人生の前半でも後半でも同じようにあてはまる。

とはいえ、人生後半になると前半とは違った種類の動きが関わってくる。この個体化第二段階においては、自我が自らのバックグラウンドおよび環境との同一化から分離することではなく、むしろ全人格の統合ということに重点が移る。しばしばユングは「母への回帰」について語るが、それは、自我発達が中年期に頂点に達すると、もはやそれまでの古い目標を追及し続けても意味がなくなるということを表わすメタファーなのだ。そして今やすでに達成された目標のいくつかが果たして究極的な価値を持つのかどうかが疑わしくなり、ここからすでに達成されたものについて、それ以上の意味はどこに見出されるかということについて考え直すという作業へと導かれる。(3) 人生には、安定した立派な自我とペルソナを作り上げ世の中で成功を収めるというより以上のものがある。「そこにはもう行った。それはもうやってしまった」という表現は中年の気分を要約している。次は何か。意味はどこか他のところにある。心のエネルギーはその流れを変える。今や課題は自我と無意識を統合することである。無意識は生きられていない生、現実化されていない可能性を含んでいる。人生後半におけるこの発達が、ユングの言う個体化の古典的な意味である——人がすでに潜在的にあるところのものになること、しかしいまやより深く、より意識的にそうなることである。これには象徴の実現する力、視野から隠されていた無意識の内容を引き上げ利用可能にする象徴の力が必要である。自我は自分だけの努力によってこの広大な人格統合を成就することができない。それは手助けしてくれる天使を必要とするのである。

ユング自身、フロイトと断絶した後には、人生前半の問題を考えることにあまり多くの時間を割かなかった。彼は主に「個体化過程についての研究」(4) に述べられている五十三歳の女性のような人々に関心を持っていた。彼自身の患者の多くが、この種の成人であった。彼らは精神的に深刻に病んでいるわけではなく、入院したり医学的治療を必要としておらず、また人生の初期段階を終えている。そうした人々がさらなる内的発達の追究における知恵と導きをもとめてユングのところにやってきた。それは彼らがみんな神経症的ではなく、心理学的援助を必要としていなかったということではない。ただ彼らは典型的な精神科の患者ではなかったということだ。事実、ユングは、自我の確立と子供を育てる時期を終え、その人生前半の発達がすでになされた人々と仕事をすることを好んだ。いまや個体化過程の第二の大いなる局面、すなわち意識の中へのより明瞭な自己の現われる局面を追求する機会がやってきたのだ。この複合的なプロジェクトにおいてユングが彼らを援助するために用いた方法は、ユング派の分析と呼ばれるようになっていった。

成人期や老年期の心理的変化と発達は、人生前半期より幾つかの点で微妙である。人々を非常に注意深くかつ深いレヴェルで観察しなければならない。またときには、発達が非常にわずかであるため、観察すべきものがあまりないこともある。たとえば、私の最も仲の良い幼な友達の父親と私がいちばん最近会ったのは彼が八十九歳のときだった。彼とは三十年ぶりに会った。彼は著しく年を取っていた。明らかに彼は人生の終わりに近づいていた。彼の身体は極度に変化したが、彼のペルソナ、ユーモアの感覚、人格は、見たところ、あまり変化していなかった。だから昔と同じように彼に対し親しみを感じることができた。この年月を経た後に彼と再会した折、私はすぐに彼がわかった。私にとっての彼の人格、私が見て、経験できるかぎりでの彼の人格は完全に昔と同じだった。エネルギーは以前より少なくなっていたかもしれないが、依然として彼は自分の好きな最新型の自動車について活発に会話を続けられるほどの元気があった。彼の身体は萎びてより衰弱したものの、ほぼかつての彼と同じ人格のままであった。

五十歳を越えた後、彼の心に何らかの発達があっただろうか。彼の態度は変化したのか。どの程度私は彼を知っていたのだろう。私は子供の頃に彼を知っていたが、その後は知らない。だから私は子供の目で彼を見ていたにすぎない。私は彼のペルソナを知っていたが、それがすべてだった。どう見ても彼のペルソナは元のままであった。しかし周知のように、心にはペルソナ以上のものが沢山ある。ペルソナが変化しないとしても、より深い変化があるのだろうか。ただ会って話すだけでは分からない、深い面接と解釈によらなければ見えてこないほど微妙な変化なのか。おそらく彼の意識は、はるか昔に私が会った頃からはずいぶん発達したことだろう。ただ、私にはそれが見えないのだ。ユングは、心理的発達の軌道が身体のそれと同じだという考えを受け入れなかった。老いてくれば身体は主として衰退してゆくだけだ。こうした身体的な衰退を陵駕するような、そして身体とは異なるパターンを示すような心理的補償はあるのだろうか。

意識の五段階

人生後半における意識の発達に関するこの問題への手がかりとして、いくつかの一般的な物差しを適用することができる。ユングは意識発達の五段階について述べている。(5) これを私は要約し、かつ少々補充しよう。子供における意識の発達、また人生後半における成人の意識発達を測り見積もるために、これらの段階を利用できるのだ。

最初の段階は、神秘的融即（participation mystique）によって特徴づけられる。神秘的融即は、フランスの人類学者レヴィ＝ブリュールの用語であり、個体的意識と周囲の世界との同一化の状態を指している。そこには、自分がその状態にいるという自覚はなく、意識とそれが同一化している対象は神秘的に同じものなのだ。一方では自分自身と自分の知覚のちがい、また他方では自分と当該の対象とのちがいの自覚が欠如している。ある程度の神秘的融即は生涯にわたって続く。たとえば、この意味で多くの人は自分の車と同一化している。彼らは自分の車についてあらゆる種類の自己感情を持つ。車に問題が起これば、その持ち主は自分が病気のように感じ、風邪で寝込んだり、腹痛を覚えたりする。私たちは無意識に自分を取り巻く世界と結合しているのだ。これが、ユングの神秘的融即と呼んだものである。

多くの人々は、少なくとも人生の初期においては、神秘的融即によって自分の家族に結びついている。それは同一化、取り入れ、投影にもとづいたものだ。これらの用語は同じこと、すなわち内的内容と外的内容の混合を意味している。幼児は最初のうち、文字どおり、自分がどこで終わり、母親がどこで始まるのか区別できない。幼児の世界は高度に統一されている。この意味において、意識の最初の段階は最終段階を先取りしている。どちらにおいても部分は全体へと窮極的に結合している。だが初めの頃のそれは無意識的全体性だ。しかし終点における全体性の感覚は意識的なものとなる。

意識の第二段階では、投影の焦点が絞られるようになる。最初の段階での、的を得たまたは外れた投影をした後、自分／他者の区別が意識の中に現われ始める。幼児はある種の場所、彼自身の身体的存在が外的物質と衝突する場所に気づくようになり、物事に注意して自他の間の、また彼を取り巻く世界にある物と物の間のちがいを認識し始める。自分と他者、内部と外部の間の区別が徐々に増大し鋭くなってゆく。主体／客体の間がかなりの程度分化され、自分と他者が別の、そして違った存在だということが分かるようになると、投影と神秘的融即のあり方が変化する。といっても投影が克服されたわけではなく、ただより局所的になり、広い世界全体に対する投影というより、むしろ少数の事物に焦点が絞られるようになったということだ。世界内のある種の対象は投影を担い、リビドーの充当を受け、そのためいまや明らかに他のものより重要で興味深いものとなる。母親、お気に入りの玩具、輝きながら動くもの、愛玩動物、父親、他の人々が特別なものとして選び出され、背景から浮かび上がる。こうして意識の発達の進展とともに分化が起こり、投影が特定の形象に固定されてゆく。投影は未知のものに向けられ、世界は未知のものに満ちているから、投影の過程が全生涯にわたって続く可能性は世界の中にたっぷりと存在しているのである。

両親は初期の主要な投影媒体であり、子供たちは無意識に全能と全知を彼らの上に投影する。これらはユングが元型的投影と呼ぶものである。両親は神々となり、神々のものとされる力を付与される。「パパは何でもできる！　彼は世界でいちばん強い男だ！」「母さんはあらゆることを知っていて、奇蹟を行なうことができる。それに私を無条件で愛してくれる！」自分の両親がすべてを知っているわけではなく、神とは程遠い存在だという衝撃的な認識は、通常、十代に起こる。するとしばらくは、両親はまったく何も知らないということになる（これは別な種類の投影である）。私たちは同胞《きょうだい》にも投影する。家族の中で進行する同胞間の確執、競争的で底意地の悪いある種の心理力動の根っこには投影がある。先生や学校そのものもまた多くの投影を受ける。実際、私たちの環境の中の数多くの形象が、意識の第二段階における投影の担い手となる。それが人々や制度に私たちの意識を形成する力を与える。私たちの意識にさまざまな知識や見解を注入し、徐々に私たち自身の個人的経験を集合的意見や見解や価値によっておきかえてゆく。これが子供時代と青年時代に生じる文化獲得と適応の過程である。

恋に陥り結婚したりすることは、典型的にアニマとアニムスの強力な投影にもとづいており、これはそのまま出産や養育に通じている。この期間、子供たちは聖なる子供の投影の担い手となる。最初の段階と同様、誰も第二段階から完全に脱却することはできない。何かに魅惑されることができるかぎり、冒険や恋愛の興奮を感じ、強力な信念のために一切を危険にさらすことができるかぎり、その人の活動は世界の中の具体的な対象への投影にもとづいているのだ。大多数の人々にとって意識の発達はここで止まってしまう。このような個人は心の中の肯定的また否定的なイメージを強力に周囲の世界に投影し、あたかもそれが外部の事物や人の中に存在しているかのように心のイメージに反応し続ける。

もし意識の発達がさらに続くとすれば――それは、認知の発達が、比較的具体的なレヴェルから自由な抽象のレヴェルに進むときに可能となる――、人は、特定の投影の担い手がそれらが担っている投影と同一ではないことに気づくようになる。投影を担っていた人々が、投影の背後から姿を見せ、そしてその結果、彼らはしばしば脱理想化される。この段階で世界はその素朴な魔法の多くを失う。投影された心的内容は抽象的になり、そしてそれらはいまや象徴およびイデオロギーとして現われる。全能と全知はもはや人間に付与されない。このような性質は神、運命、真理といった抽象的実体に投影されるのだ。哲学や神学が可能となる。究極の価値が、かつて両親や教師に帰属されていたヌミノースな力を帯びる。元型的投影は法や啓示や教説に充当され、具体的な日常の世界は比較的投影から自由になって、客観的に扱ったり交流したりすることができるようになる。意識性がこの段階まで到達すると、諸々の邪悪な敵や力に対する恐怖に襲われることは少なくなる。人は人間にすぎない敵の復讐を恐れる必要はない。なぜなら神がすべてを宰領しているからだ。あるいは、世界は自然法則に従っており、霊やデーモンといったものは存在しないのだから、人間は世界を操作し合理的に制御することができる。こちらには高速道路、あちらには住宅街といったところでは、霊とかデーモンとかも出たがらないだろう、と。もはや、自分が世界に対してしていることの痛みを直接に感じて、しょっちゅう自分自身と衝突するといったことはなくなったように見える。

自己／客体の分割がこの段階まで到達すると、世界の被造物の苦しみや自然的世界の破壊に対する、自然な共感的反応はかなりの程度まで減少する。多くの人々にとって、これは進歩というよりむしろ意識性の低下に見える。しかし初期の発達段階に現われた共感という情動的反応は広く投影にもとづいており、客体に起こっていることの客観的評価とはほとんど関係ないことは認識しなければならない。世界の具体的な客体から投影が取り除かれると、幻視的な政治指導者やカリスマ的イデオローグが、観念、価値、あるいはイデオロギーといった形の抽象物を創造する。こうした抽象物に力を与えるのも投影であるが、その投影は彼らが最高の価値にして最大の善とみなすものを述べるところの概念へと注がれる。これらの価値から一連の命令と「かくあるべし」が導かれる。それはあまり意識的でない人々が世界と持つところの自然的、自発的な情動的関係にかわるものだ。義務を定める規則が神秘的融即もしくは投影にもとづいた無意識的共感にとってかわる。たとえば、環境保護のために適切なことをするのも感情からではなく、義務からということがある。ゴミを分別しガソリンの消費を減らすのも、自然的世界を破壊したくないからというより、それを正しいとする道徳的命令のためなのだ。

この意識の第三段階――私の友人の父親は伝統的な意味で宗教的人間だったから、この段階に達していたと思う――においても、依然として無意識的素材の投影がある。しかしこれらの投影は、人物や事物というより、むしろ原理、象徴、教えに投影される。もちろんこれらの投影は、ほとんど具体的な意味において、いまなお「実在」とみなされている。神は実際にどこかに存在しており、紛れもなく一つの人格である、等々。ある現実の神が死後に人を罰したり報酬を与えたりするだろうと信じているかぎり、これは意識の第三段階を指し示している。投影が単純に人間の両親から、より抽象的、神話的なイメージに転移されただけなのである。

第四段階は、投影の根底的な消滅である。ここでは投影が、神学やイデオロギー的抽象という形式においてさえ消えてしまう。この消滅は「空虚な中心」を作り出す。これをユングは近代性のしるしとみなした。これこそ「自らの魂を求める近代人」なのだ。[6] 魂の感覚――生の大いなる意味と目的、魂の不死性、その神的な出自、「内なる神」としての魂――が、功利的かつ実利的価値に置き換えられてしまう。「それはうまく働くか」が第一の問題となる。人間は自らを巨大な社会経済的機械の歯車と見るようになり、それらの意味に対してほとんど何も期待しなくなってしまう。人間が求めるのは一時的な快楽と操作可能な欲望の充足だけだ。さもなければ抑鬱に陥るのだ！　神々はもはや天にましまさず、デーモンは心理的症状や脳の化学的不均衡に変わってしまう。世界は投影された心的内容を剝ぎ取られる。もはや英雄もなく、邪まな悪漢もいない――人間は現実主義的になる。原理の妥当性はもはや絶対的ではなく、諸々の価値は文化の規範と期待から派生するものとみなされる。文化的なものはすべて、人間の手で作り出されたにすぎず、内在的な意味などないようにみえる。自然と歴史は偶然の所産で非人称的な力の偶然的な戯れの所産である。こうして私たちは近代人の態度と感情色調に到達する——それは世俗的で、無神論的で、いくらかヒューマニスティックだ。近代人の価値は「たぶん」とか「確実とはいえない」といった留保や条件によって縁取られている。近代人のスタンスは相対主義的である。

この意識の第四段階では、あたかも心的投影が完全に消え去ってしまったように見える。しかしこれが誤った考えであることは疑いがないとユングは指摘する。実際には、それまで他者と客体と抽象物に投影されていた内容が自我そのものに充当されるようになったのだ。こうして近代人においては、自我が途方もなく膨張《インフレート》し、ひそかに全能の神の地位を占める。今や法や教説ではなく、自我が投影の器となり、善い投影も悪い投影もすべてを引き受けるのだ。自我が、正と誤、真と偽、美と醜の唯一の判定者となる。自我の他に自我を超える権威はない。意味は自我によって創造されるのでなければならない。それは他のところで発見されえない。神はもはや「外」にはいない。それは私なのだ！　近代人は分別があり、地に足をつけているようにみえるが、実際には狂っている。しかしこれは隠されている。一種の秘密であって、本人にさえ隠されているのだ。

ユングはこの第四段階がきわめて危険な状況だと考えた。その理由は明らかであって、すなわち、膨張した自我は環境にうまく適応できず、そのため判断において破滅的な誤りをしがちだからである。この段階は個人的な意味でも文化的な意味でも意識の前進であるが、しかし誇大妄想の潜在的可能性をもつがゆえに、非常に危険でもある。ここでは、なんでもありだ！　もし私がそれを望み、それをやってのけられると判断するなら、何をやってもオーケーであるはずだ。影の誘惑的な説得に対する免疫は全然ない。自我は権力を求め、世界全体を支配しようとする影の欲望にいとも簡単に屈服してしまう。これはニーチェの超人であり、また二〇世紀の社会的また政治的な惨事《カタストロフ》にはこの傲慢が反映されている。すでにドストエフスキーの『罪と罰』の主人公、ラスコーリニコフが予示していたように、私たちは今や、それがどんな感じのものかを知るためだけに一人の老女を殺すような人間を目撃している。第四段階の人は、人々あるいは価値に関係した社会的因習によってはもはや統制されていない。したがって自我は行動の無制限の可能性を考えることができる。だからといって現代の人々すべてがソシオパスだというわけではない。ただ、このような方向に進む扉が大きく開かれているということだ。そしてこれが最も危険なのは、いちばん分別があるようにみえる人々——「社会の精華《ザ・ベスト・アンド・ザ・ブライテスト》」、自分が政治と道徳のすべての問題への答えを算出できると考えるような人々の場合であるかもしれない。

　ユングは冗談めかしてこう言った。路上で人はあらゆる発達段階の人々——ネアンデルタール人、中世人、近代人、想像できるありとあらゆる意識発達のレヴェルの人々——に出会う、と。二〇世紀に生きているというだけで自動的に意識発達が近代性の段階に到達するというわけではない。すべての人が第四段階に接近するのではないのだ。事実、多くの人々はその要求には耐えられない。またこれを悪とみなす人々もいる。世界各地のファンダメンタリスムは、第四段階の腐蝕的な効果、それがもたらす絶望と空虚を恐れて、第二および第三段階にしがみつこうとしている。しかし投影がここまで取り去られ、個々人が自分の運命に対し個人の責任を取るというのは、大いなる心理的発達の成果である。危険は心が自我の影に隠されてしまうところにあるのだ。

　意識の発達におけるこれらの四つの段階は、自我の発達と人生の前半に関わっている。誇大妄想的膨張に陥ることもなく、第四段階に固有の自己批判的かつ反省的な自我を獲得したとすれば、その人の意識はきわめて高度な発達をとげたと言ってよい。ユングの評価においても、大きく進化したことになる。しかしユングによれば、人生後半においてさらに発達するには次の第五段階、意識と無意識の再統合を目指すポストモダンの段階に進まねばならない。この段階では、自我の限界の認知と無意識の力が気づかれ、ユングの言う超越機能および結合の象徴を通して、意識と無意識間のある形での統一が可能となる。心は統一されるが、第一段階とはちがって、部分の分化は維持され、意識の中に含まれている。また第四段階とはちがって、自我は諸元型と同一化していない。元型的イメージは自我の影に隠されるのではなく、「他者」として自我の外部に留まっている。それが具体的に「外に」、なんらかの形而上的空間に存在するとされた第三段階とはちがって、今やそれらは「内面」にあるものとしてみられ、いかなる外部のものにも投影されていない。

「ポストモダン」という表現は私のもので、ユング自身の言葉ではない。彼が言う意識の第五段階は、芸術や文学批評で使われている意味での「ポストモダン」ではなく、「近代《モダン》」を超越し、それにとってかわる段階を意味している。それはすべてを見抜き、心の現実性を信じない近代的自我を超えて、その先まで進む。近代のスタンスは「〜でしかない」という態度だ。近代は投影が抹消され、投影されていたことどもは煙りと鏡でしかないと確信している。ポストモダンの態度は、投影の中には心的現実があることを認めるが、それは具体的なあるいは物質的な意味においてではない。もし森の中で大きな騒音が聞こえれば、そこにはおそらく何かがあったと考えていいだろう。それは私たちが考え出したものではなく、何か現実的なものにちがいない。私たちはそれを観察できるだろうか。直観できるだろうか。

思い描くことができるだろうか。このようにして心そのものが吟味と反省の対象となる。それをどのようにして観察の中に捉えることができるのだろうか。その場合、心とどのように関わっていけばいいのか。これらがポストモダンの論点であり問いである。かくてユングが『心理学的類型』において適切な認識論（彼の言う「批判的心理学」）を定式化しようと試みたのも、心をそれ自体の権利をもった実体としてアプローチするための基礎を布設しようとしてのことだった。また能動的想像や夢解釈といった彼の技法は、心と直接に相互作用し、それと意識的関係を形成することに役立つ。このような仕方でユングはポストモダンの、意識的な流儀で生と関わるための道具を鍛えていったのだ。それはまた、原始社会および伝承社会の人々が彼らの神話と神学において見出したのと同じ内容、幼児や児童が彼らの両親や玩具やゲームに投影するのと同じ内容、そして重度の狂気および精神病の患者が幻覚やヴィジョンでみるのと同じ内容に対して、まっとうな立場をとるための道具でもあった。こうした内容は私たちすべてに共通しており、最も深く最も原始的な心の層、集合的無意識を作り上げている。こうした元型的イメージに接近してそれらと意識的かつ創造的に関係すること、それが個体化の要であり、意識の第五段階における課題であるとする。またこの意識の段階は個体化過程においてもう一つの動きをもたらす。すなわち自我と無意識は象徴を通じて結合されてゆくのである。

公的にはユングは第五段階より先のことは言っていない。しかしいくつかの箇所から彼が第五段階を超えた、より進んだ段階にも目を向けていたことがわかる。彼の著作には、第六、第七段階とさえ考えうるものが示唆されている。たとえば、一九三二年に行なわれたクンダリニー・ヨーガのセミナー(7)では、ユングは東洋においては西洋で知られているところを遙かに超える意識状態が達成されていることを明らかに認めている。ユングは西洋人が近い将来に類似の意識段階に達することはおそらくあるまいと言いながらも、その理論的可能性は認めており、さらにそのような状態が持つであろういくつかの特徴を記述しさえしている。クンダリニーにおいて啓示されるような意識の型は、第七段階にほぼ相当するものとみなしてもいいだろう。話がいささか前後するが、第五段階とこの推定上の第七段階の間には、西洋人にはもっと接近しやすいと思われる意識の型がある。もっと後になってユング自身が共時性との関連で元型の構造や機能を研究したとき、彼は、おそらく一見すると内的なこれらの構造が、心的ではない世界における存在の構造と対応しているのではないかと示唆した。このことについては第9章でもっと詳細に論ずるが、今のところは、ありうべき意識の第六段階とは、世界と心の間の、より広いエコロジカルな関係を考慮に入れるようなものではないかと示唆するだけで十分だろう。唯物論的な態度によって徹底的に条件づけられている西洋人にとっては、これは意識の成長におけるオプションでありうる。そこで第六段階は、心と物質世界の統一を認識するような意識状態と見ることができよう。しかしユングはこのような領域では慎重だった。なぜなら、そこでは明らかに西洋で知られているような心理学から物理学や宇宙論や形而上学といった領域に入り込むことになるが、これらは彼は自分が知的にその資格があるとか能力があると感じていない領域だったからだ。にもかかわらず彼の思索は徐々にこの方向に導かれていった。私たちは彼が自分の直観に従う勇気を示したことを認めなければならない。ヴォルフガング・パウリのような現代の物理学者との対話――パウリはユングとの共著を公刊した[8]――は、心と物質世界との相互関係と照応関係のいくつかを探求しようとする試みであった。

いましがた述べた意識発達の五段階は、「メルクリウスの霊」[9]という論文の二つのパラグラフの中でユングが簡潔に述べたものだ。私はこれを彼の著作にある他の資料を使って拡充した。個体化という主題は、一九一〇年以降のユングの著作のいたるところに現われる。それは、変わることなく彼の心を占めていた事柄であり、心の構造や力学の研究が進むにしたがってその関心は深まっていった。八十六歳で亡くなるほぼ三年前の一九五八年に出た論文「良心についての心理学的見解」[10]においても、依然として彼はそれを取り上げている。彼が書いたほとんどすべての著作は個体化の主題に何らかの形で触れている。しかしこの話題に関しては二つの古典的な文献がある、そして本章の残りで私はこれらに焦点を当てることにしよう。それは「意識、無意識、および個体化」[11]と「個体化過程の研究」[12]である。

論文「意識、無意識、および個体化」においてユングは個体化という用語で彼が言おうとしたことを簡潔に要約している。彼はまず、それは人が心理的個体、すなわち独立した分割されない意識的統一、他と区別される全体となる過程だと述べる。私はすでにその含意のいくつかを説明した。まず第一に、それは自我意識を統一する過程であり、次いでユングが最終的には全体性と呼ぶものに接近するために、意識と無意識の心的システムを統一する過程である。全体性は、個体化過程の目標を表わす中心的な用語である。そしてそれは心理的な生における自己元型の表現なのだ。

最初、無意識への道は情動と激情の中に存在する、とユングは指摘する。活性化したコンプレックスは、激情を通じて自我を攪乱することによって自らを告知する。これは無意識からの補償であり、成長のための潜在可能性を提供する。彼はさらにこう続ける。これらの情動的攪乱のもとを遡れば、最後には本能の中の始源的なルーツに到達するが、それらはまた未来を先取するイメージにも導くことができる。そこでユングは、目的論的視点、目標への動きを措定する。全体性に接近するためには、意識システムと無意識システムがは互いに関係づけられねばならない。「心は異なった二つの部分から成っていて、それが一緒になって全体を形成する」[13]。そして彼は心の異なる半分を結合するという作業で使用できる実践的方法を示すのである。

彼が語りかけているのは、私が上で第四段階の西洋人として記述した人々に対してである。彼らは「自我意識と、私たちが現実と呼ぶものとを、信じている。北の風土はどういうわけかはなはだ説得的であって、そのために私たちはその現実を忘れないでいるときの方がはるかに幸せだと感じるのである。私たちにとって意味をもつのは、現実と関係をもつことである。それゆえヨーロッパ人の自我意識は無意識を呑み込みたがる傾向があり、それが徹底してできない場合には、少なくとも無意識を抑圧しようとする。しかし無意識を少しでも理解すれば、それを呑み込むことなどできないということが分かる。なぜなら私たちは無意識が生きており、神経症の場合のように抑圧しようとすれば私たちに刃向かってくるということを知っているからである」[14]。神経症は、一面性をもたらすこと保証つきの内的葛藤にもとづいている。無意識は抑圧され、人は結局エネルギーの袋小路に行き着く。エネルギーがこのように狭い活動範囲、また封印された無意識に対する防衛に用いられると、全体性と満足のための人生の可能性の大多数が否認される。しばしば人は極度に孤立し、人生は不毛となり、停滞に陥ることがある。「意識と無意識は、一方が他方を抑圧したり傷つけたりすると、全体とはならない。両者がたとえ戦わざるをえないとしても、その戦いは正々堂々たる対等の戦いとなるのが望ましい。どちらも生の一面である。意識は自らの理性と自己防衛の可能性を守るべきであり、無意識の混沌とした生もまた、私たちがそれに耐えられるかぎりで、自己流のやり方に従う可能性をもつべきである。これは開かれた戦いと開かれた協力とが一つになるということを意味している。人間の生はこのようでなくてはならない。これは昔から言われている、金槌と金床の関係である。両者の間で苦しむ鉄は、鍛えられて、壊れない全体に、つまり『個体』になる[15]」。

金槌と金床の間で、破壊されない全体を鍛え上げる！　この生き生きしたイメージは、ユングが個体化過程をどんなふうに理解していたかを語っている。根本的には、孵化と成長といった静かな過程ではなく、むしろ対立物の活発な葛藤なのだ。たとえば、ペルソナと影とか自我とアニマの葛藤に直面するという課題に取り組むことで人が得るもの、それは、「勇気」、意識と無意識との出会い（ユングはドイツ語でそれを折衝 Auseinandersetzung と名づけた）の経験を通して得た知識である。「ほぼこれが、私が個体化過程と名づけているものである。この名前が暗示しているように、それは心の二つの基本要素（意識と無意識）の間の衝突から生じる一つの過程ないし発達過程である[16]」。

個体化の事例研究

二番目の論文「個体化過程の研究」で、ユングは個体化過程に関するより具体的な細部を、少なくとも人生後半の初期段階の個体化過程について提示している。この研究の中で彼が記述するのはある女性患者だ。彼女は五十五歳で、海外からヨーロッパへ戻って来た後、彼のもとで治療することになったのである。彼女は「父の娘」で、高度に洗練され教育も受けていた。彼女は未婚だったが、「しかし無意識のなかの人間の伴侶にあたるもの、つまりアニムスと暮らしていた……この特徴的な結びつきは、大学教育を受けた多くの女性に見られる」[17]。彼はここで語っているのは近代女性についてである。これは明らかに彼にとって、魅惑的で有益な事例であった。彼は通常の女性の個体化を次のように考えていた、人生の後半になって知性および霊的側面を発達させる（アニムスの発達）必要がでてきた伝統的な母にして主婦、と。しかしこの女性は違っていた。むしろ強力な知的発達とキャリアを持つ女性だった。しかし彼女は男性に同一化していた、そしていま自分のスカンジナヴィア出身の母とその母国について何かを発見しようとする旅に出たのだった。彼女は自分の人格の女性的な面、彼女にとって無意識であった面と接触を取ることを望んでいた。

実際、多くのこの型の女性が治療のためにユングの元に年々引き続いて絶えずやって来た。この患者は今日の多くの女性に似ている。今日の多くの女性は、家庭生活を始め子供を持つ前に教育を受け、おそらく出産が遠のいた蜃気楼となる地点まで職歴に従事する。しかし一九二八年において、これはむしろ例外的な女性であった。

患者はスケッチし彩色し始めた。彼女は訓練を受けた画家ではなかったが、そのことは分析上好都合であった、というのも、これがより直接的また自然な方法で、無意識に自らを表現することを可能にしていたからである。この患者は次のようにコメントした。自分の目はあることを望んでいるが、頭は彼女に別のことをさせたがっている、そして彼女は目が望むようにやらせたが、それは出現しつつある新たな意識の中心がそれ自身の意志を持っていることを示している、と。それがあれではなくこの方法であることを望んだので、彼女はそれが生じることを許可できたのだ。Geschehenlassen（それを生じるままにさせる）は、作用している無意識を捉える方法である。ユングは彼女のデッサンや絵の心理学的意味を積極的に解釈しなかった、それよりむしろ彼女の無意識が望むよう「生ずるがままに任せる」よう彼女に奨励することによって、この過程に参加した。しばしば彼は、その絵が何を言おうとしているのか、そこに顕在的にあるものを超えて何を言おうとしているのか分からなかった。彼はただその傍らにい続けるよう彼女を励ました。徐々に一つの物語が展開していくように見え、発達が生起し、やがてこれがその目的を示したのである。

絵1は、患者の最初の状況を示している。それは心理的にそして発達的に行き詰まっている状態を表現している。一人の女性の体が岩に埋め込まれており、明らかに自由になろうともがいている。これは、分析し始めたときの患者の状態である。絵2は、岩を一筋の稲妻が撃ち、丸い石が他のものから分離するのを示している。この石は、女性の核（自己）を表わしている。ユングは、この絵が無意識からの自己の解放を表現しているとコメントする。「稲妻は円形のものを岩から解き放したが、これは一種の解放である」[19]。患者は稲妻から分析家を連想した。感情転移がその深い効果を彼女の人格に及ぼし始めたのだ。ドラマの中で、ユングは稲妻によって表わされているが、稲妻はまた攻撃し授精する彼女自身の人格の中の男性的要素でもある。ユングはこの表象の性的な調子に注意している。

ユングは、後の方で、患者の劣等機能である直観の投影‐媒体としての自分について語っている。「『劣等』機能は……解き放つ、すなわち『救済する』機能という意味を［持っている］。……劣等機能は経験的にはつねに『優越』機能を補償し均衡を取る反対機能である。私の心的な特性のために、私はこの関係の中で、投影を受ける格好の対象となったのである」[20]。彼女の投影の担い手として、ユングの言葉と存在は、患者の意識にとって補償的となり、またそれらの力や効力が大きく誇張されるようになった。彼女は彼を直観的天才、すべてを知り理解している者と見ていただろう。これは強力な転移が患者に対して典型的に言うことである。それゆえ、患者を稲妻のように打ち、このように深く彼女に影響したのは、ユングの直観なのだ。またそれは患者の劣等機能であるため、「それは意識のまえに不意に現われて、時には稲妻のような破壊的な結果をもたらす。それは自我を押しのけて、自我より上位の要旨、すなわち人間の全体性のために道を開く[21]」。

それゆえ、この絵は脇に押された自我と初めて出現した自己を表わしている。束縛を解かれた岩は、彼女の自我ではなく、むしろ自己を表わしている。稲妻は全体性への彼女のポテンシャルを解放したのだ、それは今まで無意識内に閉じ込められていたものだ。「この自己はつねに存在していたのだが、眠っていたのである[22]」。この女性の際立った自我の発達が、自己を置き去りにしたので、ペルソナの適応の中に、また父親コンプレックスやアニムス、すなわち彼女の絵の中の「岩たち」との同一化の中にはまり込んでいたのだ。彼女はこれらの同一化から解放されねばならなかった。自己と接触し、それとより結びつくようになる可能性、それは個体化過程の中核に存することだが、その可能性が無意識から解放されなければならず、このケースにおいては、それは治療的な稲妻の行為を通して生起する。治療の成功にとって転移が決定的な意味を持つとユングが言ったのも、故なきことではないのである。

三番目の絵、このシリーズのうちでもきわめて重要なこの絵を解釈する前に、ユングはついでのようにこう述べている。「疑いなく錬金術と関係するモチーフを示しており、私に昔の錬金術師たちの書物と根本的に関わり合うことになる、決定的な衝撃を与えた[23]」。ユングが自分の余生の大半を非常に深く熱心に錬金術の研究をすることに費やした事実を考慮すると、これは注目に値する表明である。絵3は

「誕生の瞬間――しかし夢見手としての彼女ではなく自己の誕生の瞬間」[24]を叙述している。この映像は空間に自由に漂う紺色の球体、「生成途上の惑星」[25]である。これは患者が自分の「真の人格」と呼んだものの出現であり、彼女はこの絵を描いている瞬間に、自分が人生の絶頂、偉大なる解放の瞬間に到達したと感じた。[26]ユングはこれより自己の誕生を連想し、[27]患者がここで「解放が意識に統合された一つの事実となり」、自己が意識的に現実化される地点にいることを指摘している。[28]

絵4では球体に意味深い変化がある。今や幾つかの区別があるのだ。それは「外皮と内の核」に分かれている。[29]前の絵の球体の上方に漂っていた蛇が、今や球体に侵入し、それを受胎させている。四番目の絵は受胎を取り扱っており、多少あからさまな性的表象を使っている。彼女は自分の男性的な認識を脇に置き、自分の存在を人生の新たな可能性へと開いているのだ。患者とユングがこの絵を解釈しているように、それは非個人的な意味をも保有するようになっている――人格全体の肯定的また否定的面を包含（影の統合）するよう範囲を拡げるため、「なるがままにまかせる（letting go）」を、自我は経験しなければならない。蛇と球体の結合は、患者の心にある対立の結合を表わしている。ユングはここで容易に為され得る具体的な性的転移の解釈を避けている。それらは性的還元主義に至り、個体化過程を進めることをできなくさせるからだ。患者がここで耐えていた苦しみは、正に人格主義的解釈、つまり男であるユングに対する性的願望を捨て去り、その代わり彼女の分析家、彼女が心理的に非常に親密になっている人と自分は恋に落ちているのではなく、個体化過程の元型的水準が活性化され、これが個人の人間関係を越えて作用していることを実感することだった。それが、この表象を通して浮かび上がってくる活動中の自己であった。

今や一連の絵は、影の問題と善悪の統合を非常に深く詳細に取り上げている。絵5では、悪が拒絶され、蛇が球体の外に置かれている。絵6は外側と内側の結合、意識的な現実化に向かう動きを示している。絵7は結果として幾許かの抑鬱と幾許かのより進んだ意識を表わしている。絵8は、非常に重要なものだが、地球、母、女性性に向かう動きを明らかにしている。これが彼女のヨーロッパに来た理由だった――彼女は自分の存在にある女性的な面と確固とした関係を作ろうと努力していた。絵9はふたたび、善悪、対立を結合させる戦いを示している。絵10で、対立は釣り合っているが、初めて癌のイメージが現われる（実際、この女性は十六年後に癌で亡くなった）。絵11では、増大する外的世界の重要性がマンダラの価値を曇らせ始めていることを暗示している。この直後からマンダラの主題が、多くの変化した形で繰り返され、それぞれがより進んだ自己の統合と表現を試みている。このシリーズは絵19でひとまず終結するが、治療後も彼女は十年以上描き続け、結局は絵24で終わっている。これは、漆黒を背景に、浮き出ているような黄金の円の内に配置された、黄色い中心を持つ真っ白な美しい蓮華の絵だ。一つの黄金の星が蓮華の上方に位置している。蓮華自体は緑の葉の上に憩っており、葉の下方には二匹の蛇らしきものがいる。それは、顕在し完全に現実化した豪華な自己イメージである。ユングは絵19以降の像の解釈を断わっているが、絵自体が、分析期間とその後に経験され、あらわになった個性がより深まり統合整理されていることを物語っている。

この事例に関するユングの結論は、分析の間にこの女性が強力な個体化過程の初期段階にいたということだ。彼が分析で彼女に会っている間、彼女は決して忘れられない意識における自己の出現を経験し、それに続く数週間数ヵ月の間、心的母体の中で対立を結合させようと奮闘したのだ。彼女はアニムスとの同一化から覚め、自分自身の女性的核と再結合できたのだ。ここで自己に対して自我が相対化されるようになり、彼女は非個人的な元型的心を経験することができた。これらが、人生の後半における個体化過程と彼の呼ぶものの模範的な特徴である。

自己の動き

個体化の主題に関して最後に一言述べておきたい。ユングの自己の視点は、構造的であると同時に力動的でもある。前の章では主として構造的特徴に焦点を当てた。しかし個体化の過程について考察すると、力動的な側面が前面に出てくる。ユングは自己が生涯にわたってたえず変容してゆくというふうに考えている。誕生から老年にいたるまでの発達の系列の中で現われる元型的イメージの各々――神的な子供、英雄、プエルとプエラ、王と王妃、老女と老賢人――は、この単一の元型のさまざまな様相あるいは表現なのだ。発達の行路において、自己は心に衝撃を与え、個体の中のあらゆる水準――身体的、心理的、そして霊的な水準――において変化をもたらす。個体化過程は自己によって駆動され、補償の機制を通じて遂行される。自我はそれを生み出すことも統制することもしないが、それに気づくことによってこの過程に関与することができる。

彼の後期の著作『アイオーン』の終わりで、ユングは自己のダイナミックな動きを説明する図を示している。図は一種の炭素原子のように見える（二六三頁）。

これは単一の実体、すなわち自己の、個人の心理的な生の連続体というコンテクストの中での変容を

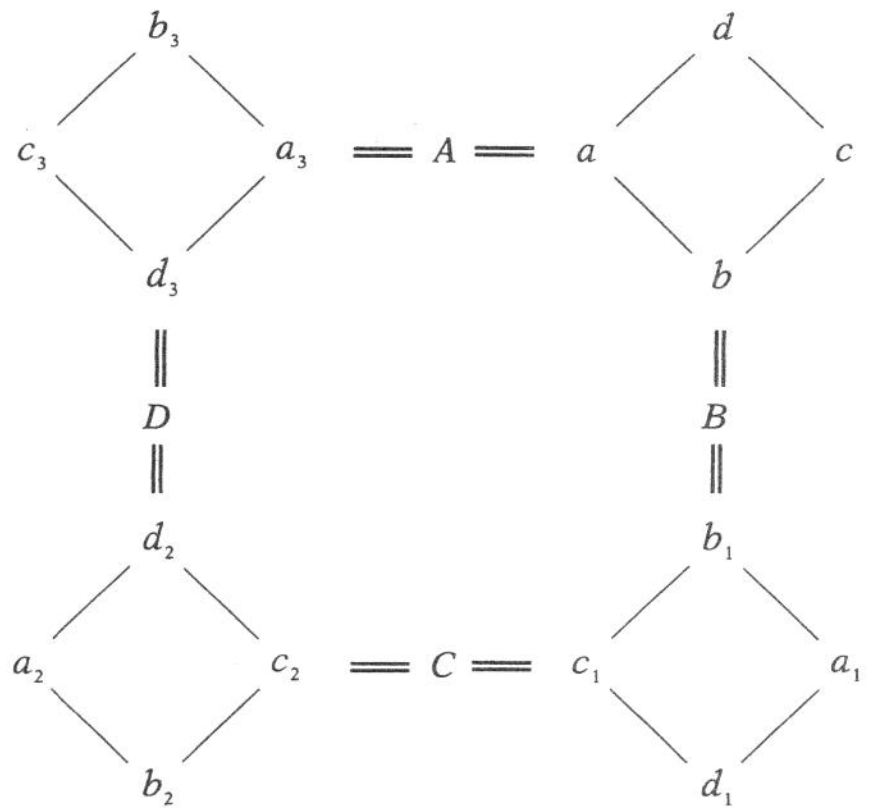

表わす定式である。この図の中でユングは、自己の内にある純粋な可能性から現実化への動きを描こうと試みている。「われわれの式によって表わされた過程は、もともと無意識的な全体性を意識的な全体性に変化させる(30)」。それは連続した人や同様の実体の変容過程を述べているが、同じ実体、それが意識に向かう動きであると同様、変容と再生の過程でもある。

　動きは四位一体Aにおいて始まる。［第7章、二二五、二二七頁参照］それは元型的水準、心的スペクトルの霊的な極を表わすものだ。ここでそれは理想のイメージとして現われる。それが四位一体A、四位一体B、四位一体C、四位一体Dを循環し、そしてふたたび四位一体Aに戻って同じ過程を繰り返すのだが、心的内容、元型的イメージはスペクトルの元型的極で心的システムに入り、ある統合過程が他の三つの水準で続いて起こる。まず、イメージが元型的な四位一体の四点を巡り、観念がより明確になる。それからこの観念は水準Bに移行する、小文字bのドアを通って、原子内のエネルギー水準が移動するのと似た過程によって移行する。これが意識の他の水準への移行である。今や観念は影の水準にあり、ここでそれは現実と日常生活に入る、客体が影を投じている現実や日常生活に入る。観念は実体性を獲得し、結合、総体、全体性の観念は今や人生の中で生きられねばならない。観念はこの心的水準を進んで行き、今や時空間の中で具体的に現実化されなければならず、これが限界や問題を導入する。ユングは言う、人間的行為のすべては肯定的にも否定的にも見ることができる、そして思考から行動へ移るとき人は影のポテンシャルの世界に入るのだ、と。[31] すべての行為（action）は反作用（reaction）を導く。それは外的なインパクトを持ち、そして誰かが実際に個体化を始めるとき、他の人々が苦情を言い出すような変化をし始めると、この人は影の四位一体へと移行しつつあるのである。観念は物質化し、現実生活における行動に効果を及ぼし、そして本能的水準にまで下降してゆく。元型と本能はこの水準で結びつくようになり、観念が影の四位一体に移るにつれて、そしてますます本能的で具体化された属性を帯びるようになっていく。

観念が水準Cに下降すると、それは物質的水準に達する、それは身体の物質的な基底の深みにある水準で、そして身体そのものが変化し始める。イメージに始まり心に入って行く組織化の原理が行動となり、それからそれは本能に触れ、本能を布置し、今やそれが実際に分子を再配置するといった仕方で身体に影響を与え始める。この深い心的水準は、心の類心的境界の彼方にある。これは進化そのものの背後にある原動力の一つである。構造は形式に従うのだ。

水準Dで、エネルギーの水準そのものに到達する。ここに物体内のエネルギー結晶体の源がある。それは副分子や副原子のエネルギーの水準とそれを形作っている様式である。この水準に接触するのは、実際の根本的変化、エネルギーの水準でのそれ自体またその構成の変化をともなう。

この式は自己の象徴を表わしている。なぜなら自己はたんに静的な量あるいは固まった形だけではなく、同時にまた動的な過程でもあるからである。それはちょうど古代の人たちが、人間の中にある神の似姿をたんなる刻印、いわば死んだ印の押型とはみなさずに、活動的な力とみなしていたのと軌を一にする。四つの変容は、復元過程ないし若返り過程を表わす。その過程はいわば自己の内部で行なわれるもので、たとえば太陽の中での炭素・窒素循環にも比せられる。この循環過程にあって一個の炭素核は四個の陽子を捕捉し……循環の最後でそれらをα粒子の形でふたたび解放する。その際にその炭素核は以前と少しも変ることなくふたたび出てくる。まるで「灰塵の中からよみがえる不死鳥」さながらである。存在の秘密、すなわち原子とその構成要素の実在の本質は、恒常的に繰り返される若返り過程という点にある、と推定される。そして諸元型のヌミノース性を解明しようとすると、これと似たような推定にたどりつくのである。(32)

次の章を先取りして言えば、私たちは自己を宇宙的な実体、人生において出現し、心を通じての回転の中で、終わりなく自らを再生する実体として考えることができる。おそらくそれは自らが意識的になり、時空間の三次元世界に具現し、また復活してその存在を拡大するために人間の個体に依存しているのだ。それは心のかなたの宇宙の中に存在している。それは自らの目的のために私たちの心と物質的な世界（私たちの身体も含む）を利用し、私たちが老いて、死んだ後も存続する。私たちはそれが現われて住まう家を提供するのだが、自らの高慢や自我インフレーションのゆえに、その創造性と美しさをあまりにも自分自身の手柄だとうぬぼれているのである。

第9章　時と永遠について　共時性

人間の魂を探究し、それとその境界の地図を作成するという試みのいちばん最初から、ユングは境界で起こることに魅了されていた。それは彼の気質に由来していた——彼はすでに知られていることの限界を広げるのを好んだ。最初の重要な研究である博士論文は、従妹のヘレーネ・プライスヴェルクの霊媒的トランス、およびとうの昔に死んだ人物たちをめぐる彼女の驚くべき物語を扱っていたが、これは正常な意識状態と超常的な意識状態の関係についての心理的研究だった。(1) それに続く言語連想やコンプレックス理論に関する仕事は、心の意識的部分と無意識的部分の境界を研究したものだった。無意識の領土にいっそう深く入り込んだユングは、さらに別な境界領域を見つけた。これは無意識の個人的内容と非個人的内容の間、コンプレックス領域と元型的イメージ-本能が組み合わされた領域との間の境界だった。そしてこの後の自己の研究になると、ユングは心的なものと心的ではないものとの間の境界を越境する地点を見出したのだ。元型そのものが類心的《サイコイド》であり、厳密には心の境界の内部には属しておらず、それゆえ元型は外と内の世界の間を架橋し、主体-客体の二分法を解体するのである。

つまるところ、この好奇心がユングを導いて、物質と霊のどちらも含み、時間と永遠の間を架橋するような究極の統一的システムを定式化するところまで到達させたのだった。それが「共時性」の理論である。共時性とは自己の理論が宇宙論へと拡張されたものだが、これは存在するすべてのものの根底にある隠された秩序と統一について語るのである。この理論もまた、形而上学者ユングを示している――彼は自分が形而上学者であることをしばしば否定したが。

混沌の中のパターン

共時性に関するユングの数少ない著作が探究しているのは、一見するとランダムな事象の中の有意味な秩序の存在だ。彼は――他の多くの人々もしてきたことだが――心的イメージと客観的事象がときおり特定のパターンで配置《アレンジ》されており、しかもそれらが先行事象の因果系列によってではなく、偶然に生起することがある、ということに気づいた。言い換えれば、パターンは出現するが、それが出現する理由がないのだ。それは純粋に偶然によって起こる。こうして、その偶然の事象がまったくランダムなのか、それともそこには意味があるのか、という問いが起こってくる。ある種の偶然の事象に意味があるという観念からは占術が導かれる。ある鳥が頭上を飛ぶと、占い師は王に、今や戦いに出かけるべき時ですと告げる。もっと複雑なのは、『易経（変化の書）』と呼ばれる昔の中国の占術である。これは、硬貨あるいは西洋鋸草の茎を投げて、ある数字のパターンを決定し、それを六十四の卦の一つに関連づけるというものだ。この卦を吟味することによって、今の瞬間の諸事象の意味のパターン、およびこれから生じようとしているパターンを決定することができる。人はそこから助言が得られるわけだ。この託宣は共時性の原理にもとづいている。ここで前提されているのは、硬貨を投げることから得られた偶然の結果、切迫した問い、そして外的世界の中の事象という三者の間に意味のある秩序があるということである。易経を試みる人々は、しばしばその不気味な正確さに驚かされる。こうした意味深い配置《アレンジメント》とパターンをどのように説明できるのだろうか。それらは既知の原因によって創り出されたものではないのだ。

ユングの分析実践と心理学理論にとってこれ以上に深い関わりを持つのは、心理学的補償が夢の中だけでなく、心的ではない事象においても生起するという現象だ。彼はこうした現象についてなみなみならぬ関心をもって述べている。ユングの患者の一人が、黄金の甲虫の夢を見た。彼の書斎でこの夢の象徴について話し合っているとき、彼らは窓のそばで音を聞き、そしてスイス地方におけるこの甲虫の変種（Cetonia aurate）が部屋に入ろうとしているのを見つけた。(2) このような例から、夢の中の元型的イメージの出現が、他の事象と符合しているかもしれないと推測される。補償現象は、一般に受け入れられている主体と客体間の境界を越えて、客観的世界の中で自らを示すのである。ここでもまたユングにとって解くべき謎は、このことを彼の理論の中でどのように説明するかということだった。厳密に言って、こうした事象そのものは心理学的ではないが、それらは心理的な生に深く関わっているのだ。ユングの結論によれば、元型は越境的（transgressive）(3) である。つまり心の領域に制限されないのだ。その越境性において、元型はその心的な母胎から、私たちの周囲の世界から、あるいはその両方から意識に出現できる。両方が同時に起こるとき、その事象が共時的と呼ばれるのである。

ウヌス・ムンドゥス（一つの世界）および共時性という考え（この言葉そのものではないとしても）への言及は、ユングの全集の中に散財しており、書簡といったより非公式な文書のあちこちにみられる。しかしユングがこの主題に関する考えを全面的に表現したのはかなりの晩年になってからである。一九五二年、彼はノーベル賞を受けた物理学者ヴォルフガング・パウリとの共著で、*Naturerklärung und Psyche*（これは *The Interpretation of Nature and the Psyche*『自然の解釈と心』という題で英訳された）を出版した。それは自然と心との間にありうる関係を解明する試みだった。ユングが、哲学者や神学者、また神話学者とではなく、ノーベル賞を受賞した科学者とこの仕事を出版したことは意味深長である。ユングの理論的な仕事の中で、共時性ほど甚だしい誤解を被った分野はない。ユングは、神秘主義者とか頭の変な人と見られることを避けたいと思っていた。彼がとりわけ自分の思想のこの部分を科学的な現代の公衆の目にさらすことに不安を感じていたことは明らかである。パウリの論文「ケプラーの科学的理論表現における元型観念の影響」は、ケプラーの科学的思考の中の元型的パターンを研究したものであり、ある意味でユングのさらに大胆な論文「共時性——非因果的な連関の原理」[4]への道を準備するものだ。共時性に関するこの著作によって、ユングは自分の心理学理論に、心と世界の間には高度の連続性が存在するという考えを付け加えたのであり、その結果、心的イメージ（そこにはまたケプラーの思想のような抽象的科学思想の中核も含まれる）もまた、人間の意識という反省的な鏡の中に実在についての真理を映し出しているかもしれないことになるのだ。心は、人間の内部だけで、世界から隔絶して、演じられるものではない。心と世界が親密に互いに作用しあう次元がある。これがユングの主張だったのである。

共時性観念の発展

アルバート・アインシュタインの伝記を書いたスイス人の作家でジャーナリストのカール・ゼーリヒ宛の手紙で、ユングは共時性の考えが最初に頭に浮かんだときのことを書いている。

機会あって何回かアインシュタイン教授を夕食に招待しました。……それはアインシュタインが最初の相対性理論を展開し始めたちょうど初めの頃でした。彼は私たちにその要点を理解させようと試み、おおむね成功しました。数学者ではない私たち精神科医にとって、彼の論証についていくのは困難でしたが、それでも私は彼から強い印象を受けるほどには理解しました。私が非常に感銘を受けたこと、私自身の知的な仕事に永続的な影響を及ぼしたことは、何よりも思想家としての彼の天才の単純さと直接性でした。空間と時間が相対的であって、それらが心によって条件づけられているかもしれない、と考えはじめるきっかけを作ったのはアインシュタインだったのです。三十年以上も後に、この刺激は物理学者W・パウリ教授と私の関係、そして私の心的共時性論へと導いたのでした。(5)

たとえその詳細や数学的証明は理解できなかったとしても、アインシュタインの相対性理論はユングの想像力を捉えたにちがいない。著名な物理学者たちが、この理論化の始まりと終わりにおいて一役買っているというのも興味深いことだ。現代物理学との結びつきは、ユングの共時性理論を見てゆく上で適切な歴史的コンテクストを与えてくれるのである。

ユングと現代物理学の大物たちとの関係はいまだ十分に明らかにされていない。二〇世紀前半のチューリッヒには、アインシュタインとパウリの他にも現代物理学にとって重要な人物の多くが住んでおり、一九三〇年代にユングが心理学教授だった工科大学で講義したり教えたりしていた。チューリッヒはこの世紀前半における現代物理学の火床だったのだ。これらの知性たちの活動が生み出していた刺激的な発酵状態を知らずにいることはほとんど不可能だった。人々は物理的自然の本性が根本的に考え直されつつあるという強烈な印象を感じており、ユングは早くから――アインシュタインに関する手紙が示すように――現代物理学と分析心理学の間の類似について考え始めていた。疑いもなく、共時性に関するユングの論文は、それが最終的にまとめられて出版されるまでの三十年ないしそれ以上の年月の間にこれらの人々となされた無数の議論の結果だったのである。

元型と自己の理論、そして共時性の理論、この二つは別々のものではない。まずそのことが認識されねばならない。この両者は一つにまとめられ、単一の思考の構築物を織りなしているのだ。それがこの本の序章で言及しておいたユングの統合的ヴィジョンである。自己の理論が及ぶ範囲の全体を把握するには、それをユングの共時性に関する思想というコンテクストの中で考察せねばならない。他のほとんどすべての心理学者がユングが提示した元型理論を受け入れなかった理由の一つもここにある。それはメタ心理学、さらには形而上学に接近している。またこの理論全体を理解するために必要な領域――心理学、物理学、形而上学――のすべてに自分が精通していると感じる心理学者はほとんどいない。かくも広大な知的領域のすべてに対処できそうな現代思想家もほとんど見当たらない。とりわけ大学人は自分の学部専門領域外に踏み出すことをためらう。共時性の理論によってユングの考える自己は、意識および心の全体に対する根源的な超越性という特徴を与えられる。そして自己の理論は、心理学、物理学、生物学、哲学、そして霊性の諸分野の間に一般に引かれている境界線に挑戦するのである。心理学は伝統的に自分の領域を人間の心の中に起こることだけに限定してきた。しかし自己と共時性の理論によって、ユングの分析心理学はこの恣意的な区分の妥当性に疑問を提出したのだ。かつてある学生がユングに、自己の終わりはどこなのか、その境界は何なのかを尋ねたとき、彼はそれには終わりがなく無限だと答えたという。この言葉で彼が言おうとしたことを理解するには、共時性が自己理論にとってもつ意味をユングが考えていたということを把握せねばならないのである。

　共時性が引き込んでくるとてつもなく大がかりな観念を提示することに対して、当然ながらユングは複雑な気持ち《アンビヴァレント》を抱いていた。ユングは生涯を通じて慎重かつ保守的なスイス人であり続け、ふだんは自分が文句なしに専門家である心理学的な領域の議論のみに限定しようとしていた。だが共時性の理論によって、彼は境界を超えたのである。ここでは心そのものだけでは彼の主張を支えることはできなかっただろう。それでも、七十五歳という年齢になったとき、彼はこの種の宇宙論的思弁を自分に許す権利を得たと感じたにちがいない。彼はその最も途方もない概念の一つ、自己と存在の統一性について公刊する準備ができていた。これは、自己と神が一つだということからそれほど異なっているだろうか。彼は自分が予言者のように、あるいはなお悪いことに狂人のように響くというリスクをおかしたのである。

共時性と因果性

この論文そのものが難解であり、おまけに夫婦のホロスコープに関して同僚が行なった研究を統計的に分析するという見当違いの努力のために、かなり損なわれている。そこで私はこの著作の紹介にあたって、理論的部分だけに限定することにする。ユングは因果性の概念と確率の法則についてのコメントから始め、因果性を投影するという人間に普遍的な傾向を指摘する。ほとんど不可避的に人々は「それはなぜ起こったのか」という問いを発する。人々は、すべての事象がそれに先行する何かによって引き起こされると想定する。この種の因果関係が存在することもあるが、そうではないこともある。たとえば心理学において、私たちが現在しているように行動させ、考えさせ、感じさせるのは何かということを確実に知るなどということは誰にもできない。だから因果性の確定はとりわけ難しい。意識的な動機だけでなく、無意識的な内容や衝動にもとづく動機もある。感情や行動を因果的に説明しようとする理論は数多く存在するが、私たちが投影によって心理現象の領域の中に、実際にあるもの以上の因果関係を見出してしまいがちだということは疑いがない。あるいはなにかの事象に誤った原因を帰属して、後からその間違いに気づくということもある。

ある男性が自分の妻を殴るのは彼自身が子供の頃に殴られたからだとか、あるいは彼の父が母をしょっちゅう殴っているのを見ていたからだといった結論に私たちは飛びつくかもしれない。彼のこうした行動は子供時代の経験のためかもしれないし、あるいは彼は両親の影響によってそのように方向づけられたのかもしれない。彼は「両親を模倣している」のだとか、彼の「母親コンプレックス」が原因なのだ、と私たちは自分の心理学的鋭敏さに大いなる自信をもって言うかもしれない。それも最初に見当をつけるためには結構だろうが、このような還元的分析だけで、ありうる原因とか意味の全体を尽くすものでないことは確実である。たとえば目的因もある。人はある目標を達成するため、あるいはなんらかの適応手段を獲得するために行動する。この男性は妻に対する権力を握ろうとしているのかもしれず、その意図は自分自身の未来をもっとしっかり支配しようというところにあると考えることもできる。心理学的な因果作用は、後ろ向きに過去と歴史に導くと同時に、前方に未来へと導くこともあるのだ。また、偶然の事象もある。ちょうど良い時に良い所に居合わせるということもある。なぜ、ある人々はこれほど幸運なのか、または不運なのかということを説明するのは難しい。結局、私たちは彼らがしたわけではないことのためにある人々を賞賛したり、回避できなかったことのために人々を責めたりするものだ。ここでは投影や思弁のための余地がほとんど無限に存在している。

私たちが原因‐結果の観点から考えるのは、科学の時代に生きているからではなく、人間だからである。どんな時代のどんな文化であれ、人間は因果的に考えるものだ。たとえ、帰属される原因が私たちの科学的知識と矛盾するようなものであったとしても、因果的な思考であることに変わりはない。今日なら、ある人物が怪物のようなサイコパスであるのは、子供のときにひどく虐待されたからだと私たちは言う。中世だったら、悪魔が彼にそのような行動をさせたのだと言われた。帰属される理由は違うが思考の様式は同じである。因果的思考そのものに異義を唱えることは、常識の一片に反対するに等しいことをユングを認識していた。では、なぜそんなことをするのだろうか。それは因果性の理論のみによっては説明しきれない事象があるからなのだ。

ユングは原因−結果の推論が究極的なものだという通念に疑義を提出したが、この点で現代物理学も同じだということを見出した。なぜなら物理学もまた因果的には説明できず、ただ統計的確率しか摑めないようないくつかの事象および過程を発見していたからだ。たとえばユングは放射性元素の崩壊を挙げている。ラジウム原子が崩壊するとき、なぜ他の原子ではなくその特定の原子が崩壊するかという問いに対していかなる因果的な説明もできない。放射性元素の崩壊は、統計的に予測し、測定できるし、崩壊率は時を経ても安定しているが、なぜその時に、またなぜそれが起こるのかを説明することはできない。それはただ起こるのだ。それは「ただそのようなもの」なのだ。この非因果的事象の発見は、因果的世界に裂け目を入れた。それは科学がここで因果性がどのように作用するのかをいまだ理解していないというだけではない。むしろ、原理的に因果性の規則がここでは通用しないのだ。もし先行の原因によって創造されたのではない事象があるとすれば、その起源をどう考えればいいのだろうか。なぜそれらは起こるのだろうか。これらの発生は何によって説明されるのか。これらの事象はランダムで純粋に偶発的なものなのだろうか。

ユングは確率が多くの事象の説明において重要な要因であることを認識していた。しかし、一見するとランダムであるのに、そこに試行数といった確率の尺度を超えるようなパターンが現われたり、あるいはその他の途方もない偶然の一致（符合）が存在するのである。賭博師はこうした説明のつかない幸運の試行によって暮らし、それを求めて祈る。ユングは、ある種の千里眼やショーペンハウアーのような幻視的哲学者が提案してきたような、選択的親和性とか交感といった非常に直観的もしくはオカルト的な概念を採ることは好まなかった。むしろ彼は科学的、経験的、そして論理的にこの困難な主題に接近しようとしたのである。その昔、博士論文でオカルト的霊媒の神秘を経験的・科学的に取り扱ったのと同じだ。ユングは全面的に科学的なアプローチによる理解という立場にたっていたのである。

とはいえ共時性に関するユングの著作を、いくらか伝記的な観点から読むというのも興味をそそられることである。人生後半の個体化に関する彼の見解によれば、人々は（少なくとも西洋世界においては）自我の合理的立場を犠牲にすることなく、合理的な自我意識を非合理的な集合的無意識との接触へともたらすべきなのである。またユングは、人生後半の主要な心理学的課題が「世界観《ヴェルトアンシャウウング》」、すなわち個人的な人生の哲学を打ち立てることだと考えていた。さらにこれは合理的要素と非合理的要素をともに含むべきなのだと言う。この共時性に関する論文においては、ユングが魔術の世界や集合的無意識に現われる稀で説明不可能な現象を、合理的西洋の科学的自我を用いて探究していることが見て取れる。彼は、二つの領域を対立の緊張の中に保持しうるような象徴を概念という形で打ち立てようとしている。彼がここで扱っている問題は、宗教や哲学でしばしば取り上げられるものに類似している。だがユングは、その神秘的、宗教的、かつ魔術めいた性質のために通常は科学的議論から排除されるような諸現象を取り上げ、そこに自分の科学的で合理的な方法と世界観を適用しようとしている。彼自身の個人的な理由のために――しかし全体としての私たちの科学的文化のためにも――、ユングは西洋における二つの支配的な文化である科学と宗教を結ぶ連結環を鍛造しようと努めている。どちらかの一面に偏ることなく、この緊張を保持しようと試みているのだ。彼の共時性理論はこの対立物の対を包含しようとする象徴だ。それはこの著作の個人的な部分なのである。

ユングは、デューク大学でJ・B・ラインの行なった超感覚的知覚実験（ESP）に魅了された。それらが確率理論を用いて、ESPが因果的に説明できないことを論証したことに印象を受けたのである。私たちは単一の時空連続体の外に出ることはできないようにみえるが、ラインたちの実験は、人間がこの一見絶対的な境界を超えられるということを示したのだ。それはユングにアインシュタインの相対性理論を思い起こさせた。さらにまた彼は、遠く離れたところで起こった事象が、その最中あるいはそれが起こる以前に夢の中でイメージ化されていたような事例をも想起した。ラインの実験は、心が時空間の境界によって絶対的に制限されるわけではないという、ユングがすでに到達していた結論に、新たな経験的証拠を提供したのである。因果性は絶対的に封印された時空連続体を前提しており、こうした事象を説明できない。ユングは、ラインのESP実験ではいかなるエネルギーも伝達されておらず、ただ思考と事象がある時点で「同時に生起する」だけだということを指摘している。一枚のカードがある部屋で裏返され、別の部屋にいる人の心に一つのイメージが現われるが、その一致度は確率で蓋然的に期待されるよりはるかに高いのだ。ユングが公刊された著作の中で始めて「共時性」という用語を使ったのはこの論文においてである。「これは因果の問題ではなく同時に生起すること、一種の同時性の問題といえる。この同時性のゆえに、私は、説明原理として因果性と同等な仮説的要因を表すために、『共時性』という用語を選んだのである(6)」。

共時性と元型理論

共時性の論文が世に出て二年後の一九五四年に、ユングは最も枢要な理論的な論文「心の性質について」の改訂版を出した。そこには重要な補遺が付されており、そこで彼は元型理論を共時性原理に関連づけた。この補遺の重要性は、それが彼の二つの思想を結びつけて、一つの理論に統合しているところにある。ユングは「客観的心」という用語を使用する、それは周囲の世界が人物や事物の領域であるのと同じように、無意識は「客体」（コンプレックスや元型的イメージ）の領域であるという見解を論じるためである。これらの内的客体は、外的客体と同じように、意識にぶつかってくる。それらは自我の一部ではなく、自我に作用するものであり、自我はそれらと関係し適応せねばならない。たとえば考えは浮かび、意識に「落ちてくる」（ドイツ語の Einfall は、文字どおりには意識の「中に落ちてくるもの」という意味だが、「霊感」のことも指す）。ユングにとって、無意識から現われ、意図的な思考努力の所産ではない直観と思考は、内的客体である。それはときおり自我の表面に降りてくる無意識の断片なのだ（ユングはよく、思考は鳥のようなものだと言った。それらはやって来てしばしの間、意識の木々の中に巣を作るが、やがて飛び去ってしまう。忘れ去られ消滅するのである）。客観的な心の深みに入れば入るほど、それは自我の主観性との関係が薄れるために客観的になってゆく。「この現実は恐ろしく内面的主観的でありながら同時に普遍的に真実でもある。つまり原理的にどこにでも存在が確認できるのであるが、その性質は個人的な意識内容には決して当てはまらないものである。素人がつねに心のイメージと結びつけて理解している、はかなさ、気まぐれ、曖昧さ、一回かぎりという性質は、意識にだけ当てはまり、絶対的な無意識には当てはまらない」[7]。意識と違って、無意識は規則的、予測可能、集合的なのである。「数量的にではなく質的にのみ特徴づけられる無意識の作用単位、いわゆる元型には、確信をもって心的だとは言い切れない性質が含まれているのである」[8]（強調はユング）。

前の章で、元型が純粋に心的というより、類心的なものとみなすべきだと述べた。この一節でユングはそのことを明確に述べている。「私は、純粋に心理学的考察から、元型が単に心的性質だけからなるということに疑問を抱くにいたったが、心理学は物理学の成果によってもまた、心的なものだけを前提としている点に見直しを迫られているように思われる。……心と物理的連続体が相当に、もしくは部分的に一致しているという点は理論的にきわめて重要である。なぜならこの一致は、物理的世界と心的世界という一見次元が異なる両者を橋渡しするという意味では強力な単一化であるからである。もちろん橋を架けるといっても目に見える形ではなく、物理学の側では数式によって、心の側では経験から導かれた仮説、すなわち元型によってなされるのである。ただし元型の内容は、たとえそれが存在するとしても、表象することはできない(9)」。言い換えれば、ユングは心の最も深いパターン（元型的イメージ）と、物理的世界にはっきり現われ物理学者によって研究されているような過程およびパターンとの間に、かなり広い範囲にわたる同一性を認めている。したがって、皮肉にも、第一段階の神秘的融即、原始的心理が究極的には現実からさほど離れていないことが明らかになるのである！　ユングは心を、なんであれ原理的に意識的になりうる、また意志によって影響されうる内容と知覚のすべてと定義した。そのような心には、自我意識、コンプレックス、元型的イメージ、そして本能の表象が含まれる。しかし元型と本能それ自体はもはや心的でない。それらは物理的世界と連続している。それはその（現代物理学によって探究されているような）深層では心と同じくらい神秘的で「霊的」なのだ。双方とも深くなればなるほど純粋なエネルギーに溶解してゆく。この点は重要である、というのもそれは心が身体および物理的世界と関わる仕方をどのように思い描くべきかを示唆しているからだ。二つの領域、心と物質世界という二つの領域は数式と「経験から導かれた仮説、すなわち元型」によって架橋できるのである。[10] 物質的な身体と心、そのどちらも一方が他方から派生したものと考える必要はない。それらはむしろ二つの並行する実在、共時的に関係し、協調している二つの実在なのである。

精神と物質

精神と物質の関係は、ユングを限りなく魅了した。たとえば、数学的思考のみにもとづいて、自然と人間の交渉に厳密に対応できるような橋を架けられるというのは非常に興味深いことである。数学は純粋に精神の産物であり、自然的世界のどこにも存在しないが、しかし人々は書斎に座って、物理的な対象と事象とを正確に予測し把握するような数式を産出できるのだ。ユングは、純粋な心的所産（数学的公式）と物理的世界との間にこのような注目すべき関係があることに印象を受けた。他方、ユングは元型もまた心と物理的世界を直結するリンクとして役立つと提案した。「明瞭さがきわめて低いような心的現象を説明するときにのみ、元型が心的でない側面をもつに違いないということを受け入れざるをえなくなる。この結論の基礎となったのは、共時性現象である。共時性は無意識の動因の活動と結びついており、これまで『テレパシー』などとして理解され、あるいは批判されてきた」。[11] ユングは共時的現象に関連して元型に因果性を帰属することには概して慎重だったが（そうでなければ彼は元型を共時的事象の原因とする、因果性のモデルに逆戻りしてしまっただろう）、この一節では共時性を組織する「動因（operator）」に元型を結びつけているように見える。

共時性は心的事象と物理的事象との間の意味のある符合として定義される。空から飛行機が墜落する夢を見た翌朝、ラジオのニュースで飛行機の墜落が報道される。夢と飛行機の墜落との間にはいかなる既知の因果関係も存在しない。ユングはこのような符合が、一方で心的イメージを、他方で物理的事象を生み出すような組織者（organizers）にもとづくと措定する。二つのものがほぼ同時に起こるが、両者の間の関連は因果的ではない。批判を予想して、ユングはこう書いている。「懐疑的な態度は間違った理論に対してだけ向けられるべきであり、正当な事実に対しては向けられるべきではない。偏見のない観察者なら事実を否定しないはずである。事実を認めようとしないのはおもに、心がもつとされる超能力すなわち透視力を認めることに対して抵抗があるからである。その種の現象がなぜいくつもの複雑な面をもつかについては、私がこれまで確認できたかぎりでは、時間と空間が心の中では相対的であると仮定すればほとんど完全に説明がつく。心的な内容が識閾を越えると、その内容は共時的な辺縁現象を起こさなくなる。時間と空間はふだんの絶対支配を回復し、意識はその主観性の中で孤立する(12)」。

共時的現象は、夢を見たりぼんやりしているときのように、心が低い意識水準で活動しているときにもっともよく現われる。夢想の状態は理想的だ。人が共時的事象に気づいてそこに焦点を当てると、たちまち時間と空間のカテゴリーが支配力を回復する。ユングは、ラインの実験の被験者が実験計画に興味を持ち刺激されたとき、意識性が曇らされたにちがいないと結論している。彼らが確率を算出するために合理的な自我を用いようと試みていたとすれば、彼らのESP結果は低下しただろう。というのも認知的機能が優勢になると、ただちに共時的現象への扉が閉じられるからだ。ユングはまた共時性が大幅に激情の存在、つまり情動的刺激に対する感受性に左右されるように見えることも指摘している。

著作の中で、ユングは共時性の狭義の定義と広義の定義の両方を提供している。狭義の定義は「一定の心的状態が意味深く対応するようにみえる一つあるいはそれ以上の外的事象と同時的に生起すること」[13]である。「同時的に」という言葉によって彼は、ほぼ同じ時間の枠、数時間、数日以内の出現を言っているのだが、必ずしも正確に同じ瞬間を言っているのではない。一つは心的で、もう一つは物理的な二つの事象が「時間において一致する（falling together in time）」ということがある。心の側では、夢のイメージ、思考、直観などがある（心と客観世界の間のこの神秘的な相互関係が、共時性の狭義の定義である。この論文の後半でより一般的な定義が論じられる）。

上記のように、しばしば共時性は、心的水準の低下（意識の覚醒度の低下、意識がいわば曇った状態）において、意識水準が今日アルファ状態と呼ばれるものになるときに起こる。これはまた意識よりも無意識のエネルギーが上昇し、コンプレックスと元型が喚起され活発になって、閾を押し上げ、意識に侵入できるようになることを意味している。この心的素材が心の外側の客観的所与に対応するということがありうるのである。

絶対的な知識

ユングはある一つの直観的跳躍を行なったが、それは彼の経験ではかなりの証拠によって確認されたものだった。すなわちユングは無意識が、彼の言う先験的知識を所有していると考えたのである。「空間的にも時間的にも離れたある事象が、これに対応するイメージを産み出すといっても、それに必要なエネルギーの伝達が考えられもしないのにどうして可能といえるだろうか。見た目にはどんなに不可解であっても、最終的に私たちは、無意識の中には、いかなる因果的な基盤にもよらない事象についてのア・プリオリの知識もしくは事象そのものへの『直接性』とでもいうべき何かがあると仮定せざるをえなくなる[14]」。それによって、私たちは知るための合理的な方法がなんらないような事柄について直観的に知る可能性が与えられたことになろう。深い直観が、たんなる思弁とか憶測とか空想ではない、本当の知識を提供してくれることもありうるのだ。ユングの考えによれば、無意識はカント的な認識のカテゴリーを無視し、その知の可能な範囲において意識を凌駕するのである。言い換えれば、私たちは、自分が知っていると気づいていない事柄を無意識においては知っているのだ。これは思考されざる思考、無意識的な先験的知識と呼ぶことができる。この考えによって、ユングは心と世界の統一性に関する最も大胆な思弁へと導かれた。私たちが意識的な知の可能範囲を超えた事柄を知っているのだとすれば、そこにはまた、未知の知る主体があることになる。それが自己なのであろう。

　ユング派はときおり「無意識には何の秘密もない。みんながすべてを知っている」とコメントするが、それはこの水準の心的現実について語る一つの方法なのだ。素晴らしい直観に恵まれている人々もいる。たとえば、驚異的な医学的直観をもった人々は、全く未知の、あるいは会ったこともない人々についても驚くほど正確な診断をくだすということが証明されている。そうした人々は脇におくとしても、自分が意識的には知ることができないはずの情報を与えてくれるような夢を見た経験をもつ人々はたくさんいる。むろん彼らは自分の夢の正しさに気づいていないこともあろう。また私たちが他人の夢を夢見ることもあるし、他者が私たちの現実を夢見ることがある。分析家として転移の夢をたくさん聴いた経験からすると、その夢のあるものは（決してすべてではない）私の患者が私について意識的に持っている知識量をはるかに超えて正確だったということを確かめられる。かつてある女性患者の夢が私に、当時私が意識的には知らなかった私自身に関する事柄を語るといったことさえあった。彼女は、私が疲れ切っており休息を必要としているという夢を見た。私はそのことに気づかず、反省してみてようやくそうかなと思ったが、その後間もなく流感で寝込んでしまい、彼女の無意識が私の身体の状態を私が意識的に理解できた以上に正確に見ていたことを悟った。この内なる無意識的な知る主体は、尼僧が教会の教えに従わせるために学童を脅すときに使うあの神の目の観念と似ている。神の目はあなたがなすことだけでなく、あなたが考えること——実際、あなたが考えることはあなた自身があるところのものだ——をも見ておられ、それを記録し続けておられる、と。これは無意識にはある種の絶対的知識が存在するという考えを神に投影したものなのである。

先験的知識という問題をさらに考察するために、ユングは数の心理学的な意味を考察する。数とは何か。「数を、意識化された秩序の元型と心理学的に定義[15]」してみよう。もちろん、存在の宇宙的構造は数と、数の相互関係にもとづくという古代の見解がある。たとえばピタゴラス派の教義はこのような見解を教えていた。ユングもこれと類似したアプローチをとるが、心と世界の根本構造として、より現代的な数学概念を使うのだ。これらの存在の基礎的構造が心の中でイメージされるとき、それらは円（マンダラ）や四角（四位一体）として現われる。そこでは典型的に一と四の数が関連している。一（始まり）から、介在する二と三を通過し、四の数（完成、全体）に至る動きは、始源的な（しかしいまだ単に潜在的な）統一から、現実的な全体性の状態にいたる推移を象徴している。数は心の個体化の構造を象徴し、そしてそれらは心的ではない世界における秩序の創造をも象徴する。かくして数についての人間の知識は宇宙構造の知識となる。認知能力や知性によって数についての先験的知識を持つかぎりにおいて、人間は宇宙についての先験的知識をも持っているのである（興味深いことに、エンペドクレースのような古代ギリシャ人は、神々は数学的な観点から考えると信じ、数学的天才である人間は神のようであると信じた、実際に神と同じくらい善いと信じた。この確信からエンペドクレースは、エトナ山の頂上から、下方の活火山の噴火口に身を投じた）。

秩序の元型を表わす数が意識化されても、それはいまだこの秩序の状態をもたらすものが究極的には何かという問いには答えない。数と秩序のイメージの背後には何があるのだろうか。秩序の元型そのものは何なのか。あるダイナミックな力が背後で作用しているにちがいない。それはある秩序を創造する力であり、また共時的現象において現われ、数のイメージにおいて自らを顕わすのだ。ユングは新たな宇宙論、心のための秩序原理だけでなくまた世界の秩序原理についても語る陳述に向かって進みつつあった。それは、まずもって神話的すなわち宗教的または想像的《イマジナル》な意味においてではなく、むしろ現代の科学的世界観にもとづくものでなければならない。これによってユングは広義の共時性の定義へと導かれるのである。

新しいパラダイム

この論文の終わり近くで、ユングは遠大な考えを導入する。それは現実の、人間によって経験され、科学者によって測定できるような現実を完全に説明するようなパラダイムの中に、共時性を——空間、時間、そして因果性とともに——含めるという考えである。ある意味で、ユングがここでやろうとしているのは「心的事象と客観的事象の間にある意味深い符合」[16]を検討すべきだと述べることによって、現実の完全な説明に心を挿入するということだ。これは科学的パラダイムに意味の要素を加える。そうでなければ、科学的パラダイムは人間的意識あるいは意味の価値をまったく考慮することがないだろう。ユングが提案しているのは、現実の完全な説明が人間の心——観察者——および意味という要素を含まねばならないということなのだ。

すでにこれまでのいくつかの章で、私たちはユングが人間の意識に非常に大きな重要性を付与してきたことを見てきた。事実、彼の考えでは、この惑星の上での人間の生の意味は意識の能力にあり、事物と意味に気づき、それを意識に映し出すことにあるのだ。意識がなかったら、世界は見られも、考えられも、あるいは認識されることもないまま永遠に続いてゆくだろう。ユングにとって、集合的で無意識な類心的なものの深みからパターンやイメージを意識にもたらすことが、人類に宇宙における存在理由を与える。というのも、私たちだけが（私たちの知るかぎり）これらのパターンを認識し、認識したものに表現を与えることができるからである。別な言い方をすれば、神は気づかれ、気づきの中に保持されるためには私たちを必要とするのだ。人間は、宇宙が秩序づける原理を持つことに気づくべき立場にある。私たちは、そこに存在する意味に気づき、それを記録できる。しかしユングはここで自分がたんなる思弁的哲学を試みているのではないことを力説する。だとすれば、それは伝統的で時代遅れの代物で、前近代の意識水準に属することになるだろう。彼は第五段階また第六段階（第8章参照）に到達すべく苦闘しているのであり、したがって経験的そして科学的な探究をしているのだ。共時性はまずもって哲学的観念ではなく、経験的な事実と観察にもとづく概念だとユングは主張する。それを実験室で検証することもできる。(17) 近代世界において受け入れられるのは、このような宇宙論のみであろう。今日の世界の多くの場所で伝統的な信念体系に対する郷愁が見出される。だが現在と未来のためには、そして最高水準の意識にとっては、パラダイムは神話的でありえない。それは科学的でなければならないのである。

共時性の概念とその含意とは、新しい世界観の基礎として適切なものだ。なぜなら、それらは容易に直観的に理解でき、日常生活に組み込むことができるからである。誰でも、幸運なことが続くツイている日とか、何もかもがうまくいかないように思える不運な日があることに気づいている。意味やイメージによって結びつけられるが、しかし因果的には関係づけることのできない事象の集まりといったことは、誰にでも容易に経験し、確認することができる。しかしこの概念を科学的原理として真剣にとるとなれば、話はそう簡単にはすまない。まさに革命的なことなのだ。まず、それは自然と歴史についてのまったく新しい考え方を要求する。たとえば、もし人が歴史的事象に意味を見出すなら、それが含意しているのは、根底にある秩序の元型が、なんらかの意識の前進をもたらすような仕方で歴史を演出《アレンジ》しているということになるだろう。それも人間が考えたがるような進歩ではなく、むしろ現実の理解が前進するという意味においてだ。この理解は現実の美や栄光だけではなく、恐ろしい面の認識に至ることもあるだろう。

これは『アイオーン』の執筆においてユングを駆り立てていた考えだった。過去二千年にわたる西洋の宗教や文化の歴史は、根底にある元型的構造をめぐって展開する意識のパターンとして見ることができる。歴史的過程の紆余曲折と変遷の中にいかなる偶然もない。それは人間の意識に鏡映され反映されねばならぬ特定のイメージを作り出しつつ、どこかへ行こうとしている。このイメージには明るい面と暗い面がある。これと同じ反省の様式は、個人的な生と同じく集合的な歴史にも適応できるし、実際、個人の生と集合的な歴史を相互関係において見、意味ある仕方で結びつけることができる（そして、実際、そうすべきである）。私たちの各々が意識の断片の担い手であり、歴史の中で展開してゆく根底的なモチーフについての意識を前進させるために時代によって必要とされるものなのだ。たとえば元型的性質を持つ個人の夢は、たんに個人の意識の一面性だけでなく、文化の一面性をも補償し、時代の役に立っているかもしれない。この意味で個人は、全体としての歴史が開示する現実の反映の共同創造者なのである。

共時性を含む観点から文化や歴史を考えるには、かなりの精神的な跳躍が求められる。とりわけ偏狭な合理主義に凝り固まって、因果性の原理に執着している西洋人にとってはなおさらのことだ。啓蒙の時代は、ただ事実があるだけでそこに意味などないという考え方を遺産として残した。そこでは宇宙と歴史は物質を支配する因果的な法則と偶然によって配置《アレンジ》されるだけだとされる。ユングはその考えの大胆さを認識している。つまるところ彼自身もまた西洋の科学的世界観に浸されていたのだ。「意味という固有の性質を備えた共時性という観念は、まったく困惑させるような表象不可能な世界像を生み出す。しかしながら、この概念をつけ加えることの利点は、私たちの自然に対する記述や知識――先験的な意味あるいは『等価性』――の中に、類心的要因を含めた観点を可能にするということである」[18]。ユング

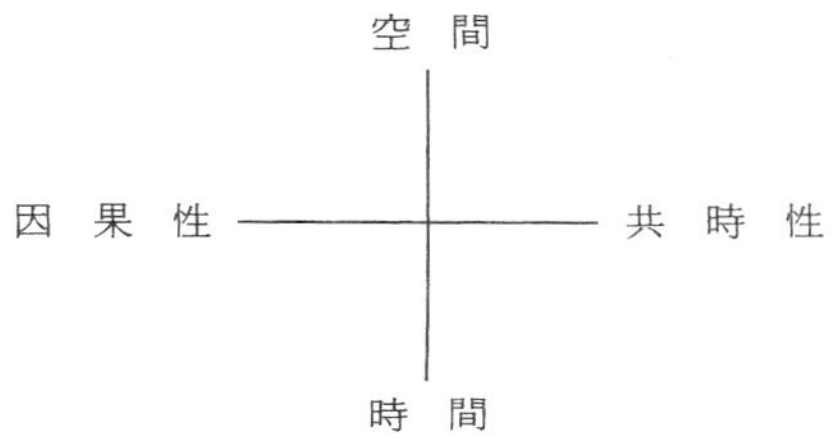

は、彼と物理学者ヴォルフガング・パウリが作った図式を提出している（上、参照）。

縦軸には時‐空間の連続体があり、横軸には因果性と共時性の間の連続体がある。ここでは、現実について最も完全に説明するには、一つの現象を四つの要因によって理解せねばならないと主張されている。すなわち、その事象は、どこでいつ起こるか（時‐空連続体）、また何がそこへ至らせたのか、それは何を意味するのか（因果‐共時性連続体）。これらの問いに答えられるなら、その事象の全体が把握されるだろう。これらの点のいずれか、もしくはすべてに関して議論がありうるだろう。ある事象の意味の問題においては、かなりの意見の食い違いや議論が起こるにちがいない。解釈は無限に産出されるだろう。とりわけ原子爆弾の最初の爆発といった意義深い事象についてはそうだろう。家族の中の誰かの誕生とか死といった、もっと個人的な事象においては言うまでもないことだ。こうしたことについてはさまざまな意見が出てくる余地がある。もちろん因果性に関しても可能な意見の幅は広大である。ユングが言いたいことの核心は、意味の問題に対する答えを出すには、当該の事象にいたる事象の因果的な系列で説明するだけでは足りないということである。意味の問題に対する答えに到達するには、共時性が考慮されなければならない、と彼は主張するのである。心理学的および類心的な視点から事態を見れば、布置された状況に姿を見せている元型的パターンを探究することが必要である。なぜならそれが深い構造の意味や共時性の問題を取り上げるために必要な媒介変数を提供するからである。たとえば世界史の舞台に原子爆弾が出現したことに関する意味の探究は、第二次世界大戦の世界布置的な要因および、戦争がかくも暴力的に生み出した対立物の両極化を含めねばならないだろう。また分析における、現代人の見た原子爆弾の夢をも含めねばならないだろう。原子爆弾は、存在の構造に関して、一面的な人間の意識に何を加えるのだろうか。

心的世界の境界を越境する共時的事象との関連で元型の理論を活用するために、ユングは元型の非心的性質の観念をさらに詳説せねばならなかった。一方で、元型はイメージや観念の形をとって心の中で経験されるために心的また心理学的だと言える。他方、元型それ自身は表象不可能であり、その本質は心の外側に存在している。共時性に関するこの論文で、ユングは、元型の特性としての「越境性」という観念を導入する。「それらは因果的過程と関連し、あるいは『支えられ』ているが、それらはたえまなくその準拠枠を乗り超えてゆく、それを私は『越境性』と名づけている。なぜなら、元型は心理的な領域だけに見出されるのではなくて、心理的でない環境（心理的なものと等価な外部の物理的過程）においてもまさに同じく生ずることができるからである」[19]。元型は、心と因果性の両方によって「担われ」るのだが、そのどちらの境界も越境する。ユングは越境性という言葉で、心で生起するパターンが、心の外にあるパターンおよび事象と関係しているという事態を指している。両者に共通する特徴が元型なのだ。原子爆弾の場合で言えば、その爆発という事象によって、心の内と外の歴史において自己の元型が啓示されるのである――それが現われた世界史的コンテクストの中で、そのコンテクストを通じて、そして爆弾が出てくる数百万もの夢を通じて(これは私の推測だが、この問題を扱った研究も若干ある)。
元型の越境性の観念は、二つの方向に割り込んでくる。第一に、すでに述べてきたように、越境性は心と世界の両方で生起し、直観的に意味深いものとして私たちに強い印象を与えるような符合の中に、客観的意味があることを肯定する。他方、それは、私たちにはその意味がすぐには分からないとき、たとえば、たんなる純粋な偶然のせいだと思えるような事故が起こったときにも意味があるかもしれないという可能性をもたらす。どちらの場合も、このタイプの意味は線的な因果の連鎖を越えて(越境して)進む。ある特定の家族に私たちが生まれたことは、たんなる偶然と因果性のためなのか、それともここにもまた意味がありうるのだろうか。あるいは、発達心理学で通常考えられているようにただ因果的に組織され構造化されるのではなく、共時的にも組織され構造化されると考えてみたらどうだろう。だとすれば、人格発達は、遺伝的に予め定められた段階の系列と同様に、意味のある符合(共時性)の諸瞬間によっても生起するということになるだろう。それはまた、本能の群および諸元型が因果的にだけでなく共時的にも(有意味的に)結合したり活性化するようになる、ということも含意する。たとえばセクシュアリティのような本能が活性化されるのは、連続する事象の因果的鎖(遺伝的要素、心理的固着、幼児期の経験)のせいだけではなく、元型の領域が特定の瞬間に布置され、ある人物との偶然の出合いが、生涯続く関係になるからかもしれない。この瞬間に、類心的な世界の中の何か(シュジュギイ、魂の対なる配偶者)が可視的に、意識的になるのだ。布置した元型的イメージが事象を創造するのではなく、内的な心理的準備(その時には完全に無意識であるかもしれない)と、外的にある人物が説明できずそして予測できない形で出現することとの照応、それが共時的ということなのである。因果性によってのみ考えれば、なぜこのような関係が起こるのかは神秘的に見える。しかし共時性の要因と意味の次元を導入するならば、私たちはより完全で満足のいく答えに近づく。ランダムな宇宙であれば、必要と好機、または欲望と満足の時間的な一致（falling together）などということは起こりえないか、少なくとも統計的な蓋然性はきわめてわずかだろう。共時的事象に具現化されたこれらの忘れえぬ神秘は人々を変容させる。生は新たな方向をとり、共時的事象の背後にあるものに対する観照が、意識を深い次元へ、おそらく究極的な現実の水準にまでさえ導くのだ。元型的な場が布置され、パターンが心の内と客観的な非心的世界内に共時的に出現するとき、人はタオ（道）の中にある経験をする。そしてこのような経験を通して意識に接することができるものには根拠づける作用がある。それは人間に認識できるかぎりの究極的現実へのヴィジョンなのだ。共時的な事象が生起する元型的世界に落ち込むとき、人はあたかも神の意志の内に生きているように感じるのである。

宇宙論

共時性に関するこの論文は、ユングが「狭義の共時性」と呼んだもの、すなわち夢や思考といった心的事象と心的ではない世界の事象との間の意味深い符合から始められ、実際のところ、おおむねそこに焦点が当てられている。だがユングはそこで広義の共時性についても考察を加えている。これは特定的に人間の心への参照を抜きにした非因果的な秩序性に関わるものだ。これは世界における「非因果的秩

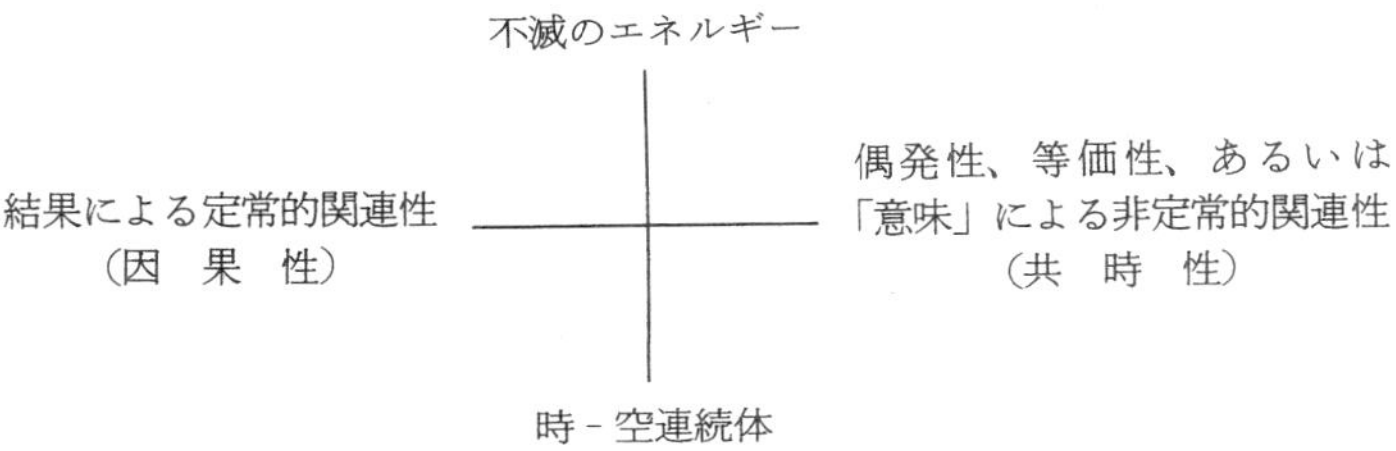

序性」としての共時性の「より広い概念」である。[20] これがユングの宇宙論的な主張だ。共時性すなわち「非因果的秩序性」は、宇宙の法則の根底にある原理なのである。「このカテゴリーの中に、あらゆる『創造行為』、すなわち自然数の性質とか現代物理学における非連続性等々といった先験的要因が入ってくる。その結果、私たちの拡張した概念の中に、定常的で実験的に再生可能な現象を含めねばならないであろう。このことは、共時性を狭く理解したとき、その中に含まれている現象の本性と適合しないように思われるのであるが[21]」。共時性の一般的原理という視点からすると、類心的な要因および元型の越境性を通じて私たち人間が非因果的秩序性を経験することは、宇宙におけるより広い秩序性の特殊な場合となるわけである。

私はこの宇宙論的な構図によってユングの魂の地図に最後の仕上げをしよう。彼は心やその境界を探究し、通常、宇宙論者や哲学者、神学者が専門とする諸分野へと導かれた。だが彼の魂の地図は、このより広い展望の文脈の中におかれねばならない。なぜなら、この展望の中でこそ彼の統合的ヴィジョンの最大の広がりが見えてくるからである。彼は教える。私たち人間は宇宙において果たすべき特別な役割を持つ。私たちの意識は宇宙を反省［反映］し、意識の鏡の中にそれを持ち込むことができる。私たちは、自分が次の四つの原理によって最も良く記述できるような宇宙に生きていることを理解できる——すなわち、不滅のエネルギー、時‐空連続体、因果性、共時性という四つの原理である。ユングはこの関係を上に示すように図解している（二九五頁）。

人間の心と私たち個人の心理は、無意識の類心的《サイコイド》なものの水準を通じて最も深くこの宇宙の秩序に参与する。宇宙における秩序のパターンは、心化の過程を通じて意識に触れうるものとなり、最終的には理解され、統合されることができる。イメージと共時性に注意を払うことによって、私たちの各々が、いわば、創造者と創造の業を内面から目撃できる。なぜなら元型とはたんなる心のパターンではなく、宇宙の実際の基礎構造を反映してもいるからだ。「上なるものは、下なるもののごとし」と古代の賢者は語った。これに対し現代の魂の探究者、カール・グスタフ・ユングは「内なるものは、外なるもののごとし」と応えるのである。

原註

序

（1）Jung, *Collected Works*, Vol. 6.

（2）Jung, *Coll. Wks.*, Vol. 1, pp. 3-88.

（3）Jung, *Coll. Wks.*, Vol. 3, pp. 1-152.

（4）Henri Ellenberger, *The Discovery of the Unconscious*, p. 687.（H・エレンベルガー『無意識の発見』上下、木村敏・中井久夫訳　弘文堂　一九八〇年）

（5）Jung, *Memories, Dreams, Reflections*, pp. 182-83.（A・ヤッフェ編『ユング自伝――思い出・夢・思想』1・2　河合隼雄・藤縄昭・出井淑子訳　みすず書房　一九七二／一九七三年）

第1章　表層――自我意識

（1）Jung, *Coll. Wks.*, Vol. 4, par. 772.

（2）Jung, *Coll. Wks.*, Vol. 9/II par. 1.（C・G・ユング、M－L・フォン・フランツ『アイオーン』野田倬訳　人文書院　一九九〇年　一五頁）

（3） Ibid.

（4） Jung, *Coll. Wks.*, Vol. 8, par. 382.（『元型論』林道義訳　紀伊國屋書店　一九九九年　三一五頁）

（5） Jung, *Memories, Dreams, Reflections*, p. 32.（『ユング自伝』前掲邦訳　1　五六―五七頁）

（6） 多くの動物種は実際かなりの――特異で謎めいたものだが――コミュニケーション能力と手段を持っているように思われる。しかし私たちの知るかぎり、それらは最も貧弱な人間における言語習得および言語使用の能力とくらべてもお話にならないくらいのものである。動物たちには他にも多くのいまだ発見されていない非言語的コミュニケーション能力があるということは疑いがない。

（7） Jung, *Memories, Dreams, Reflections*, p. 45.（同書　1　七四頁）

（8） Jung, *Coll. Wks.*, Vol. 9/I, par. 3.（『アイオーン』前掲邦訳　一六頁）

（9） Ibid.

（10） Ibid.（『アイオーン』前掲邦訳　一七頁）

（11） Ibid.

（12） Ibid.

（13） Ibid.

（14） ユングは自身を本質的に科学者だとみなしていた。このゆえに彼は元型の理論が仮説的なものだということを認めたのだ。そうでなかったとすれば、元型理論は神話創作と幻視的な言明になり、科学というより宗教のための基礎となったことだろう。ユングの著作はときにドグマとして扱われるが、それは正しくない。なぜならユングは経験的方法にもとづいて仕事をしており、予言者よりも科学者であろうとしたからだ。

（15） Jung, *op. cit.*, par. 5.（『アイオーン』前掲邦訳　一七頁）

（16） William James, *Principles of Psychology*, Vol. 1, pp. 291-400.

（17） Jung, *op. cit.*, par. 6.（『アイオーン』前掲邦訳　一七頁）

（18） Jung, *Coll. Wks.,* Vol. 6, p.v.

（19） ユングはこの言葉をフランスの人類学者レヴィ＝ブリュールから借用した。それは世界および自分の周囲の集団ないし部族に対する自我の最も原始的な関係を言い表わすものである。神秘的融即は自己と対象の間の原始的な同一状態を指している。この対象が事物であろうが、人物であろうが、集団であろうが同じことだ。毛沢東のようなカリスマ的政治指導者は民族の中にこの意識状態を作り出そうとする。「一つの中国、一つの精神」——とは毛沢東の精神のことだが——とは、あの悲惨な文化大革命のとき、この中国の独裁者のスローガンだった。

（20） Jung, *op. cit.,* par. 9.（『アイオーン』前掲邦訳　一八頁）

（21） Ibid.

（22） Romans 715-18.（ロマ書七章一五—一八節　新共同訳）

（23） Jung, *op. cit.*（『アイオーン』前掲邦訳　一八頁）

第2章　内なる人々——コンプレックス

（1） 言語連想検査はゴルトンにより創始され、ドイツの心理学者ヴィルヘルム・ヴントがこれを改訂した。彼はそれを一九世紀末に大陸の実験心理学に紹介した。ユングとブロイラーが採用する前は主として、精神が単語や観念をどのように連合するかということの研究のために用いられていた（全集第二巻、par. 730 を見よ）。ブロイラーの指導とフロイトの着想に従って精神生活における無意識の重要性を追求していたユングは、この検査を精神科臨床での実践的利用に向けようと努力するのと並行して、その結果を心の構造について理論を作るために用い続けた。

（2） この研究の詳細については、Ellenberger, *The Discovery of the Unconscious,* p. 692ff. を見よ。

（3） フロイトがコンプレックスおよび核コンプレックスという語をどのように用いたかについての素晴らしい議論についてはカー『最も危険な方法』二四七頁以下を見よ。Kerr, *A Most Dangerous Method,* p. 247ff.

（4） Jung, *Coll. Wks.,* Vol. 2, par. 8.

（5） Ibid, pars. 1015ff.

（6） Jung, *Coll. Wks.*, Vol. 8, pars. 194-219.

（7） この問題についてのさまざまな見解が『つきまとう影』(*Lingering Shadows*) で公刊されている。アンソニー・スティーヴンスは著作『ユング』の中でこれらの主張を概観し、ユングは反ユダヤ主義と親ナチ的行動という罪をおかしていないという立場を強力に擁護している。これに反対する見解はアンドリュー・サミュエルズのいくつかの論文に提示されている。

（8） Jung, *op. cit.*, par. 198.

（9） Ibid.

（10） Ibid.

（11） Jung, "New Aspects of Criminal Psychology," in *Coll. Wks.*, Vol. 2, pars. 1316-47.

（12） ジョゼフ・ヘンダーソンはユング派の観点からするこの立場の最も強力な代表者である。文化的無意識とそのさまざまな様相についての詳しい議論については、ヘンダーソンの "Cultural Attitudes and the Cultural Unconscious" (*Shadow and Self*, pp. 103-26)

（13） この点はハンス・ディークマンの重要な論文 "Formation of and Dealing with Symbols in Borderline Patients" によって非常に詳細に論じられている。

（14） Jung, *Coll. Wks.*, Vol. 8, par. 201.

（15） Ibid.

（16） Ibid.

（17） Ibid., par. 202.

（18） Ibid.

（19） Ibid.

(20) Ibid.
(21) Ibid., par. 204.
(22) Ibid.
(23) Ibid.

第3章　心的エネルギー――リビドー理論

(1) William McGuire (ed.), *The Freud-Jung Letters*, pp. 6-7.
(2) Jung, *Memories, Dreams, Reflections*, p. 164.（『ユング自伝』前掲邦訳　1　二三五頁）
(3) Jung, *Coll. Wks.*, Vol. 8, pars. 1-130.
(4) McGuire (ed.), *op. cit.*, p. 461.
(5) Jung, *Psychology of the Unconscious*, pp. 142-43.
(6) McGuire (ed.), *op. cit.*, p. 460.
(7) Jung, *Psychology of the Unconscious*,, pp. 144-45.
(8) Ibid., p. 156.
(9) Jung, *Memories, Dreams, Reflections*, p. 167.（『ユング自伝』前掲邦訳　1　二四〇頁）
(10) Jung, *Psychology of the Unconscious*, p. 480.
(11) Jung, *Coll. Wks.*, Vol. 5.
(12) 規則的な仕事の価値に関するユングの見解はこの点で興味深い。彼の見解によると、労働倫理は実際のところ近親相姦願望への呪縛から解放してくれるものである。「奴隷制の破壊は［近親相姦的セクシュアリティの］昇華にとっての必要条件であった。なぜなら、古代は、仕事の義務および義務としての仕事を根本的に重要な社会的必要と認識してはいなかったからだ。奴隷労働は強制的な仕事であり、特権階層のリビドーの同じように破滅的な強制に対応するものである。長い目で見れば、リビドーのたえざる退行によって氾濫する無意識の定期的な『排水』を可能にするのは、個人の労働に対する義務のみである。怠惰はすべての悪徳のはじまりである。なぜなら怠惰な夢想の状態においてはリビドーはそれ自身のうちに沈み込む機会が豊富にあるからである。それは退行的に再活性化された近親相姦的な呪縛を手段とする強制的な義務を作り出すためだ。最良の解放は規則的な労働を通じてなされる。しかし労働が救済となるのは、それが自由な行為であり、それ自身に幼児的強制をまったく含まないときのみである。この点において、宗教儀式はかなりの程度において組織された非活動性とみえ、同時に、近代的な労働の先行者であるようにみえる」（*Psychology of the Unconscious*, p. 455）。これは「労働は自由にする」（Arbeit macht frei.）という概念の一つの表現である。この言葉は卑劣にもナチスによって強制労働キャンプにかかげられていた。そこがまさに制度化された奴隷制の場所であるにもかかわらず。リビドーの変容が生起しうるのは、労働が自由に選ばれ、生に対する義務として受け入れられたときのみである。人が自由に職業を選択し、その学習と修練のために大量の快楽と感覚的満足を自らの意志で犠牲にするとき、リビドーの変容は成功したと言えるのである。

(13) ジョージ・ホーゲンソンは権威の問題を著書『ユングとフロイトの闘い』で詳しく論じている。（George Hogenson, *Jung's Struggle with Freud.*）

(14) Jung, *Coll. Wks.*, Vol. 8, pars. 6ff.

(15) Ibid., par. 5.

(16) Ibid., par. 58.

(17) Ibid.

(18) Ibid.

(19) この目的論的・エネルギー論的立場をとるセラピストは非人格的で非共感的とみなされるかもしれないが、それももっともなことだ。幼年期のトラウマとか、過去の葛藤的で虐待的な関係とかにはほとんど注意が払われないだろう。エネルギーの自我から無意識への流れ（退行）、そして新しい適応への流れ（前進）を跡づけること、またリビドーがその自然的な勾配あるいは水路を見出す邪魔をしたり阻止したりするような態度および認知的構造を分析して取り除くことに、焦点がもっぱらあてられるだろう。それは認知的アプローチにずっと近い。他方、共感的分析は、現在の困難のための過去の理由を探し求め、過去がいかにして現在の問題を作り出したかに理解を示すだろう。ユングはおおむね、フロイト的アプローチは因果論的・機械論的で、共感的なタイプであり、他方、彼自身のアプローチはより目的論的・エネルギー論的で、非個人的なタイプだと感じていた。エネルギーの運動を分析して釣り合いと平衡という目標に向かうその流れを促進するために、心を解剖する分析家は非個人的な方法を用いる。ユングの類型で言う外向型は通常、因果論的な理論に惹かれる傾向があり、内向型はより抽象的な目的論的アプローチの方を好む。多くの現代の分析家はこの両者を組み合わせようと試みている。

(20) アドラーとフロイトとの相違は、ユングのフロイトとの苦闘における大きな要素であり、人間相互の力動を理解しようという彼の持続的な努力は彼の心理学的類型論にも入り込んでいる。ユングがパーソナリティの相違を心理学的類型の観点から研究するように導かれた理由の一つは、アドラーとフロイトの理論的立場の違いを理解することに関わっていた。どちらの理論も益するところが多々あり、多くの点で正しいようにみえる。しかしユングは、フロイトともアドラーとも違っていた。彼はフロイトの理論が、対象を通じて快感と緊張解放を求める動因を想定するという意味で、基本的には外向的であり、アドラーの理論は、人間を基本的に自我の対象に対する支配を確立しようとしていると見るので、内向的だという結論に達した。ユングは、アドラーの理論における権力欲求を、基本的には、内向型の欲求だとみた。内向型は、客観的世界と関係してそこから快楽を得ることより、客観的世界を統制しようとする欲求を持つのである。これに対して外向型は、快楽原理によって方向づけられており、このような人々はフロイトの心理学的パースペクティヴに合致する。人間を基本的に外向型で快楽原理によって動かされていると見るフロイト、そして人間を内向型とみなし、権力欲求によって動かされていると見るアドラー、この両者とも人間の行動の正しい説明を提供するが、しかし異なったパースペクティヴから心にアプローチしており、ある意味で異なった類型の個人を記述しているのである。

(21) Jung, *op. cit.*, pars. 79-87.
(22) Ibid., pars. 88-113.
(23) Jung, *Letters*, Vol. 2, p. 624.
(24) Jung, *Coll. Wks.*, Vol. 8, pars. 818-968.

第4章　心の境域——本能、元型、集合的無意識

(1) この領域——集合的無意識——のおかげでアカデミックな心理学はユングに対しておじけづき、彼を神秘家と呼んでいる。ようやく最近になって、ユングが数十年前に提出したこの遠大な仮説を検証することができるようになった。生物学的研究の技術、とくに大脳および気分と思考に対する脳内化学物質の関係の研究における技術がそれである。人間行動の生物学的基礎に関する最近の研究の大多数は、これまで生来《ネイチュア》でなく学習されたものであり、養育《ナーチュア》の結果だとみなされてきた私たちの精神的・行動的パターンのかなりの部分が遺伝されたものだというユングの見解を裏づけている（Satinover, Stevens, Tresan を見よ）。ユングにとって、元型は私たちの遺伝的素質によって生来与えられているという意味で、本能のようなものである。
(2) 実際、ユングを一八世紀への骨董的な先祖返りだとみなす著者もいる（たとえば、フィリップ・リーフ）。一八世紀は素人学者や素人科学者が単純に、世界中のあらゆることについての情報の断片を集めて一種の図書館および博物館を作ったが、そこに所蔵されているものについてはほとんどなんの理解も持っていなかった。もちろん、リーフは頑固一徹のフロイト派である。
(3) Jung, *Letters*, Vol. 1, p. 29.
(4) Ibid., p. 30.
(5) Ibid., p. 29.
(6) Jung, *Coll. Wks.*, Vol. 4, par. 728.（C・G・ユング「個人の運命における父親の意味」安田一郎訳『イマー

ゴ』Vol.1-4 所収　青土社　一九九〇年　九〇頁）

（7）Jung, *Memories, Dreams, Reflections*, p. 161.（『ユング自伝』前掲邦訳　1　二三二頁）

（8）Ibid.

（9）Jung, *Coll. Wks.*, Vol. 8, par. 400.（『元型論』前掲邦訳　三三三頁）

（10）Ibid.（前掲邦訳　三三四頁）

（11）Ibid., par. 401.（前掲邦訳　三三四―三三五頁）

（12）Ibid., par. 402.

（13）Ibid., par. 367.（前掲邦訳　三〇六―三〇七頁）

（14）Ibid., par. 368, ブロイラーを引用したもの。

（15）Ibid., par. 376.（原語は "drive"。ユング自身のドイツ語原文は "Trieb" で前掲邦訳は「本能［駆動するもの］」と訳している。Trieb の訳語としての「本能」は自然だが、drive を「本能」と訳すのはいささか辛いし、この節の標題そのもので、引用箇所にもたびたび用いられる「本能」(instinct) との区別ができなくなる。それで心理学で慣用となっている訳語「動因」をあてた。精神分析では Trieb の「駆動するもの」という意味を前面に出した「欲動」という訳語も用いられる――訳者）

（16）Ibid., par. 377.（前掲邦訳　三一二頁）

（17）Ibid.

（18）Ibid.

（19）Ibid., par. 379.（前掲邦訳　三一三頁）

（20）Ibid.

（21）Ibid.

（22）Ibid.

(23) Ibid., par. 398.（前掲邦訳　三三二頁）
(24) Ibid., par. 404.（前掲邦訳　三三七頁）
(25) Ibid.
(26) Ibid., par. 405.（前掲邦訳　三三七頁）
(27) Ibid., par. 406.（前掲邦訳　三三八頁）
(28) Ibid.
(29) Ibid.
(30) Ibid.
(31) Ibid., par. 407.（前掲邦訳　三三九頁）
(32) Ibid., par. 408.（前掲邦訳　三三九頁）
(33) Ibid., par. 415.（前掲邦訳　三四五頁）
(34) Ibid.
(35) Ibid., par. 416.（前掲邦訳　三四五―三四六頁）
(36) Ibid., par. 417.（前掲邦訳　三四六頁）
(37) Ibid.

第5章　他者との関係において示されたものと隠されたもの――ペルソナと影

(1) 悪の問題をめぐるユングの見解についての詳しい議論としては、M. Stein (ed.), *Jung on Evil* を見よ（マレイ・スタインが編集し、長い序文を付している）。
(2) Jung, *Coll. Wks.*, Vol. 6, par. 799.（『タイプ論』前掲邦訳　四九七頁。なおこの邦訳には段落番号が付されているが、マレイ・スタインは英語版全集を用いているため、ドイツ語版による邦訳とは番号が一致しない――訳者)。

(3) Ibid.

(4) Ibid.

(5) Ibid., par. 687.(前掲邦訳 四五五頁)

(6) Ibid.

(7) Ibid., par. 798.(前掲邦訳 四九七頁)

(8) Ibid.(前掲邦訳 四九八頁)

(9) Ibid.(前掲邦訳 四九七―四九八頁)

(10) Jung, *Coll. Wks.*, Vol. 13, par. 70.(R・ヴィルヘルム、C・G・ユング『黄金の華の秘密』湯浅泰雄・定方昭夫訳 人文書院 一九八〇年 八九―九〇頁)

第6章 深い内界への道――アニマとアニムス

(1) Jung, *Memories, Dreams, Reflections*, pp. 185-88.(『ユング自伝』前掲邦訳 1 二六四―二六八頁)

(2) Ibid., p. 186.(同書 二六六頁)

(3) Jung's "Visions Seminar," の言葉。*Memories, Dreams, Reflections*, p. 392. に引用されている。(『ユング自伝』前掲邦訳 2 二六四頁)

(4) Jung, *Coll. Wks.*, Vol. 6, par. 801.(『タイプ論』前掲邦訳 四九九頁)

(5) Ibid.

(6) Ibid.

(7) Ibid., par. 801.

(8) Ibid.(前掲邦訳 四九九―五〇〇頁)

（9） Ibid., par. 802.（前掲邦訳　五〇〇頁）
（10） この見解はジョンソンが来るべき大統領選挙の準備をしているとき『ニューヨーカー』（*The New Yorker*, Sept. 9, 1996, p. 34）に掲載された。
（11） Jung, *op. cit.*, par. 804.（『タイプ論』前掲邦訳　五〇一頁）
（12） Ibid.
（13） Ibid.
（14） Ibid.
（15） Ibid.（『タイプ論』前掲邦訳　五〇二頁）
（16） Ibid.
（17） Ibid.
（18） Jung, *Coll. Wks.*, Vol. 17, par. 338.
（19） Jung, *Coll. Wks.*, Vol. 9/2, par. 26.（『アイオーン』前掲邦訳　二八頁）
（20） Ibid., par. 41.（同書　三八頁）
（21） Ibid., par. 42.（同書　三八頁）
（22） Ibid.
（23） Jung, *Coll. Wks.*, Vol. 16, par. 521.（『転移の心理学』林道義・磯上恵子訳　みすず書房　一九九四年　一七二頁）
（24） Jung, *Coll. Wks.*, Vol. 9/II, par. 29.（『アイオーン』前掲邦訳　三〇頁）

第7章　心の超越的中心と全体性——自己

（1） Jung, *Memories, Dreams, Reflections*, pp. 170-99.（『ユング自伝』前掲邦訳　1　二四四―二八三頁）

(2) Ibid., p. 378.（『ユング自伝』前掲邦訳 2 二四四頁）

(3) Ibid., p. 379.（同書 二四四頁）

(4) この驚くべき出来事についてのユングの叙述は、*Memories, Dreams, Reflections*, pp. 189-91.（同書 二七一―二七二頁）に述べられている。

(5) Ibid., pp. 195-97.（『ユング自伝』前掲邦訳 1 二七八―二八〇頁）

(6) Ibid., p. 199.（同書 二八二頁）

(7) Jung, *Coll. Wks.*, Vol. 9/II, pars. 57-58.（『アイオーン』前掲邦訳 四九―五〇頁）

(8) Ibid., par. 59.（同書 五〇頁）

(9) Ibid.

(10) Ibid.

(11) Ibid., par. 60.（同書 五一頁）

(12) Ibid.

(13) Ibid., pars., 351-57.

(14) Ibid., par. 351.（同書 二五二頁）

(15) Ibid., par. 357.（同書 二五四頁）

(16) Ibid., par. 355.（同書 二五三頁）

第8章 自己の出現――個体化

(1) Jung, *Coll. Wks.*, Vol. 8, par. 778.

(2) Ibid., par. 550.（C・G・ユング「夢の本質」宮本忠雄・吉野啓子訳『エピステーメー』Vol. 3-4 所収 朝日出版社 一九七七年 一五―一六頁）

(3) Jung, *op. cit.*, par. 769.（「人生の転換期」鎌田輝男訳『現代思想』Vol.7-5 所収　一九七九年）
(4) Jung, *Coll. Wks.*, Vol. 9/I, pp. 290-354.（「個性化過程の経験について」『個性化とマンダラ』林道義訳　みすず書房　一九九一年　所収）
(5) Jung, *Coll. Wks.*, Vol. 13, pp. 199-201.
(6) *Modern Man in Search of a Soul* とは、一九三三年にユングによって公刊された有名な著作の題名である。
(7) Jung, *The Psychology of Kundalini Yoga.*
(8) 一九五二年に出版されたこの著作は『自然の解釈と心』（*Naturerklärung und Psyche.* (Studien aus dem C. G. Jung-Institut Zürich, 4）と題されていた。（邦訳はC・G・ユング　W・パウリ『自然現象と心の構造』河合隼雄・村上陽一郎訳　鳴海社　一九七六年）
(9) Jung, *Coll. Wks.*, Vol. 13, pars. 248-49.
(10) Jung, *Coll. Wks.*, Vol. 10, pp. 437-55.
(11) Jung, *Coll. Wks.*, Vol. 9/I, pp. 275-89.（「意識、無意識、および個性化」『個性化とマンダラ』林道義訳　みすず書房　一九九一年　所収）
(12) Ibid., pp. 290-354.（本章の註4を見よ）
(13) Ibid., par. 520.（「意識、無意識、および個性化」前掲邦訳　六六頁）
(14) Ibid., par. 521.（同書　六七頁）
(15) Ibid., par. 522.（同書　六八頁）
(16) Ibid., par. 523.（同書　六八頁）
(17) Ibid., par. 525.（「個性化過程の経験について」前掲邦訳　七二頁）
(18) このシリーズの美しい色彩図版は全集第九巻第一分冊に掲載されている。Jung, *Coll. Wks.*, Vol. 9/I, following p. 292.（同書　口絵参照）

(19) Ibid., par. 538.（同書　八四頁）
(20) Ibid., par. 541.（同書　八七頁）
(21) Ibid.
(22) Ibid.（同書　八七―八八頁）
(23) Ibid., par. 544.（同書　八九頁）
(24) Ibid., par. 548.（同書　九二頁）
(25) Ibid., par. 545.（同書　九〇頁）
(26) Ibid., par. 548.（同書　九二頁）
(27) Ibid., par. 550.（同書　九三頁）
(28) Ibid., par. 549.（同書　九二頁）
(29) Ibid., par 556.（同書　一〇〇頁）
(30) Jung, *Coll. Wks.*, Vol. 9/II, par. 410.（『アイオーン』前掲邦訳　二八七頁）
(31) Ibid., par. 355.（同書　二五三頁）
(32) Ibid., par. 411.（同書　二八八頁）

第9章　時と永遠について――共時性

(1) ユングはまた幽霊およびポルターガイストが実在するという証拠にも関心を持っていた。これらはたしかに境界の現象である。それから、心（内部）と対象（外部）の間の特異な関係についても述べている。たとえば、フロイトの書斎の木製の本棚から大きな音が聞こえたとき、いっしょにいたフロイトに「これは触媒的な外在化現象です」と述べた。ユングは『自伝』でこの話を伝えている。
(2) Jung, *Coll. Wks.*, Vol. 8, par. 843.（前掲邦訳『自然現象と心の構造』　二八頁）

(3) Ibid., par. 964.（同書　一三七頁）
(4) この論文は全集第八巻に収録されている。*Coll. Wks.*, Vol. 8, pp. 419-519.（前掲邦訳『自然現象と心の構造』所収）
(5) Jung, *Letters*, vol. 2, pp. 108-9.
(6) *Op. cit.*, par. 840.（『自然現象と心の構造』前掲邦訳　一二五頁）
(7) Ibid., par. 439.（『元型論』前掲邦訳　三六三頁）
(8) Ibid.
(9) Ibid., par. 440.（同書　三六三―三六四頁）
(10) Ibid.（同書　三六四頁）
(11) Ibid.
(12) Ibid.
(13) Ibid., par. 850.（『自然現象と心の構造』前掲邦訳　三四頁）
(14) Ibid., par. 857.（同書　四一頁）
(15) Ibid., par. 870.（同書　五五頁）
(16) Ibid., par. 850.（同書　三四頁）
(17) Ibid., par. 960.（同書　一三三頁）
(18) Ibid., par. 962.（同書　一三四頁）
(19) Ibid., par. 964.（同書　一三七頁）
(20) Ibid., par. 965.（同書　一三八頁）
(21) Ibid.

訳者あとがき

本書はMurray Stein, *Jung's Map of the Soul* の全訳である。著者のマレイ・スタインはアメリカのユング派分析家。イェール大学、チューリヒのC・G・ユング研究所、シカゴ大学で学んだ。シカゴのC・G・ユング研究所で二十年以上にわたって教育分析家を勤め、現在、そこで教えている。国際分析学会の副会長で、著書も多数ある。日本での知名度はあまりないが、今日のユング派を代表する人物のひとりだ。

ジャンルわけをすれば、本書はユング心理学の入門書ということになるだろう。だがこの分野の入門・解説書の類はすでに数多く出ているし、最近のユング心理学にとりたてて新しい動きがあるともみえない。今さらユング心理学の入門書でもあるまいと感じる人も多いだろう。

そこでいまこの本を翻訳する意義についての私見を述べて訳者あとがきに代えることにしたい。

*

かつて日本で、あるいは世界でユング心理学が大流行したことがあった。自然科学的思考にとらわれたフロイトはもう古い、これからは西洋の思想と東洋の叡智を架橋するユングの時代だといった雰囲気さえあって、ユング心理学が近代の閉塞状況を超克する手がかりになるかもしれないと本気で考える人々も少なくなかったものだ。ユング関連の書籍が次々に出版され、あちこちの雑誌が特集を組んだ。しかし、流行のつねとして、ユング心理学をめぐる熱狂も次第に醒めてゆき、もはやそうしたものはどこにも感じられない。

しかし本当にユングはもう古くなってしまったのか。底が割れてしまったから、人々に飽きられたのかというと、それはかなり疑わしい。そもそもあのブームを通じてユングの心理学的な仕事がどれくらい一般に、あるいは心理学の世界に浸透したのだろうか。当時、ユングに関心を持ち、関連書籍を読んだ人々がどの程度それを消化したのだろうか。正直な感想を述べさせてもらうと、ブームの後に振り返ってみれば、手元には何も残らなかったように思われる。私たちが得たものは、元型とか、アニマ／アニムスとかペルソナとか自己といった、意味のよく分からない一握りの言葉と、一種のロマンチックな気分、なんとなく文学めいた残り香だけだったのだ。

私個人はユングが心理学的に非常に重要な仕事をしたと考えている。彼は経験的な素材（自然発生的空想）を観察する中で、それまでの心理学が夢想もしなかった無意識を発見したと信じた。それは十七世紀のモラリストに始まりフロイトにおいて近代的学問として確立される力動的心理学の彼岸にある領域だ。意識には表象することさえできないが、しかし空想的イメージを通じて経験的に折衝することのできる領域である。それは、過去の宗教や神話が実在の周辺に投げかけられた幻影ではなく、いわゆる日常的現実以上に（少なくともそれに劣らず）実在的な基盤を有することを示唆していた。

これこそユングの心理学的な仕事の核心であり、彼はそれを集合的無意識と名づけたのだ。

もしユングが正しいとすれば（それをア・プリオリに否定する根拠はない）、画期的な大発見である。しかし、それを吟味しようとする真摯な努力が何もなされないうちに、ブームは過ぎてゆき、最近ではこの言葉さえ滅多に耳にすることがない。私が知るかぎりでは、ユングの仕事が心の実在的基盤を探り当てていたかどうかを本気で確かめようとした人々はほとんどいなかった。私たちはユングが時代遅れだなどと云々する以前の段階にいる。本当のところ彼の仕事の受容はいまだ始まってすらいないのである。

どうしてこんなふうになってしまったのか。その理由はいろいろあるだろうが、とりわけユングの後継者たちが学説の普及活動、いわば対外キャンペーンにおいて、創始者のユングを教祖に祭り上げるという戦略的なミスを犯したことにその一因があるように思われる。彼らはユングが著作や分析において用いた言葉を真理の啓示のように扱い、もっぱらその敷衍と釈義に精力を傾注した。周知のとおりユングの著作には一見すると納得しにくいところが少なからずある。通念的なユング像にうまく収まらないそうした箇所は神秘めかしてごまかすか、でなければユングの権威に訴えて疑問を封じ込めてきたのである。

一例をあげよう。ユングはしばしば「アニマとは男性の無意識の中に存在する永遠の女性もしくは女性のイメージである」と述べ、教科書的ユング心理学ではこの言葉が「アニマ」の定義として通用している。だがこのような文学的表現が心理学的な言説としてどんな意味を持ちうるのか、たいていの人にはいまひとつピンとこないだろう。私にもよく分からない。それでも「彼自身がそう語った（アウトス・エパ）」のだから、それは受け入れねばならないとされるのだ。

実際のところ、これは通常の心理学的定義ではない。アニマは元型であり、「この世の外」にある。上述の「定義」は把握不可能なものを指し示す言葉、その「言い換え」でしかない。この言葉が指し示しているのは、無意識との関わりを通じて、そこに存在するらしいということがわかる何かである。その何かは様々な形で自らを示す。いちばんわかりやすいのは「惚れ込み」という事態において現れてくる場合だ。普通の女性が、聖母マリアと『めぞん一刻』の管理人さんを足して二で割ったような人物として知覚される。理性的に考えればそんなことはあるわけがない。これが投影であることは明らかだ。その背後に（そして世界の外に）想定される要因がアニマと呼ばれる。あるいはアニマ概念は無意識との関わりにおけるストック・キャラクターとしても有用である。狂言の太郎冠者と次郎冠者、コンメディア・デッラルテのアルレッキーノとコロンビーナは、普遍的な類型であるが、舞台の上では固有名詞であり、具体的・個別的人物として演劇の進行を可能にする。同様に、男性の夢や箱庭に現れる「ある種の」女性に「アニマ」という「名前」を与えると、空想に現れる象徴解釈や無意識との折衝が滑らかに進むようになる。アニマは、集合的無意識まで含めれば実在であるが、経験的世界の具体的状況においては、実践的に有効な一つのパースペクティヴでしかない。その内実は世界の外にあるのだから、それをこの世的な心理学理論（教義）として独立させれば、空疎な言葉にすぎなくなるのは当然のことなのだ。しかし理論におけるこの内的貧困は詩的あるいはロマンチックな雰囲気によってごまかされてしまう。フロイトの言葉を借りれば「アップルジュースで酔ってしまう」のである。* ユング心理学の売り込みはこれまでそんなやり方でなされてきた。

ユングが無意識のイメージを解釈するときに援用する夥しい神話的・宗教的・象徴的素材についても同じようなことが言える。神々や英雄たちや怪物たちのエキゾチックな名前や図像、奇怪面妖な錬金術的象徴の列挙は、ユングが世界の外の無意識過程に近づくために用いた技法であり、彼には読者を煙りに巻こうという意図など毛頭なかった。ところがユングの読者はしばしばそうした象徴の酩酊作用そのものに幻惑され、そこで止まってしまう。派手で異様な象徴的イメージに目を奪われて、無意識の過程のことなど考えもしない。当然ながら、それでは不全感が残る。そうした著作を読了した人々の心には「自分はいったい何を読んでいたのだろうか」という

* フロイトのマリー・ボナパルト宛書簡。一九二八年三月一九日付 Jones, E., *The Life and Work of Sigmund Freud* vol.3, Basic Books, 1953, p.447.

思いが浮かぶにちがいない。だがその不全感は、ユング自身の言葉という権威によって抑圧されてしまうのである。

アップルジュースの酔いは長続きしない。それは軽い目眩と幻惑を醸し出すだけで、実質的には何も前進させないということが判ってくるにつれて、一般の人々の関心は次第に薄れていったのである。

このような現状を考えるなら、ユング派にとって、いまこそ本腰を入れて心理学に取り組むべき時期が到来しているのだ。アップルジュース的酩酊作用に頼るのではなく、経験的な素材に即して、またユング派サークル内部の馴れ合いを抜きにして、ユングの心理学的な仕事を吟味すること、そしてまた実在としての集合的無意識についての考察を深めることは焦眉の急である。いささか手ざわりのあらい言葉を使ってしまったが、私は今日のいわゆるユング派を全面否定するつもりは決してないのである。そもそもユングの仕事が今日まで伝わることができたのは、ユング派の人々のたゆまざる努力があったからだし、世界のあちこちにあるユング・インスティテュートはユングが創始した無意識との折衝の技法を継承・維持・発展させてきたのだ。良き伝統は保たれ、新しい状況への対応もなされてきていると私は思う。しかし上述のとおり、理論と実践との間の乖離があまりにも大きすぎる（より正確に言えば、世界の外についての理論と、世界の中の実践が未分化なまま混同されており、そのために両者の乖離が起こってしまう）。それが「心理学」としてのユング心理学から活力を奪っているし、その亀裂はやがて実践活動をも蝕んでゆくかもしれない。つい口調が激しくなってしまうのも、そうした危機感のゆえだということをご理解いただきたい。

マレイ・スタインの『ユング　心の地図』はユング心理学の惰性から抜け出し、新しい方向へと一歩を踏み出そうとする著作である。その題名が示すように、スタインはユングを教祖ないし権威として奉るのではなく、心の未知の世界を経験的に探求した人、未知の大陸の地図制作者として捉えるのだ。スタインは、ユングの仕事は「いまだ暫定的なもので、洗練されておらず、空白の部分も多い」（本書p.11）が、しかしそれは探検者の宿命であり、後に続く者、未知の世界で迷いたくない者にとって、ユングの地図は大いなる恵だ、そうスタインは言うのである。

これはユングの著作に対する実にまっとうな姿勢だと私は思う(ユング自身、自らの仕事の不完全さを痛切に自覚しており、著作の中でもしばしばそのことを述べていた)。

また、本書において特筆すべきこととしては、スタインがユングの発見したものを「彼の著作に書かれているままの形で示」そうとしていることである。(本書p.9)著者は、すでに出来上がった「ユング心理学」の解説ではなく、自分自身がユングの著作との格闘の中で得た認識を読者とわかち持とうとしている。その自然な帰結として、彼は類書にみられるアニマやアニムスの華麗な描写とか自己の神秘的な託宣ではなく、むしろ心的エネルギーや類心的なもの(サイコイド)の議論に多大のページをさいている。これらは従来の教科書ではあまり真剣に取り上げられることがなかったが、ユングの仕事をリアルに、つまりいまここで私たち自身が生きているこの具体的な生との関わりのなかで理解する上では本質的な意味を持っている。これらの概念に然るべき位置を与えたことも、スタインの功績に数えることができる。

とはいえ、私は誇大広告をしたくはない。これは入門書である。

従来とはまったく異なるユング理論の解釈、ヒルマンのような「ユング心理学の見直し」が展開されているわけではない。上に述べたような「ユング心理学」の惰性が完全に払拭されているわけでもない。(伝統の力はあまりに強い。) しかしその姿勢が画期的だということは確信をもって言える。原書の裏表紙に記された、推薦文の中でジューン・シンガーは「本書は、ここ数年の間にユング心理学について書かれた最も重要な著作である」と評している。[*] たかが入門書に寄せるにはあまりに大袈裟な言葉だと私は思わない。また宣伝のための誇張だというわけでもあるまい。おそらく彼女は本気だったのであろう。

*

ユングからの引用で既訳を利用させていただいたものは、註の中

* この一節は旧版の「訳者あとがき」では「この先何年かたてば本書はユング心理学について書かれた最も重要な著作だということがわかるだろう」となっている。過去と未来の時制が逆転しているのである。言語的には考えられない誤訳だが、心理的には極めてわかりやすい。私は実際にそう考えていたからだ。自分の見解をシンガーに投影していたわけである。ここにお詫びとともに訂正する。

に当該頁数とともに記しておいた。訳者の方々に感謝したい。ただし地の文との続き具合とか、本書における訳語の統一といった理由のために若干変更を加えた場合もある。

翻訳に際しては友人の中野千恵美さんに助けていただいた。編集担当の田中順子さんは、なんのかんのと理屈をつけて仕事を遅らせる訳者に対してつねに寛容であり、多大の精神的支えとなってくださった。お二人に感謝。

入江良平

一九九九年一〇月／二〇一九年三月

新装版あとがき

以前に翻訳し、絶版になっていた『ユング心の地図』の新装版を出したいという連絡がきた。韓国のBTSというグループが取り上げたことから再び注目されるようになったから、というのである。いささか驚いたが、再版のために本書を丁寧に読み返し、今でも十分に出版の価値があるということが再確認できた。訳者として、本書が再び世にでることをとても嬉しく思っている。

改訂版ではなく新装版であるから、誤植や注の不統一、そして若干の語句を修正しただけで、訳文には手を入れていない。

ただ「訳者あとがき」については、大いに迷った。当時、私自身が「ユング研究」において大きな転換期にあり、いささか平常心を逸脱していたため、節度と均衡を欠く表現が散見された。また、そこには時代が色濃く影を落としていて、今日では妥当しないところもある。そのまま再録するのはためらわれた。しかし、本書についての私の考えは、旧版のあとがきに書いたことと基本的には何ら変わっていない。当時のユング心理学が置かれていた状況の一証言としての意義もあるだろう。あれこれ考えた結果、あまりに問題的な箇所を修正し、そのついでに舌足らずな箇所に若干の加筆をして、あとはそのまま残すことにした。

本書が新たな読者を得て、ユングの仕事の継承発展の一助となることを願ってやまない。

終わりに、新装版にあたって色々とお手数をおかけした青土社の篠原一平氏に謝意を表したい。

二〇一九年三月

入江良平

ユング　心の地図　新装版

2019年4月25日　第一刷印刷
2019年5月10日　第一刷発行

著　者　マレイ・スタイン
訳　者　入江良平

発行者　清水一人
発行所　青土社

〒101-0051　東京都千代田区神田神保町1-29　市瀬ビル
［電話］03-3291-9831（編集）　03-3294-7829（営業）
［振替］00190-7-192955

印刷・製本　大日本印刷株式会社
装丁　岡孝治

ISBN978-4-7917-7158-5　Printed in Japan

――索　引――

さ　行

た　行

な　行

は　行

ま 行

や 行

ら　行

わ　行

——主要参考文献——

Burnham, J. S. and McGuire, W. (eds.). 1983. *Jelliffe: American Psychoanalyst and Physician*. Chicago: University of Chicago Press.

Clark, J. J. 1992. *In Search of Jung*. London and New York: Routledge. (J. J. クラーク『ユングを求めて』若山浩訳　富士書店　1994)

Csikszentmihalyi M. 1990. *Flow*. New York: Harper and Row.

Dieckman, H. 1987. On the theory of complexes. In *Archetypal Processes in Psychotherapy* (eds. N. Schwartz-Salant and M. Stein). Wilmette, IL.: Chiron Publications.

——. 1988. Formation of and dealing with symbols in borderline patients. In *The Borderline Personality in Analysis* (eds. N. Schwartz-Salant and M. Stein). Wilmette, IL.: Chiron Publications.

Ellenberger, H. 1970. *The Discovery of the Unconscious*. New York: Basic Books. (H. エレンベルガー『無意識の発見』木村敏・中井久夫訳　弘文堂　1980)

Erikson, E. 1968. *Identity, Youth, and Crisis*. New York: Norton. (E. H. エリクソン『アイデンティティ——青年と危機』岩瀬庸理訳　金沢文庫　1973)

Fordham, F. 1953. *An Introduction to Jung's Psychology*. Baltimore: Penguin Books.

Fordham, M. 1970. *Children as Individuals*. New York: Putnam.

——. 1985. *Explorations Into the Self*. London: Academic Press.

Hannah, B. 1976. *Jung, His Life and Work*. New York: G. P. Putnam's Sons. (B. ハナー『評伝　ユング』1・2　鳥山平三・後藤佳珠訳　人文書院　1987)

Henderson, J. 1990. Cultural attitudes and the cultural unconscious. In *Shadow and Self*. Wilmette, IL.: Chiron Publications.

Hogenson, G. 1994. *Jung's Struggle with Freud*. Wilmette: Chiron Publications

Jacobi, J. 1943. *The Psychology of C. G. Jung*. New Haven, Conn.: Yale University Press. (J. ヤコービ『ユング心理学』池田紘一ほか訳　日本教文社　1973)

James, W. 1902. *Varieties of Religious Experience*. New York: Longmans, Green, and Co.

——. 1950. *The Principles of Psychology*. New York: Dover

Jung, C. G. 以下に示すものを除いて、引用箇所は英語版全集の巻数と段落番号で示す。[邦訳は原註を参照のこと]

——. 1961. *Memories, Dreams, Reflections.* New York: Random House.
——. 1973. *Letters*, vol. 1. Princeton: Princeton University Press.
——. 1974. *The Freud/Jung Letters.* Princeton:Princeton University Press.
——. 1975. *Letters*, vol. 2. Princeton: Princeton University Press.
——. 1977. *C. G. Jung Speaking.* Princeton: Princeton University Press.
——. 1983. *The Zofingia Lectures.* Princeton: Princeton University Press.
——. 1991. *Psychology of the Unconscious.* Princeton:Princeton University Press.
Kerr, J. 1993. *A Most Dangerous Method.* New York: Knopf.
Maidenbaum, A. (ed.). 1991. *Lingering Shadows: Jungians, Freudians and Anti-Semitism.* Boston: Shambhala.
McGuire, W. (ed.) 1974. *The Freud/Jung Letters.* Princeton: Princeton University Press.
Noll, R. 1989. Multiple personality, dissociation, and C. G. Jung's complex theory. In *Journal of Anaytical Psychology* 34 : 4.
——. 1993. Multiple personality and the complex theory. In *Journal of Analytical Psychology* 38 : 3.
——. 1994. *The Jung Cult.* Princeton: Princeton University Press. (R. ノル『ユング・カルト』月森左知・高田有現訳　新評論　1998)
Rieff, P. 1968. *Triumph of the Therapeutic.* New York: Harper and Row.
Samuels, A. 1992. National psychology, National Socialism, and analytical psychology: Reflections on Jung and anti-semitism, Pts. I, II. In *Journal of Analytical Psychology* 37 : 1 and 2.
——. 1993. New material concerning Jung, anti-Semitism, and the Nazis. In *Journal of Analytical Psychology* 38 : 4, pp. 463-470.
Satinover, J. 1995. Psychopharmacology in Jungian practice. In *Jungian Analysis* (ed. M. Stein), pp. 349-71. LaSalle, IL: Open Court.
Stevens, A. 1982. *Archetypes: A Natural History of the Self.* New York: William Morow and Co.
Stein, M. (ed.). 1995. *Jung on Evil.* Princeton: Princeton University Press.
Tresan, D. 1995. "Jungian metapsychology and neurobiological theory: auspicious correspondences." In *IAAP Congress Proceedings 1995.* Binsiedein: Daimon Verlag.
von Franz, M-L. 1971. The inferior function. *In Jung's Typology.* Dallas: Spring Publications.
Wehr, G. 1987. *Jung*, A Biography. Boston: Shambhala.